Sommer 1938

Quelle: Archiv BSAG

ANDREAS MAUSOLF

DIE GESCHICHTE DER BREMER STRASSENBAHN

1876–2010

GEDENKE
DER
BRÜDER,
DIE DAS
SCHICKSAL
UNSERER
TRENNUNG
TRAGEN !
3
Weserwehr
408

ANDREAS MAUSOLF

DIE GESCHICHTE DER BREMER STRASSENBAHN

1876–2010

VERLAG H. M. HAUSCHILD GMBH

Abbildung auf dem Schutzumschlag vorn:
Bremer Häuser und Niederflurtriebwagen 3073, Am Dobben, 2009 (Foto: Mausolf)
Abbildung auf dem Schutzumschlag hinten:
Das neue Gesicht der Straßenbahn in Bremen: Inzwischen verkehren 34 Fahrzeuge des Typs GT8N-1, hier Wagen 3120 im Herbst 2009 am Dobbenweg. (Foto: Mausolf)
Abbildung auf dem Frontispiz:
Hansa-Kurzgelenkwagen 408 im Mai 1982 in Bremens „guter Stube", dem Marktplatz. (Foto: Mausolf)

Dieses Buch ist dem im Jahre 2007 verstorbenen
Wolfgang Kröger,
einem unvergessenen Weggefährten und unermüdlichen Streiter
für den Öffentlichen Personennahverkehr, gewidmet.

Lektorat: Anna Plecher, Bremen
Layout: Rolf Wernet, Bremen
Gesamtherstellung: H. M. Hauschild GmbH, Bremen

ISBN 978-3-89757-447-2

Inhaltsverzeichnis

Vorwort

Bremens Geschichte reicht weit zurück. Sie verfestigt sich mit der ersten urkundlichen Erwähnung aus dem Jahre 782 in einer Lebensbeschreibung Willehads, der von Karl dem Großen die Region als Missionsgebiet erhalten hatte. Knapp zwei Jahrhunderte später beginnt die eigentliche Geschichte des Handelsplatzes Bremen: 965 erhält Erzbischof Adaldag von Otto dem Großen das Marktrecht. 1358 wird Bremen Mitglied der Hanse. Dem florierenden Handel setzt um 1620 die Natur Grenzen. Die Schiffe werden größer und eine immer schneller versandende Weser macht es erforderlich, neue Handelsplätze zu schaffen. In Vegesack wird ein Hafen gebaut. Um 1750 kann kein Seeschiff mehr Bremen erreichen. Für die Hansestadt ein unhaltbarer Zustand. 1827 schließlich gründet der Bremer Bürgermeister Smidt an der Wesermündung Bremerhaven. 1878 legt der Strombaumeister Franzius einen Entwurf zum Ausbau der Unterweser vor, der ab 1883 umgesetzt wird. Bremen erhält wieder freien Zugang zur See und 1888 wird der neu erbaute Freihafen eröffnet. Ein planmäßiger Ausbau der Stadt als moderne Hafenstadt in Kombination mit Eisenbahnverkehr beginnt. Die Stadt wächst und gibt einer rasant steigenden Zahl von Menschen Arbeit und Zukunft.

Die Zeitspanne, auf die wir in diesem Buch zurückblicken, ist kurz gemessen an Bremens Geschichte insgesamt. Und doch sind die Veränderungen, welche die alte Hansestadt in den letzten anderthalb Jahrhunderten erfuhr, wohl die einschneidendsten in ihrer nun zwölf Jahrhunderte währenden urkundlich belegten Entwicklung. Bremens Gesicht hatte sich bereits mit der Inbetriebnahme der Eisenbahnanbindung über Wunstorf nach Hannover im Dezember 1847 erheblich gewandelt. Ihr folgten die Eröffnung des Weserbahnhofs mit einer Anbindung an den damaligen Hauptbahnhof im Jahre 1860 und zwei Jahre später die „Geestebahn“, die das 1827 gegründete Bremerhaven an das Eisenbahnnetz anband. Gleichzeitig erhielt Vegesack eine Stichbahn. Die Oldenburger Eisenbahnstrecke schließlich ging im Juli 1867 in Betrieb. Bremen hatte sich zu einem Eisenbahnknotenpunkt entwickelt. Der Austausch von Waren war effektiver geworden, die Verkehrsströme, auch des Personenverkehrs, wuchsen ständig. Dank der Eisenbahn entwickelte sich Bremen weiter nach außen und die Beziehungen von außen nach Bremen waren ebenfalls im Wachsen.

Um diese Entwicklung zu ermöglichen war die Einführung eines effektiven Nahverkehrsangebotes zwingend erforderlich. Die Entwicklung der Stadt entlang der Weser bot ideale Bedingungen für einen Pferdebahnbetrieb. Und doch sollte die Ost-West-Achse nicht die erste Pferdebahnstrecke werden. Diese entstand kurioserweise als Ausflugsbahn. Erleben wir in diesem Buch in Wort und Bild die spannende Entwicklung von ersten Pferdebahnen des Jahres 1876 bis zum modernen Verkehrsbetrieb mit Niederflurstraßenbahnen im Jahre 2010. Diese 134 Jahre Verkehrsgeschichte sind auf das engste mit der Stadtgeschichte der Hansestadt Bremen und den hier lebenden Menschen verbunden.

Bremen, im Frühjahr 2010 *Andreas Mausolf*

Vorlauf: „Linienwagen"

Lange bevor in Bremen die ersten Pferdebahnen verkehrten, gab es bereits einen Öffentlichen Personennahverkehr. Wir müssen hierbei zwischen einem umlandbezogenen und einem stadtbezogenen Verkehr unterscheiden. Sog. „Linienwagen" – nichts anderes als Pferdeomnibusse – verkehrten ab 1842 in der Saison zu mehreren Ausflugszielen im Bremer Umland. So wurden u.a. Horn, Oberneuland, Lilienthal und Vegesack – teilweise sogar täglich – angefahren. Innerstädtisch verkehrten Linienwagen ab Mai 1845 zunächst im engeren Bereich der Innenstadt, wobei auch die Weserbrücke überquert wurde. Haltestellen existierten nicht, es wurde auf Handzeichen angehalten. Ende 1866 wurde dann jene Linie eingeführt, welche die Innenstadt von Ost nach West vom Steintor zum Stephanitor durchmaß und später auch als Pferdebahnstrecke eine bedeutende Rolle spielen sollte. Hier verkehrten Linienwagen bis zur Eröffnung der Pferdebahn im Jahre 1879. Als es darum ging, die Pferdebahn auf dieser Stadtquerung einzusetzen, wurde sogar ernsthaft daran gedacht, die Tram nur jeweils bis an den Innenstadtrand und im Innenstadtbereich selbst – gewissermaßen als Lückenschluss – den Linienwagen einzusetzen. Hierzu kam es allerdings nicht, die Pferdebahn nahm den durchgehenden Betrieb auf der Ost-West-Achse im November 1879 auf. Die Linienwagen stellten kurz darauf ihren Verkehr ein. Weitere Pferdeomnibusunternehmen versuchten sich zwischen 1888 und 1898, bis schließlich im März desselben Jahres der letzte seine Betriebsmittel verkaufte. Mit der Geschichte dieses Verkehrsmittels sind in Bremen v.a. die Namen Neukirch, Köhler, Ickler und Müller verbunden.[1]

I. 1876 bis 1900

1. Die „Bremer Pferdebahn“ und andere Konzessionsbewerber

1.1 Anfangs Zurückhaltung

Die engen Straßenverhältnisse in der Bremer Innenstadt schienen den Verantwortlichen lange Zeit wenig geeignet, ein schienengebundenes Verkehrsmittel aufzunehmen. So ist es erklärlich, dass mehrere Anträge, eine Pferdebahn zu bauen, ab 1865 von den Behörden abschlägig beschieden wurden.

Einen komplexen Antrag stellte die Hamburger „Wagenfabrik Grums“ im August 1874: Sie plante, die Stadt mit dem Umland durch mehrere Pferdebahnen zu verbinden. Es ist durchaus denkbar, dass eine gewisse Zurückhaltung gegenüber einer Idee aus der Stadt an der Elbe im Hintergrund wirkte. Doch es waren im Wesentlichen sachliche Gründe, die zu einer Ablehnung an der Weser führten. Der Antragsteller war nicht darauf eingegangen, wie er die verkehrlichen Probleme, zu denen eine in Mittenlage der engen Straßen geplante Pferdebahn zwangsläufig führen musste, zu lösen gedachte. Der Bremer Senat lehnte nach eingehender Beratung im Oktober 1874 ab.[2]

Bremen war im Übrigen sehr stark daran interessiert, in keinerlei Hinsicht finanziell in Projekte dieser Art involviert zu werden, obwohl die Rolle einer Pferdebahn für das weitere Wachstum von Stadt und Wirtschaftsgefüge durchaus absehbar war. Der junge Ingenieur **Carl Westenfeld** zog in Kenntnis der Gründe für die Ablehnung der Pläne aus Hamburg und der generellen Haltung des Senats die Konsequenzen. Er beantragte im April 1875 als Einstieg die Konzession für einen Pferdebahnbetrieb abseits der engen Altstadtgassen vom Herdentor nach Oberneuland, wobei aus finanzierungstechnischen Gründen schließlich nur noch die Hälfte der Strecke Aussicht auf Realisierung haben konnte. Westenfeld, ein gebürtiger Bremer, der zwischen 1869 und 1871 u.a. in Chicago Erfahrungen mit dem Bau von Pferdebahnen gesammelt hatte, veröffentlichte gemeinsam mit einem Kreis einflussreicher und interessierter Bremer mit Datum vom 9. August 1875 einen „Prospect für die Bremer Pferdebahn“, in dem detailliert auf verkehrliche Probleme und deren Lösungen durch eine Pferdebahn eingegangen wird. Die Beteiligten führten aus, *„daß der stetig wachsende Verkehr zwischen der Neustadt, dem Neuenlande und der Altstadt und den Vorstädten Bremens mittelst der neuen, durch die Kaiserbrücke und die Kaiserstraße geschaffenen Verkehrswege erst dann ordentlich befriedigt werden kann, wenn eine regelmäßige Verbindung durch die Pferdeeisenbahn errichtet worden ist; daß andererseits der Verkehr auf der Schwachhauser Chaussee durch die jetzt vorhandenen Verkehrsmittel aber auch bei weitem nicht mehr befriedigt wird, da die dort verkehrenden Omnibusse in höchstem Grade unbequem, theuer und ihre Fahrten auf wenige Tagesstunden beschränkt sind.“* Allerdings warben sie bei ihrer Aufforderung um Unterstützung mit nicht ganz legalen Mitteln, denn die Behauptung, Westenfeld hielte zu diesem Zeitpunkt bereits eine Konzession in den Händen, stellte schlicht die Unwahrheit dar. Doch ihre Analyse des derzeitigen Zustands traf zu.[3]

Westenfeld erhielt tatsächlich am 5. April 1876 die Konzession für eine Pferdebahn zwischen dem Herdentor und Horn auf 20 Jahre. Für eine weitere Strecke – deren Beantragung er jedoch klug von der Horner Bahn abgetrennt hatte – bekam jedoch auch er keine Genehmigung: Eine die Neustadt und Altstadt über die Kaiserbrücke verbindende Linienführung – so wie sie im „Prospect“ als ebenso bedeutend wie die „Horner Linie“ aufgeführt war – wurde nicht gestattet. Aber Westenfeld hatte den Fuß in der Tür. Die Stadt verlangte allerdings viel: Möglichst ohne eigene Investitionen für jedwede Maßnahme, die infolge des Bahnbaus nötig wurde, sollte die Angelegenheit für das Stadtsäckel ausgehen. So wurde alles, was an Risiken mit dem Bau verbunden war, dem Unternehmer aufgebürdet. Westenfeld kam der Umstand zugute, dass noch niemand umfassend abschätzen konnte, in welchem Umfang tatsächlich Investitionen für einen effektiven Betrieb anfallen würden. Und tatsächlich musste schon bald umfassend nachgebessert werden.

Der Senat hatte das Projekt von Westenfeld einer eingehenden Prüfung durch eine eigens eingesetzte Kommission aus technischen Beamten unterziehen lassen. Diese befand die Pläne als „ohne Schädigung des allgemeinen Verkehrs“ für durchführbar. Der Senat zeigte sich überzeugt und stellte ein großes öffentliches Interesse an der „Erleichterung des Verkehres in der Stadt und zwischen Stadt und Landgebiet durch die projectirte Bahn“[4] fest. Die am 31. März 1876 um Zustimmung gebetene Bremische Bürgerschaft erklärte sich einverstanden und segnete auf ihrer Sitzung vom 5. April 1876 im Einzelnen folgende Konditionen im Zusammenhang mit der Konzessionserteilung ab:

- Gewährung der Konzession auf 20 Jahre
- Sofern die Stadt weitere Pferdebahnen unter Konzessionsgewährung an andere Unternehmen gestattet, ist ein Anschluss herzustellen und die Mitbenutzung von Strecken zu gewähren
- Bauliche Unterhaltung des genutzten Straßenraumes
- Betriebsmittel, Betriebsvorschriften sowie Fahrpläne und Tarife sind mit der Polizeidirektion einvernehmlich zu regeln
- Nach Ablauf der Konzessionsperiode muss die Bahn aus dem Pflaster entfernt und der Straßenraum wieder in den

ursprünglichen Zustand zurückversetzt werden, sollte Bremen sich nicht entscheiden, die Anlagen zu übernehmen

Westenfeld seinerseits hatte den Erlass des Chausseegeldes beantragt, was ihm mit Beschluss vom 5. April 1876 ebenfalls gewährt wurde.[5]

Bereits am 11. April 1876 übertrug Westenfeld die Konzession mit Genehmigung des Bremer Senats an die am 28. März 1876 mit einem Grundkapital von 180 000 Mark gegründete **„Bremer Pferdebahn AG“**, die nun alles weitere veranlasste. Innerhalb von fünf Wochen wurden die Gleise vom Herdentor bis zur Vahrster Brücke verlegt. Später sollte sich herausstellen, dass man sich besser etwas mehr Zeit hierfür genommen und mit mehr Sorgfalt gearbeitet hätte. Doch man hatte sich einen Termin gesetzt und wollte ihn einhalten! Am 31. Mai 1876 stand Carl Westenfeld höchstpersönlich auf dem Perron des ersten offiziellen Pferdebahnzuges und hielt die Zügel in der Hand. Die Tageszeitung bemerkte: *„Die Fahrt in einem der offenen Sommerwagen, welche 32 Personen zu fassen vermögen und für die Folge von zwei Pferden gezogen werden, ging zur Befriedigung aller Theilnehmer von Statten. Die Wagen sind sehr bequem eingerichtet, ohne jegliche Schwierigkeiten zu besteigen und zeichnen sich besonders durch eine leichte Gangart vortheilhaft aus.“*[6]

Ab dem 4. Juni (Pfingsten) wurde regulärer Bahnbetrieb durchgeführt. Die beiden Pfingstfeiertage brachten ein unerwartetes Ergebnis: 7000 Menschen nutzten die Gelegenheit, das neue Verkehrsmittel auszuprobieren. Insgesamt waren über Pfingsten 25 000 Menschen mit Verkehrsmitteln unterwegs. Das stellte schon einen gewaltigen Erfolg dar! Der offizielle Fahrplan sah ab 17. Juni 1876 zunächst vor, dass von 15.10 Uhr nachmittags bis 22.10 Uhr abends in einem Takt von 20 Minuten ein Wagen von Bremen nach Horn und ab 15.50 Uhr retour verkehrte. Diese Regelung wurde ab 6. August 1876 schon ab 13.50 Uhr angewendet. Im Zusammenhang mit der Aufgabe des einstündlichen Betriebes in den Vormittagsstunden zugunsten eines 40-Minuten-Taktes wurde der 20-minütige Takt auf 12.50 Uhr vorgezogen und bis abends 22.10 Uhr durchgeführt.

Westenfeld hatte nicht nur an den regen Ausflugsverkehr gedacht, welcher der Horner Bahn eine respektable Nachfrage bescherte. Der an der Strecke liegende große Riensberger Friedhof hatte ebenfalls eine Rolle bei seinen Routenüberlegungen gespielt. Der Ingenieur hatte die Pferdebahn auch als eine „Bahn des letzten Weges“ eingeplant, die nicht nur Trauergesellschaften befördern sollte, sondern auch die Verstorbenen selbst. Ob jemals solche Fahrten stattgefunden haben, ist nicht überliefert.[7]

1.2 Ein großer Erfolg

Fakt dagegen ist, dass die Beförderungszahlen alle Erwartungen übertrafen. Die Betriebsmittel gerieten schnell an den Rand ihrer Leistungsfähigkeit. Bereits Ende Juni 1876 war in der Regionalpresse zu lesen, hohe Nutzungszahlen hätten bereits zu ersten Klagen über „unzureichende (und) ungenügende Zahl der Fahrten“ geführt: *„Die Bahn wird gegenwärtig mit vier Wagen und neun Pferden betrieben. Die ersten sind ausschließlich für den Sommerverkehr bestimmt und es haben überdem noch einige beim Bau benutzte kleinere Wagen für ein Pferde zu Hülfe genommen werden müssen ... Die Pferdebahn wird weit mehr als man es erwartete auch von den Gebietsbewohnern benutzt und dient ferner selbst in der kurzen Strecke vom Heerdenthor bis zum äußersten Theile der Vorstadt nach Schwachhausen hin, dem städtischen Verkehr.“* Der Schlusssatz dieses kurzen Artikels der „Weser-Zeitung“ dürfte dem Ingenieur Westenfeld wie Musik geklungen haben, deutete er doch bereits an, dass der Einstiegserfolg der „Horner Linie“ zu weiteren Linien führen würde. Das Blatt schloss mit dem Satz: *„... und somit werden wir wohl über kurz oder lang die Pferdebahn auch in dem eigentlichen städtischen Verkehr eingeführt sehen.“*[8]

Auf der ersten Generalversammlung der Aktionäre am 13. Juli 1876 berichtete Westenfeld nicht ohne Stolz über den großen Erfolg, dass an den ersten vier Sonn- und Feiertagen nach der Eröffnung der Pferdebahn 9000 Personen sowie an den ersten 13 Wochentagen 15 000 Personen befördert wurden. Für die sich daran anschließende Zeit bis zur Generalversammlung habe man im Schnitt sonntags 2100 Personen und werktags 1500 Personen gezählt. Bis zum 8. Juli d.J. habe man Fahrgeldeinnahmen in Höhe von 9700 Mark verzeichnet. Westenfeld berichtete anlässlich der Generalversammlung auch detailliert über die erfolgten Investitionen. So hätten die Kosten für den Bahnbau, die Betriebsmittel sowie weitere erforderliche Investitionen insgesamt 166 096 Mark betragen. Dies hätte sich im Rahmen des Veranschlagten bewegt. Für den nun anstehenden Weiterbau der Strecke auf 600 Metern von der Vahrster Brücke bis nach Horn sei allerdings eine Aufstockung des Aktienkapitals erforderlich. Bereits der bisherige Betrieb habe darüber hinaus gezeigt, dass ein Bedarf an zusätzlichen Fahrzeugen bestehe. Deshalb sei die Anschaffung von weiteren sechs geschlossenen Pferdebahnwagen und natürlich einer entsprechenden Anzahl von Zugpferden erforderlich. Für die Wagen nannte Westenfeld einen Beschaffungspreis von insgesamt 27 000 Mark, für zehn Pferde mit vollem Geschirr seien 12 000 Mark zu zahlen. Eine Erhöhung des Aktienkapitals von 180 000 Mark auf 250 000 Mark sei daher unerlässlich. Bereits diese Kostenpositionen sind für den Betrachter aus heutiger Sicht interessante Finanzierungsmarken. Noch aufschlussreicher sind jene Angaben, die anlässlich der Generalversammlung auf Nachfrage zu den laufenden Betriebs-

Am 4. Juni 1876 erschien auf der Titelseite der „Bremer Nachrichten“ nahezu formatfüllend das **„Polizei-Reglement für die Pferde-Eisenbahn von Bremen nach Horn“** sowie ihr Fahrplan und Tarif.

Die wichtigsten Bestimmungen aus dem 24 Paragraphen umfassenden Reglement:

Polizeireglement

§ 1

Die für den Betrieb der Pferde-Eisenbahn zu benutzenden Wagen dürfen keine größere Breite als 2,20 Meter haben. Sie müssen versehen sein

a) mit einer kräftigen und schnell wirkenden Bremsvorrichtung;
b) mit einer Zugleine oder ähnlicher Vorrichtung, mittelst welcher ein Signalverkehr zwischen dem Kutscher und Conducteur stattfinden kann;
c) vorn mit einer Laterne beleuchtet werden, welche zugleich zur Erhellung des inneren Wagenraumes bei Nachtzeit benutzt werden kann.

(…)

§ 4

Jeder Bahnzug darf nur aus einem Wagen bestehen, mehrere Wagen durch ein und dasselbe Gespann zugleich zu befördern, ist untersagt.

(…)

§ 6

Die Signale erfolgen durch die Glocke. Zu diesem Behufe ist jeder Wagen mit einer Glocke für den Kutscher und Conducteur zu versehen. Beim Eintritt der Dunkelheit oder dichtem Nebel sind außerdem den Pferden Glocken anzuhängen.

(…)

§ 9

Passagiergut, als Reisekoffer und anderes größeres Gepäck, welches die Passagiere belästigt, sowie Briefe dürfen nicht befördert werden. Befinden sich Gegenstände, welche der Consumtionsabgabe unterliegen, in dem Wagen, so sind die Kutscher und Conducteure verpflichtet, unaufgefordert bei der Hebestelle für die Consumtionsabgabe zu Schwachhausen zu halten.

§ 10

Die Kutscher und Conducteure haben während der Dienststunden die von der Gesellschaft eingeführte Dienstkleidung sowie eine Nummer vorn an der Kopfbedeckung zu tragen. Das Tabakrauchen während des Verkehrs mit dem Publikum ist ihnen nicht gestattet; ihr Betragen gegen dasselbe muß ein bescheidenes und höfliches sein...

(…)

§ 16

In schnellerer Gangart, als im Trabe zu fahren, ist untersagt. An den Straßenkreuzungen, so wie in den Ausweichungen muß im Schritt gefahren werden. Auf abschüssigen Bahnstrecken muß von der Bremse rechtzeitig Gebrauch gemacht werden. Treffen zwei sich entgegenkommende Wagen nicht rechtzeitig auf einer Ausweichungsstelle ein, so hat der früher ankommende den andern zu erwarten und das Nebengeleise für das Vorbeigehen des später ankommenden frei zu lassen.

(…)

§ 21

... Kein Fuhrwerk darf die Gleise der Bahn, sobald und soweit der Fahrdamm der Straße frei ist, befahren. Alle Fuhrwerke sowie Reiter haben den ihnen entgegenkommenden oder nachfolgenden Pferdeeisenbahnwagen vollständig und soweit auszuweichen, daß zwischen ihnen und der nächsten Bahnschiene noch ein Raum von 1 Meter frei bleibt und der Eisenbahnwagen ohne Aufenthalt passiren kann.

§ 22

Das Abladen von Holz, Steinen oder sonstigen hindernden Gegenständen auf dem Bahnkörper, sowie neben demselben innerhalb 1 Meter von der äußeren Seite der Bahnschienen, das Nachahmen von Signalen und andere Handlungen, durch welche eine Störung des Betriebes veranlaßt werden kann, sind verboten.

Weitere Paragraphen regelten u.a., dass weder gesungen noch gelärmt werden durfte, betrunkene, kranke oder unreinliche Fahrgäste von der Beförderung auszuschließen seien und Hunde und Katzen generell nicht befördert werden durften. Gleiches galt auch für geladene Gewehre!

ausgaben getätigt wurden. Demnach beliefen sich die wöchentlichen Gesamtausgaben für den Betrieb auf 630 Mark, denen Einnahmen in Höhe von bisher 1800 Mark gegenüberstünden. Dies veranlasste ein Mitglied der Zusammenkunft zu dem Ausspruch, das Geld liege eben auf der Straße, man müsse es nur aufheben! Die Aufstockung des Aktienkapitals wurde erwartungsgemäß beschlossen und zum Abschluss der Veranstaltung kamen noch einige Kritikpunkte zur Sprache. Das „jederzeitige Halten" wurde als Hindernis für einen beschleunigten Betrieb gesehen. Westenfeld antwortete hierauf, der Hinweis sei berechtigt. Man werde in Kürze entsprechende Haltestellen einrichten.[9] Anfangs wurde in halbstündlichem, später in viertelstündlichem Takt gefahren.

Die von Westenfeld vorgeschlagene Ergänzung des Pferde- und Wagenparks wurde umgehend eingeleitet, so dass bereits Mitte Juli der Pferdebestand auf 14 Tiere wuchs und am 1. August 1876 die geschlossenen Wagen Nr. 5 und 6 in Betrieb genommen werden konnten. Bis Ende Dezember standen dann sämtliche neuen geschlossenen Wagen im Einsatz (Nr. 5–8, die ebenso wie die offenen Wagen 1–4 von der „Eisenbahn-Wagenbau-Anstalt zu Rothenburgsort" bei Hamburg, die Fahrzeuge mit den Nr. 9–12 von der Firma „John Stephenson" – oder nach einer anderen Quelle von der „Auburn Manufacturing Company" in New York erbaut wurden). Carl Westenfeld, der nicht nur den Bau der Bahn, sondern in den ersten drei Monaten nach Fertigstellung auch den Betrieb selbst geleitet hatte, schied am 1. September 1876 auf eigenen Wunsch wegen anderer Tätigkeitsschwerpunkte – so war er wesentlich am Bau der Pferdebahn Kassel-Wilhelmshöhe beteiligt – aus dem Unternehmen aus. Ein Zerwürfnis über eine Kleinigkeit bewirkte das Ausscheiden einer weiteren bedeutenden Person: **Heinrich Alfes** nahm seinen Abschied, als eine Peitschenbestellung, die er offenkundig ohne Absprache mit dem gesamten Vorstand getätigt hatte, eine mittlere Krise auslöste. Beide Seiten waren seit einiger Zeit immer wieder aneinander geraten, so dass eine Nichtigkeit genügte, damit Alfes Konsequenzen zog. Für die „Bremer Pferdebahn" sollte sein Ausscheiden bereits in Kürze zu einem richtigen Problem werden.

Zunächst jedoch musste der Andrang auf der „Horner Linie" bewältigt werden. Noch im August 1876 war immer wieder in der Presse über eine enorme Nachfrage zu lesen. Es wurde sogar gemutmaßt, die „Bremer Pferdebahn" versuche verzweifelt und „unter Anerbiethungen der höchsten Preise" aus England und Österreich neue Wagen zu beziehen, um die Situation zu entschärfen.[10] Man begann, sich Gedanken über den Tierschutz zu machen, denn: *„Die Pferdebahnwagen sollen namentlich an Sonntagnachmittagen so sehr überfüllt sein, daß die vorgespannten Pferde selbst mit Ueberanstrengung die Last kaum fortzuschaffen vermögen. Aus Menschlichkeitsrücksichten gegen die Thiere und aus Rücksicht auf die zu befördernden Personen sollte strenger darauf gehalten werden, daß ein gewisses Maximum in der Zahl der Passagiere, die zu einer Fahrt zugelassen werden, nicht überschritten wurde."*[11]

1.3 Vor weiteren Konzessionen: Der Senat will Erfahrungen sammeln

Westenfeld hatte ursprünglich beabsichtigt, der „Horner Linie" weitere Strecken folgen zu lassen. Im Mai 1876 hatte er als erster einen Antrag auf Erteilung einer Vorkonzession für eine Pferdebahnlinie von Walle nach Sebaldsbrück gestellt. Er wusste um die wirtschaftliche Bedeutung einer solchen Strecke und wollte diese auch tatsächlich in Angriff nehmen. Doch stand außer Zweifel, dass hiermit erhebliche finanzielle Wagnisse verbunden sein würden, die eine gewisse Absicherung erforderlich machten. Noch Ende Mai 1876 lehnte der Senat nach kurzer Beratung ab, „bis ein in nächster Zukunft ausführbares, detaillirtes Project eingereicht werde". Westenfeld entwarf eine solche Planung und reichte sie Ende Juni 1876 ein. Dies geschah zeitgleich mit einem erneuten, und noch dazu fast gleichlautenden Vorstoß der „Wagenfabrik Grums". Die Planungen sahen u.a. vor, durch parallele Gleisführung jeweils in Straßenrandlage mit zahlreichen Verbindungen Hindernisse umfahren zu können. Vorgesehen waren in beiden Anträgen jeweils drei Linien mit Erweiterungsoptionen, die im Wesentlichen die Neustadt mit dem Bahnhof, die Innenstadt mit dem Steintor bzw. mit dem Westen vorsahen.

Der Senat beriet Ende Juli und kam zu dem Schluss, vor der Erteilung weiterer Konzessionen erst weitere Erfahrungen abwarten zu wollen. Inzwischen waren bauliche Mängel an der Horner Bahn aufgetreten, so dass eine Erfahrungspause angemessen erschien. Der Senat ermunterte jedoch die Bewerber, im Frühjahr 1877 die gestellten Anträge zu wiederholen. Dem Wunsch Carl Westenfelds, ein Vorrecht auf die Konzession vor anderen möglichen Bewerbern zu erhalten, wollte man allerdings nicht folgen.

Im Frühjahr 1877 waren es dann nicht nur die „Wagenfabrik Grums" und Westenfeld, die sich erneut zu Wort meldeten. Im Januar beantragte Christoph Herzog erst einmal pro Forma eine Konzession und reichte Details im Laufe des Jahres ein. Sein Vorschlag, die verkehrlichen Probleme in den engen Bremer Stadtstraßen zu lösen, brachte einen Aspekt erneut ins Gespräch, den Bremens Oberbaudirektor **Franzius** bereits in seiner Stellungnahme zu Anträgen der Firma „Grums" und von Carl Westenfeld in die Diskussion geworfen hatte. Das vermeintliche Zauberwort hieß „Perambulatorsystem" und bedeutete, dass die Pferdebahnwagen mit einer Vorrichtung versehen werden sollten, die ihnen jederzeitiges Verlassen des Gleiskörpers und somit ein Ausweichen vor Hindernissen gestattete. Von der „Wagenfabrik Grums" war nur noch zu vernehmen, dass ihr Inhaber verstorben war. Sie schied damit aus dem Rennen. Westenfeld stellte eine interessante Variante seines bereits im Vorjahr unterbreiteten, jedoch abgelehnten Vorschlages vor. In der Innenstadt sollte die Pferdebahn demnach überhaupt nicht mehr verkehren. Vielmehr war hier an einen – allerdings wenig realistischen – Anschlussverkehr mit den von der Firma „Neukirch" betriebenen Pferdekutschen gedacht. Allerdings: Ein Einheitstarif sollte es werden, so dass der Fahrgast nur einmal zu zahlen haben würde. Westenfeld meldete sich noch einmal zu Wort mit dem Vorschlag, die Spurweite der Pferdetram von der Normalspur auf 600 mm zu verringern und die Fahrzeuge entsprechend in der Breite zu reduzieren. Zur Vollständigkeit sei noch erwähnt, dass der Düsseldorfer Ingenieur Boyaert und der Bremer Heinrich Alfes ebenfalls Anträge auf Konzessionierung stellten. Schlussendlich hatte die technische Kommission des Senats selbst einen rein formellen Antrag der „Bremer Pferdebahn" initiiert, um möglichst eine einheitliche und kontrollierbare Entwicklung zu ermöglichen.

Die Kommission erörterte eingehend alle Anträge vor dem Hintergrund der technischen Schwierigkeiten und ihrer Lösungsansätze. Das Perambulatorsystem schied frühzeitig aus. Zu schlecht waren die Erfahrungen andernorts, welche die Kommission eingeholt hatte. Pflasterungs- und Unterbaufragen ließen sich nicht abschließend klären. Zu unterschiedlich waren die Standpunkte und die offenbar immer stärker werdenden Probleme bei der – „mit einer gewissen Überstürzung" errichteten – „Horner Linie" verunsicherten selbst die Fachleute. Die Erörterungen gerieten ins Stocken.[12]

1.4 Eine außergewöhnliche Dienstreise und ihre Folgen

Vor dem Hintergrund einer Vielzahl von technischen Problemen lag die Frage nahe, wie denn andere Städte mit ihren Pferdebahnen in engen Altstadtstraßen umgingen. Der Bremer Bauinspektor Böttcher wurde im Mai 1877 auserkoren, im Rahmen einer umfassenden Dienstreise, für die er „mit detaillirten Instruktionen versehen wurde"[13], in neun Städten Bestandsaufnahmen über Modalitäten des Tramstreckenbaus anzufertigen und Erfahrungen zusammenzutragen. Nach einer ausführlichen Inspektionsreise zu den Pferdebahnsystemen in Barmen/Elberfeld, Düsseldorf, Amsterdam, Antwerpen, Gent, Brüssel, Köln, Frankfurt und Berlin verfasste er am 14. August 1877 seinen Bericht, der umgehend an höchster Stelle Beratung erfuhr. Das Papier belegte, dass Pferdebahnführungen „mitten durch die Stadt" durchaus möglich waren! Für die Verantwortlichen in Bremen war ein Aspekt des Berichtes besonders von Bedeutung: Proteste und Beschwerden der Anlieger enger Straßen, in denen die Pferdebahn verkehrte, konnten nirgendwo ausgemacht werden. Selbst bei Straßen mit minimaler Breite seien keinerlei Störungen festzustellen gewesen. Die Kriterienliste des Bauinspektors war umfassend. Natürlich war auch der Aspekt der Latrinenreinigung enthalten. Doch selbst hierbei gab es keine Probleme zu verzeichnen: „*Ebensowenig bot die Latrinenreinigung durch die Kesselwagen Schwierigkeiten. Theils können dieselben in Nebenstraßen aufgestellt werden, theils kann die in mehreren Jahren nur einmal eintretende Latrinenreinigung der wenigen in Betracht kommenden Häuser ... sehr wohl zu einer Zeit beschafft werden, wo die Bahn nicht in Betrieb ist...*"[14]

Auch zahlreiche andere Aspekte, die Bauinspektor geprüft hatte, ließen keinerlei Klärungsbedarf mehr offen. Das Perambulatorsystem schließlich sei nach eingehender Prüfung definitiv nicht zu empfehlen.

Aus heutiger Sicht ist die Vielzahl der Bedenken gewiss ein wenig befremdend. Das einerseits fortschrittliche Bremen hatte – so scheint es – im Detail erhebliche Schwierigkeiten damit, sich einem neuen, eigentlich aufgrund seiner erwarteten Auswirkungen auf die weitere städtische Entwicklung durchaus gewünschten Betriebsmittel zu öffnen. Doch es waren aus Sicht der Politik und Verwaltung überwiegend vorbeugende Beweggründe, die zu einer großen Vorsicht führten. Man befürchtete Behinderungen von Verkehrsabläufen und Warenverkehr, die eventuell zu einer Verärgerung in der Bevölkerung führen konnten, wodurch wiederum eine Entwicklung des Pferdebahnverkehrs erschwert worden wäre. So lässt sich Böttchers Dienstreise erklären, deren Erkenntnisse im Wesentlichen zu einer offenen Pferdebahnpolitik beitrugen.

Ein Aspekt jedoch blieb problematisch. Böttcher schlug abschließend vor, die Breite der in Rede stehenden Straßen durch Einschränkung der Gehsteige versuchsweise auf 5,80 m auszudehnen und die Pferdebahn grundsätzlich in die Mitte zu legen. Dies wäre in der Tat eine nirgendwo sonst praktizierte Vorgehensweise gewesen. Praktische Versuche wurden angestellt, die zwar eine Durchführbarkeit am Reißbrett ergaben, diese sich jedoch aufgrund allerhand Unwägbarkeiten als nicht realisierbar herausstellte. So schuf man einen Kompromiss: In jenen Straßen, die eine Fahrbahnbreite von ca. 7 m aufwiesen, sollte die mittige Anlegung des Gleises, in jenen mit nur 5,80 m eine seitliche Anlegung erfolgen. Im Dezember 1877 beschloss der Senat nach ausführlicher Anhörung der Kommission so zu verfahren. Umgehend wurde unter Federführung der technischen Kommission ermittelt, wie sich die beschlossenen Maßgaben auf eine Linie von Walle nach Sebaldsbrück übertragen ließen. Nachdem die entsprechenden Konzessionsbedingungen entworfen und den Antragstellern präsentiert worden waren, stellte sich heraus, dass nur Alfes sich in der Lage sah, ihnen zu genügen. Der Senat erteilte ihm am 29. März 1878 eine Vorkonzession auf drei Monate, die bis zum 1. Dezember 1878 verlängert wurde. Unter der Bedingung, dass er für die anfallenden Arbeiten ein Aktienkapital von 1 Million Mark nachweisen könne und vorbehaltlich der Entscheidung der Bürgerschaft sollte ihm schließlich eine Konzession für die Ost-West-Achse erteilt werden. Als sich abzeichnete,

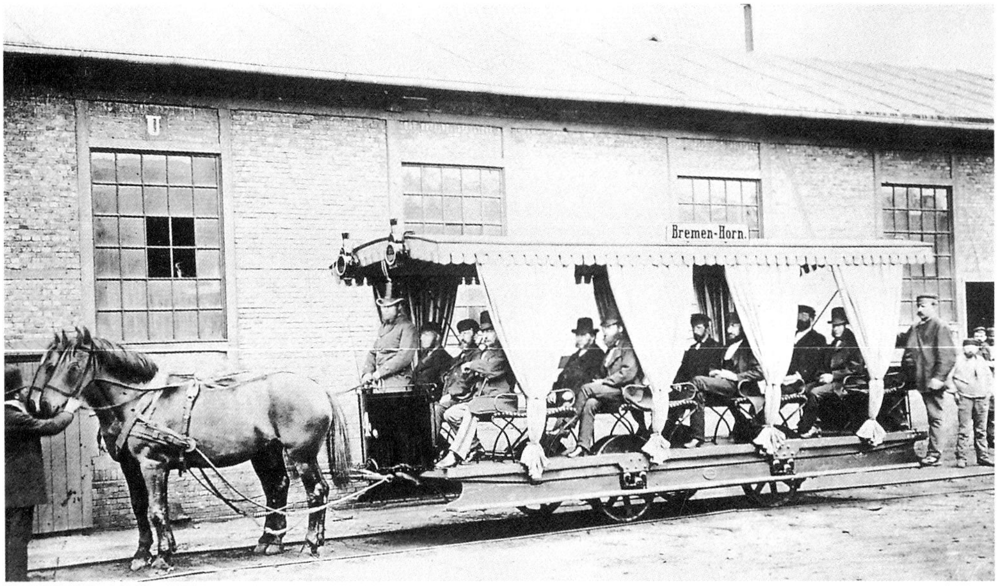

Wie alles begann: Im Bahnhof Horn steht im Sommer 1878 – dem Jahr der Aufnahme des Betriebes bis hierher, vorher befand sich der Endpunkt an der Vahrster Brücke – der offene Wagen Nr. 4 für den Fotografen Modell. Man beachte die großen Frontlaternen! Archiv FdBS/BSAG

Für den Fotografen wurde der Pferdebahnwagen sogar ausgegleist, um die Belegschaft effektvoll davor zur platzieren: Bahnhof Horn, wohl um 1888. Im Hintergrund ein offener und ein geschlossener Wagen. Archiv FdBS/BSAG

dass Alfes „sich nunmehr mit einer als außerordentlich empfehlenswerth und solide nachgewiesenen Gesellschaft geeinigt" hatte, die allerdings zunächst nach außen anonym zu bleiben wünschte, waren die Hemmnisse beseitigt. Am 29. November 1878 schließlich wurde die Konzession an Alfes erteilt, der keine geringere als die „Tramway Union Company Ltd." aus London ins hansestädtische Boot geholt hatte! Die Geschichte eines zweiten Bremer Pferdebahnbetreibers begann.[15] Wir verfolgen sie unter Kapitelpunkt 2 weiter.

1.5 Verlängerung bis Horn und ein „eigenes" Depot

Bereits am 1. Dezember 1877 konnte die „Bremer Pferdebahn" nach nur zweimonatiger Bauzeit die Verlängerung der Strecke von der Vahrster Brücke bis nach Horn in Betrieb nehmen. Mit einem speziellen Brückenbauwerk musste der Fluss „Kleine Wümme" überwunden werden.

Das anfänglich an der Schwachhauser Chaussee auf einem vom Grundbesitzer J. Garbade gepachteten Gelände untergebrachte Depot der „Bremer Pferdebahn", in dem sich auch eine Schmiede befand, sollte laut Beschluss der Generalversammlung vom 5. April 1877 durch ein anzukaufendes Areal, auf dem entsprechende Neubauten geplant waren, ersetzt werden. Das Unternehmen erwarb daraufhin an der neuen Endstelle in Horn ein Grundstück von der Horner Kirchengemeinde und begann mit den erforderlichen Arbeiten. Das Gelände an der Schwachhauser Chaussee musste wieder in den alten Zustand zurückversetzt werden. Am 7. Juni 1878 konnten die neuen Stallungen und Werkstätten in Betrieb gehen. Die Schmiede war am alten Ort ab- und in Horn wieder aufgebaut worden. Auch die Gleise des ehemaligen Depots wurden am neuen Standort weitestgehend wieder verwendet. Das neue Depot- und Werkstattgelände umfasste einen Pferdestall für 41 Pferde mitsamt Futtervorratsböden sowie eine Halle für 16 Wagen mitsamt einer Schmiede und Reparaturgruben und Magazinräumen, ein Betriebsbüro, eine Beamtenwohnung für den Hofvorsteher und natürlich die notwendigen Sozialräume.

Die Fertigstellung von zwei weiteren Ausweichen an der Vahrster Brücke und An der Weide erlaubte es, ab dem 8. Juni 1878 endlich den langgehegten Wunsch zu realisieren, den Betrieb mit einem 15-Minuten-Takt durchzuführen. Bis dahin war i.d.R. nur ein 20-Minuten-Takt möglich gewesen.

1.6 Ein harter Schlag

Die Jahreswende 1880/1881 bescherte der Stadt Bremen einen verheerenden Deichbruch, der die Pferdebahn erheblich in Mitleidenschaft zog. Auch die Depot- und Werkstattanlagen in Horn waren betroffen. Dort stand das Wasser mehrere Monate über 1 m hoch! Die Schäden waren immens. Doch auch die Hilfsbereitschaft kannte keine Grenzen. Nahezu anrührend die Zeilen des Vorstands über die erfahrene Unterstützung unmittelbar nach dem Deichbruch:

„Nach dem Deichbruch mussten wir am 29. December Nachts unsere Stallung räumen und wurden sämmtliche Pferde bei dem Gastwirth Herrn Meybohm untergebracht. Am 18. Januar konnten wir unsere Stallung wieder beziehen, mussten aber schon am 8. Februar wieder die Flucht ergreifen und boten uns vom 8. Februar an für 15 Pferde Herr Raschen in Horn, 10 Pferde Frau Wwe. Hespe, 12 Pferde Frau Wwe. Solte in Schwachhausen in liebenswürdigster Weise ein Unterkommen. Schon am 17. Februar war unseres Bleibens bei Herrn Raschen nicht mehr. Das Wasser erreichte die Stallung und wieder bot uns Herr Garbade in Schwachhausen Quartier. … Die Pferde blieben bis zum 8. April in obigen Stallungen, erst dann war es möglich, unsere eigenen zu beziehen.“

Es muss für Mensch und Tier eine harte Prüfung gewesen sein. Und auch für das Wagenmaterial: Für die geschlossenen Wagen gab es keine Unterstellmöglichkeit, sie blieben auf der Chaussee an höheren Punkten abgestellt. Die aufwendigen Reparatur- und Überholungskosten betrugen fast 5700 Mark.

Ein schlechter Sommer tat das Übrige, die „Ausflugsbahn“ war hiermit schon doppelt getroffen. Hinzu kam noch, dass die Konkurrenz in Form der „Großen Bremer Pferdebahn“ 1880 ihr erstes volles Betriebsjahr mit großem Erfolg beendet hatte. So blieb dem Vorstand nur, den Aktionären verhalten Leid zu klagen:

„Unser Augenmerk war darauf gerichtet, die Baulichkeiten, in denen das Wasser in einer Höhe von 1,10 Meter monatelang gestanden hatte, sowie das Betriebsmaterial wieder in besten Zustand zu setzen ... Unsere Bahn ist eigentlich mehr oder weniger Vergnügungsbahn und günstiges Wetter nur kann uns die Einnahmen schaffen, die wir haben müssen. Unserer Bahn fehlt eben das wechselnde Publikum. Wie oft finden Sie die Wagen in der Stadt überfüllt, und von der Stadtgrenze ab einen Wagen mit nur 2–3 Personen besetzt.“ Es wurde immer deutlicher, wie nötig eine Ausweitung für den profitablen Weiterbetrieb war![16]

Schon 1879 hatte das Unternehmen versucht, durch Verhandlungen mit der Stadt die Verlängerung der Bahn vom Herdentor bis zur Börse zu erreichen. Da die Stadt jedoch auf eine Verbreiterung des Schüsselkorbs zulasten der „Bremer Pferdebahn“ drang, blieb das Projekt zunächst in der Schublade. 1882 bahnte sich eine erste Verständigung an, und am 4. Juni 1883 konnte endlich diese für das Unternehmen so wichtige Verlängerung – allerdings ohne Verbreiterung des Schüsselkorbs – in Betrieb gehen. Zwar hatten die langwierigen Verhandlungen zum Ergebnis, dass sich die „Bremer Pferdebahn“ an den Verbreiterungskosten des Schüsselkorbs nun beteiligen wollte. Doch der Senat verhielt sich zunächst noch abwartend, bis sich „im Laufe der Jahre passende Gelegenheiten zu preiswerthem Erwerbe dieser Immobilien finden werden.“[17] Im Klartext: Man wollte den Eigentümern der im Wege stehenden Häuser keine Phantasiepreise zahlen! Gemeinsam mit der „Bremer Pferdebahn“ kam man zu der Erkenntnis, es erst einmal ohne Verbreiterung des Engpasses zu versuchen. Dass dies möglich sei, hatte ein Gutachten von Polizeidirektion und Baudeputation ergeben.

1.7 Endlich: Verlängerung zur Börse

Ein langwieriges Pokerspiel hatte ein Ende gefunden. Teilweise schwer nachvollziehbare Interessenlagen seitens der Stadt hatten sich offenkundig geändert. Die sachliche Grundlage für eine Weiterführung der Pferdebahn vom Herdentor in die Innenstadt hatte schließlich bereits 1877 der Bremer Bauinspektor Böttcher geliefert. Dass es erst sechs Jahre später zu einer Vereinbarung über die Verlängerung der Pferdebahn in die Altstadt kam, scheint heute schwer nachvollziehbar. Die Gründe hierfür dürften zum einen bei der Stadt gelegen haben, die zumindestens in Teilen ihrer Gremien weiterhin Bedenken vor allem wegen des äußerst engen Schüsselkorbs geltend machte. Zum anderen war natürlich auch das Pferdebahn-Unternehmen an einer günstigen Regelung in Bezug auf die Durchführung der Verlängerung und eine entsprechende Fortschreibung der Konzession interessiert. Am 4. Juni 1883 fuhr endlich der erste Wagen über die bisherigere Endstelle am Herdentor hinaus bis zur Börse.

Eine nahezu kuriose Begebenheit des Jahres 1884 verdient besondere Erwähnung: Die „Bremer Pferdebahn“ hatte im Mai gerade die seitens der Stadt geforderte Neuverlegung der Gleise nach Horn abgeschlossen, als sich weitere, keineswegs eingeplante Nutzer einstellten: Fuhrwerke, die „mit besonderer Vorliebe" den Bahnkörper nutzten, weil dieser eine ruhigere Fahrt als der eigentliche Straßenraum gestattete, führten in kürzester Zeit zu erheblichem Reparaturbedarf für das Unternehmen. Der Versuch, bei den zuständigen Behörden ein Verbot für das Befahren des Gleiskörpers durch Fuhrwerke aller Art zu erreichen, schlug fehl. Einziger Trost für das Unternehmen blieb die Tatsache, dass durch das neuverlegte Gleis, dessen Qualität eine bedeutend höhere war als bisher, der Reparaturanfall bei den Fahrzeugen geringer wurde.[18]

Die „Bremer Pferdebahn" war um das eigene Personal ebenso bemüht wie um die Fahrgäste. Dies belegen zwei Aspekte aus dem ersten Jahrzehnt. Bereits 1877 bestand eine Art „Beschwerdemanagement": In den Wagen des Unternehmens waren Beschwerdekarten erhältlich, auf denen Fahrgäste ihrem Ärger Luft machen oder auch nur Anregungen formulieren konnten. Wie umfangreich hiervon Gebrauch gemacht wurde, ist leider nicht überliefert. Am 1. August 1878 nahm eine Betriebskrankenkasse ihren Dienst auf, die den Angestellten im Krankheitsfalle das Gehalt hälftig weiterzahlte. Die Kasse finanzierte sich im Wesentlichen aus Strafgeldern (der Grundfonds bestand aus solchen der Jahre 1876–1878), jeder Angestellte hatte 1 Mark Aufnahmegebühr und zusätzlich monatlich 1% seines Gehaltes zu entrichten. Ein interessantes Modell!

1.8 Ein provisorischer Hauptbahnhof erhält eine provisorische Pferdetram

Bremen hatte im Dezember 1847 den Anschluss an die Eisenbahn erhalten. Im Zusammenhang mit der Verlängerung der Hannoverschen Bahn über Wunstorf hinaus bis Bremen entstand der Hannoversche Bahnhof in der Hansestadt. Die Eisenbahn nahm raschen Aufschwung und bereits Anfang 1862 kam zwischen Bremen und Bremerhaven/Geestemünde die Geestebahn hinzu, im Juli 1867 die Anbindung Oldenburgs. In unmittelbarer Nähe des Hannoverschen Bahnhofs entstand 1873 im Zusammenhang mit der Eröffnung der Bahnstrecke von Osnabrück nach Bremen (ab Juni 1874 weiter nach Harburg) der Venloer oder Hamburger Bahnhof. Er war bedeutend kleiner als sein Pendant von 1847. Durch starkes Anwachsen des Bahnverkehrs musste eine kapazitätsträchtige Lösung gefunden werden, welche die Strecken zusammenführte. Ein moderner Hauptbahnhof wurde geplant und sein Bau sollte sich über vier Jahre erstrecken.

Während dieser Bauphase des neuen Hauptbahnhofes unter Architekt Hubert Stier ab Ende 1885 war eine Anbindung des Venloer Bahnhofs, über den nun der gesamte Bahnverkehr umständlich abgewickelt werden musste, an das städtische Verkehrsnetz erforderlich, für welche die „Bremer Pferdebahn" schließlich eine Konzesssion erhielt. Mittels einer ca. 650 m langen Stichstrecke vom „Tivoli" (hier steht noch heute das Gewerkschaftshaus An der Weide) wurde die Verbindung hergestellt und ein durchgehender Betrieb von der Börse bis zum Venloer Bahnhof abgeboten. Auf dem Gelände der Gasanstalt in Bahnhofsnähe wurde ein Stall errichtet. Der Betrieb dieser provisorischen Linie begann am 24. September 1885 und endete am 15. Oktober 1889 mit der Inbetriebnahme des neuen Hauptbahnhofes.

1.9 Nicht immer „auf dem rechten Gleis"

Noch bevor 1895 die Weserkorrektion unter Ludwig Franzius beendet war, wurde im Oktober 1888 Bremens erster „moderner" Hafen eröffnet. Der Freihafen (später Europahafen) nahm den Betrieb auf und musste durch eine Pferdebahnlinie angeschlossen werden. Die „Bremer Pferdebahn" erhielt am 20. Juli 1888 die Konzession für eine Linie dorthin. Da jedoch die Obernstraße aufgrund des starken Verkehrs und der dort bereits fahrenden Linie der „Großen Bremer Pferdebahn" nicht geeignet schien, eine weitere Linie aufzunehmen, musste die Freihafen-Anbindung über die nahezu parallel verlaufende Langenstraße geführt werden. Die „Kleine Bremer Verkehrschronik" vermerkt zu den damit verbundenen Problemen und zu einer unkonventionellen Lösung:

„Da die ‚grüne Linie' der Tramways Union schon die Obern- und Hutfilterstraße benutzte, blieb der Bremer Pferdebahn der Ärger nicht erspart, ihre Linie ‚Bahnhof – Markt – Freihafen' in die enge Langenstraße verlegen zu müssen. Hier standen den ganzen Tag die Lastfuhrwerke vor den Packhäusern, Tabak und Weine verschwanden in den dunklen Speichern. Um den regen Ladebetrieb nicht zu stören und den vielen Klagen der Anwohner aus dem Wege zu gehen, half sich die Gesellschaft mit einem Doppelgleis. Vormittags fuhren die Bahnwagen auf dem linken und nachmittags auf dem rechten Gleis."[19]

Die Regionalpresse stellte die neue Pferdebahnlinie anlässlich einer Präsentation des Freihafens auf einer Sonderbeilage vor:

„Die Pferdebahn wird vom Markt die Langenstraße hinunter bis zur Heinckenstraße führen, diese letztere nach deren Erweiterung passieren, dann die Faulenstraße erreichen und nunmehr durch die neue Hafenstraße nach dem Freihafen gehen, wo sie an beiden Seiten des Bassins zwischen Schuppen und Speicher hingehen wird. In ihr ist ein wesentliches Erleichterungsmittel für den Personenverkehr zwischen Stadt und Hafen zu erblicken." Man machte sich nicht nur Gedanken zum physischen Verkehr, sondern auch zu einer ganz anderen Kommunikationsform. Der Absatz aus der Sonderbeilage schließt mit dem Satz: *„Der geistige Verkehr findet in dem Telefon ein früher ungekanntes Mittel, um die Entfernung zu überwinden."*[20]

Das war eine Menge an Neuerungen selbst für die so fortschrittlichen Hanseaten!

Die Pferdebahn im Freihafen hatte für erheblichen Diskussionsstoff gesorgt. Klar war von vornherein, dass sie nach betriebswirtschaftlichen Erwägungen nicht profitabel zu betreiben sein würde. Die „Bremer Pferdebahn“ pokerte. Sie wollte zunächst nur unter der Bedingung den Betrieb übernehmen, dass dieser auf Staatskosten durchgeführt würde. Der Senat akzeptierte nicht und ein neuer Verhandlungsmarathon begann. Schließlich einigte man sich darauf, dass zunächst für die Dauer von fünf Jahren ein Probebetrieb unter Fortfall der anstehenden Billettsteuer erfolgen sollte. Nach Ablauf dieser Frist behielt sich die Stadt die Möglichkeit vor, die „Bremer Pferdebahn“ ggf. zu verpflichten, den Betrieb auf gewünschte Zeit weiterzuführen.

Die seit der Eröffnung des Freihafens verkehrenden Wagen stellten lediglich einen provisorischen Betrieb ab der Faulenstraße dar. Erst am 4. Januar 1889 konnte die Linie – nachdem eine städtebauliche Neuordnung in diesem Bereich erfolgt war – zum Freihafen über die Faulenstraße hinaus durch die Langenstraße mit der Börse in der Innenstadt verbunden werden. Ab Mitte 1889 wurde schließlich ein durchgehender Verkehr zunächst vom Venloer Bahnhof, der zu diesem Zeitpunkt Bremen noch vorübergehend als Hauptbahnhof diente, ab Oktober 1889 dann vom neuen Hauptbahnhof in den Freihafen angeboten. Die zweite neue Linie der „Bremer Pferdebahn“ führte in das Hohentor-Viertel in der Neustadt. Am 21. Juni 1889 wurde sie von der Strecke durch die Langenstraße abzweigend über die Kaiserbrücke eröffnet.

Die „Bremer Pferdebahn“ hatte sich bereit erklärt, beim Bau der Freihafenstrecke durch eine Straßen-Neuordnung entstehende erhebliche Kosten zu tragen, wofür sie allerdings eine Konzession auf 50 Jahre erwartete. Hierzu erklärte sich Bremen bereit, knüpfte jedoch die Bedingung daran, dass ab Januar 1889 eine neue „Billetsteuer“ für alle Linien in Höhe von einem Prozent entrichtet werden musste.

1.10 Wesentliche Entwicklungsdaten der „Bremer Pferdebahn“ bis 1889

Konstituierende Generalversammlung der „Bremer Pferdebahn AG“ (Grundkapital 180 000 M):	28. März 1876
Bürgerschaft befreit Pferdebahnbetrieb vom sog. „Chausseegeld“, Konzessionserteilung	5. April 1876
Baubeginn der Strecke	19. April 1876
Einweihung der 4,9 km langen Strecke zwischen Herdentor und Vahrster Brücke	31. Mai 1876
Kapitalaufstockung auf 250 000 Mark	13. Juli 1876
Verlängerung von der Vahrster Brücke nach Horn (Streckenlänge nun 5,6 km)	1. Dez. 1877
Verlängerung vom Herdentor bis zur Börse (Streckenlänge nun 6,0 km)	4. Juni 1883
Zweiglinie zum „Interims“-Hbf. eröffnet	24. Sept. 1885 (bis 14. Okt. 1889)
Freihafenlinie eröffnet zunächst Faulenstraße–Freihafen	21. Okt. 1888
Börse–Freihafen	4. Januar 1889
Gesamtstrecke Neuer Hbf.–Markt–Freihafen	15. Okt. 1889
„Hohentorslinie“ eröffnet	21. Juni 1889

2. „Große Bremer Pferdebahn“

2.1 Erfolg von West nach Ost und über die Weser

Carl Westenfeld hatte von Anfang an großes Interesse daran gehabt, auch auf der wichtigen West-Ost-Verbindung Pferdebahnen einzusetzen. Schließlich war ihm klar, dass hier – anders als auf der „Horner Linie“ – ein bedeutend höheres und v.a. ein auf das gesamte Jahr verteiltes Verkehrsbedürfnis vorhanden war. Deren Inanspruchnahme blieb durch anhaltendes Schlechtwetter in den Sommermonaten nach anfänglichem Erfolg erheblich hinter den Erwartungen zurück. Doch da Bremen mit einer Konzessionserteilung für eine West-Ost-Verbindung massive Auflagen zum Ausbau ganzer Straßenzüge verband, blieb Westenfeld abwartend. Heinrich Alfes dagegen, Fuhr- und Entsorgungsunternehmer, der aufgrund von Differenzen aus dem Vorstand der „Bremer Pferdebahn“ ausgetreten war, blieb am Ball. Offensichtlich stellte es ein ernsthaftes Problem dar, die erforderlichen Geldmittel in Bremen aufzutreiben. Nachdem ein weiterer Mitbewerber aufgeben musste, wurde es für Alfes ernst. Er sah sich nun im Ausland nach Geldgebern um und wurde schließlich fündig. Die „Tramway Union Company Ltd.“ mit Hauptsitz in London und vielen Dependancen akzeptierte die mit der Konzession verbundenen Bedingungen. Am 29. November 1878 wurde der fortan gerne so bezeichneten „englischen Gesellschaft“ die Genehmigung für eine Pferdebahn von Walle bis zum Sebaldsbrücker Bahnhof erteilt. Alfes und der Direktor der „Tramway Union“, William Sheldon, gründeten Ende August 1879 gemeinsam als weitere Dependance der „Tramway Union Limited“ die „Große Bremer Pferdebahn“, und schon am 3. November 1879 erfolgte die Eröffnung die Strecke von Walle nach Hastedt, nachdem bereits vorher Teilstrecken in Betrieb standen.

War die Eröffnung des ersten Bremer Pferdebahn-Unternehmens 1876 bereits etwas ganz Besonderes, so sollte die Eröffnung der ersten Strecke des zweiten Betriebes dieses Er-

Nicht lange ohne Konkurrenz: Im November 1879 erhielt die „Bremer Pferdebahn" Konkurrenz durch die „Große Bremer Pferdebahn". Sie bediente nun die West-Ost-Achse Walle–Innenstadt–Hastedt. Wagen 11 der neuen Gesellschaft mit Schimmel vor dem Rathaus. Die Angabe „Walle" stimmt nicht. Der Wagen steht Richtung Hastedt. Dreesen/Archiv Focke-Museum

eignis natürlich übertreffen. Es fand eine regelrechte Inszenierung des Anlasses statt. Ein Geleitzug aus vier Wagen begann die Eröffnungsfahrt kurz vor 10 Uhr vormittags in Walle. Die Kutscher und Schaffner trugen weiße Handschuhe, die Kutscher hatten weiße Peitschen für diesen Anlass erhalten. Heinrich Alfes hielt am Depot in Hastedt eine kurze Rede und natürlich wurde eine goldene Schraube am Gleiskörper als feierliches Zeichen der offiziellen Eröffnung angebracht. Anschließend wurden die Remisen und Stallungen besichtigt, gleiches erfolgte nach der Fahrt zurück nach Walle auch dort.

Die Strecke wurde von zwei Linien bedient. Beginnend in Walle am „Café Walle" verkehrte eine Linie bis zum Steintor und eine weitere fuhr von Hastedt bis zum Doventor. Die Führung über Hastedt hinaus bis zum Sebaldsbrücker Bahnhof (Hemelingen) konnte zunächst wegen Problemen beim Grundstückserwerb nicht realisiert werden. Erst am 10. Januar 1880 erfolgte die Eröffnung dieses Abschnittes, womit die Strecke wie vorgesehen vollständig fertiggestellt war.[21] In der Innenstadt konnte ein sehr dichter Takt angeboten werden, der in der Anfangszeit bereits zwölf Minuten betrug. Die Gesellschaft residierte zunächst im Fedelhören, bezog allerdings noch im Eröffnungsjahr ihr Domizil in der Nordstraße.

Begeisterung über die neue Linie, die bedeutende verkehrliche Aufgaben erfüllte, war gewiss vorhanden. Doch die Bevölkerung schaute auch genauer auf die Abläufe, als das noch bei den Anfängen der „Bremer Pferdebahn" der Fall gewesen war. Tierschutzaspekte wurden mehrfach in diesen Wochen thematisiert. Aus den Tagen des Vorlaufbetriebes – also noch vor der Fertigstellung der gesamten Strecke – ist eine Notiz erhalten geblieben, die nahezu anrührend Besorgnis über die Tiere zum Ausdruck bringt. Das Bremer Regenwetter trieb im Oktober 1879 die Fahrgäste zahlreich in die Pferdebahnen.

In der Hutfilterstraße – der Verlängerung der Obernstraße vor der Kreuzung Am Brill – steht der dreifenstrige Pferdebahnwagen in Höhe der Ansgarii-Kirche und wird von einem Schimmel in Richtung Walle gezogen. Archiv FdBS/BSAG

„Die Pferde hatten Mühe, die weite Strecke hin und zurück mit den schwer beladenen Wagen zu durchlaufen. Es sind sämmtlich sehr junge dänische Pferde, welche den Sommer über im Freien geweidet haben und zur Zeit noch nicht so großen Anstrengungen, wie ihnen zugemuthet werden, gewachsen sind. Das Terrain in der Stadt steigt von Westen gen Osten an, dazu ist die Bahnstrecke von der Union bis zum Steinthor noch nicht genügend ausgefahren, so daß den Pferden in zwiefacher Hinsicht eine zu große Kraftanstrengung auferlegt ist. Die meisten Pferde schwitzen stark und keuchen bei ihrer Ankunft am Steinthor, dennoch müssen sie die ganze Strecke nocheinmal zurücklegen. Wohlwollende und sachverständige Personen sind der Meinung, daß die Pferde gegenwärtig sehr an ihrer Gesundheit geschädigt werden und daß entweder die Fahrgeschwindigkeit eine geringere sein oder die Wagen mit zwei Pferden bespannt werden sollten...“

Damit nicht genug. Eine Weiche an der Börse war Grund zu tierschützerischem Engagement zahlreicher Bremer. Das Gleis war hier derart gelegt, dass die Fahrgäste direkt von der Börsentreppe die Pferdebahnwagen besteigen konnten – für die Fahrgäste zwar bequem, für die Pferde jedoch katastrophal. Die Lage war abschüssig und so wurde gefragt, wie das Unternehmen denn eine solche Situation schaffen konnte. Man sann auf Abhilfe. Bei all jenen Problemen ist es nur allzu verständlich, wenn auch einmal ein Pferd „durchging“: So geschehen am Nachmittag des 28. September 1879 – wiederum beim Vorlaufbetrieb – an der Domsheide. Das Pferd galoppierte ab, der Wagen entgleiste und mit angezogenen Bremsen zog der „Däne“ den Trambahnwagen noch über 20 m. Doch das blieb eine Ausnahme.[22]

Der unbestreitbare Erfolg der West-Ost-Linie von Walle nach Sebaldsbrück ließ den Ruf des Unternehmens wachsen. Was Carl Westenfeld 1875 unter erheblich schlechteren Bedingungen nicht gelungen war, schaffte die „Große Bremer Pferdebahn“ nun auf Anhieb: Ihr wurde im Mai 1880 – und damit gerade einmal ein halbes Jahr nach Inbetriebnahme ihrer ersten Linie – auch die Konzession für eine Neustadt und Altstadt verbindende Linie erteilt!

2.2 Erweiterungen

Bereits 1878 hatte die „Große Bremer Pferdebahn“ eine Konzession für die Strecken Hutfilterstraße (Am Brill) bis zum damaligen Staatsbahnhof und Ostertor–Dobben erhalten und 1879 einen Antrag auf Erteilung für eine Strecke vom Dobben über Humboldt- und Bismarckstraße–Schleifmühle–An der Weide bis zum Staatsbahnhof beantragt. Hieraus sollte in Kombination mit der bereits vorhandenen Strecke durch die Hutfilter- und Obernstraße eine Ringbahn entstehen. Das Unternehmen erachtete Teile der Konzessionsbedingungen jedoch für unannehmbar und zog beide Anträge im September 1879 zurück. Der Senat war verwundert, waren die Konzessionsbedingungen doch die gleichen wie bei der Strecke von Walle nach Hastedt. Doch die „Große Bremer“ vertrat die Auffassung, bei den nun in Rede stehenden Strecken müssten andere Kriterien gelten.

Verhandlungen zwischen Senat und Vertretern des Unternehmens folgten, in denen offenkundig mit offenem Visier verhandelt wurde. Die Stadt wollte v.a. eine Anbindung des Bahnhofes an die Walle-Hastedter Linie sowie die Erschließung der Neustadt realisiert sehen und fürchtete nun um diese für notwendig erachteten Projekte. Der Angelpunkt waren die Konzessionsbedingungen, und da der Senat ein Interesse daran hatte, die „als solvent und solide bewährte englische Gesellschaft“ zu betrauen, einigte man sich noch im April 1880. Fünf neue Pferdebahnlinien sollten ihr schließlich bewilligt werden und die Bürgerschaft schloss sich im Mai 1880 zustimmend an. Einzige gewünschte Änderung war eine Reduzierung des Tarifs. Statt zehn Pfennig Maximalsatz setzte sie nun einen entsprechenden Satz in Höhe von sieben Pfennig durch.[23]

Im Einzelnen erhielt die „Große Bremer“ damit folgende Konzessionen, wovon allerdings nur die ersten beiden verpflichtend waren und auch realisiert wurden:

- Hutfilterstraße/Am Brill–Kaiserstraße/Georgstraße–Staatsbahnhof–Dobben–Steintor (in Kombination mit der bestehenden Strecke durch die Altstadt als Ringbahn betrieben)
- Verbindung von Altstadt und Neustadt über die Weser und weiter durch den Buntentorsteinweg bis Kirchweg und – als dritte Linie – später weiter
- Hutfilterstraße–Kaiserbrücke–Hohentor–Woltmershausen (für fünf Jahre berechtigt, jedoch nicht zwingend. Die „Große Bremer“ wurde nicht aktiv.)
- Brautstraße–Westerstraße–Große Allee (für fünf Jahre berechtigt, jedoch nicht zwingend. Auch hier wurde die „Große Bremer“ nicht aktiv.)

Bremen hatte ein starkes Interesse am Zustandekommen der ersten beiden Erweiterungen. Dies wird dadurch deutlich, dass ein Senatsbericht vom April 1880 hervorhob, man hätte seitens der Stadt eine Anbindung der Neustadt über die Kaiserbrücke vorgezogen. Sehr konkret führt der Bericht aus:

„Die enge und bei der Brücke stark ansteigende Wachtstraße, deren Wagenverkehr zur Zeit bedeutender ist, als selbst der Verkehr in der Faulen- und Hutfilterstraße (es sind in den Stunden von 8 bis 7 Uhr an Markttagen etwa 1000, an anderen Tagen von 8 bis 7 Uhr etwa 800 passirende mit Pferden bespannte Wagen gezählt, außerdem über 200 Handwagen), die Benutzung zweier Weserbrücken und die scharfen Wendungen auf der Herrlichkeit ließen die Zulassung der projectierten Bahn nicht unbedenklich erscheinen.“ Nachgegeben habe man *„weil die Gesellschaft sich auf eine anderweitige* (als die vom Unternehmen gewählte, Anm. d. Verf.) *Richtung der Bahn nicht einlassen zu können und von Genehmigung der in Vorschlag gebrachten Bahnlinie die ganzen in Aussicht genom-*

Die Brautbrücke mit Pferdebahn: Im August 1880 durfte die „Große Bremer Pferdebahn“ bereits über Weser und Kleine Weser in die Neustadt fahren. Dreesen/Archiv Focke-Museum

Auf der Neustadtseite ging es durch das Buntentor zunächst bis zum Kirchweg, ab Ende 1884 bis Arsterdamm. Pferdebahnwagen 27 im Buntentorsteinweg fährt die Kombination mit der Ringbahn von der Neustadt kommend durchs Ostertor, Am Dobben, den Bahnhof und die Kaiserstraße. Archiv FdBS/BSAG

Die Ost-West-Achse war in zwei Tram-Linien unterteilt. Eine befuhr den Hastedter Ast (lks., Wagen 37), die andere den Waller Ast. Beide treffen sich auf unserem Bild Am Markt vor dem Rathaus. Archiv ASV

menen Bahnunternehmungen abhängig machen zu müssen erklärt hat.“

Man einigte sich auf Rahmenbedingungen, die schließlich ein Einvernehmen herbeizuführen vermochten. Das Pokerspiel der „englischen Gesellschaft“ hatte Erfolg und Bremen bezahlte mit Zugeständnissen das Engagement der verhandlungsgewandten Partner. Der Betrachter gewinnt den Eindruck, Bremen gab seinerzeit den Unmut über den Druck der „Großen Bremer“ weiter an das erste Bremer Pferdebahnunternehmen. Denn noch immer hatte keine Einigung über die Bedingungen einer Verlängerung der „Horner Linie“ vom Herdentor durch den Schüsselkorb zur Börse stattgefunden. Nun fand sich im Bericht des Senats auch noch folgender Passus, der die „Bremer Pferdebahn“ natürlich weiter in Unruhe versetzte. Man drückte mit der Anerkennung des Engagements der „Großen Bremer“ die Erwartung aus, dass *„in nicht zu ferner Frist eine Vervollständigung des Netzes der Altstadt durch die bereits von anderer Seite wenn auch zur Zeit noch nicht mit zureichenden Mitteln in Aussicht genommene Bahn Börse–Domshof–Schüsselkorb–Heerdenthor nachfolgen wird.“*[24] Bei „zu langer Verzögerung“ könnten durchaus auch andere Unternehmen für die Anlegung in Frage kommen. Die „Bremer Pferdebahn“ war nun massiv gefordert!

Am 9. August 1880 rollte der erste Wagen der „Großen Bremer Pferdebahn“ vom Markt über die Weserbrücken durch die Osterstraße und das Buntentor zum Kirchweg. Die Verlängerung zum Arsterdamm ging am 21. September 1884 in Betrieb.

Am 28. April 1881 begann die Ringbahn ihren Betrieb um den Altstadtkern. Um ein besseres Verkehrsangebot zu erreichen, wurde sie mit der Linie zum Kirchweg (ab 1884 zum Arsterdamm) zusammengelegt. Mit der Inbetriebnahme der Ringbahn wuchs der Druck auf die „Bremer Pferdebahn“ und der Senat tat das seinige, um diesen Druck nochmals zu erhöhen.

Die „Große Bremer Pferdebahn“ in der Obernstraße, im Hintergrund St. Ansgarii. Der aus Walle kommende Wagen wird in wenigen Augenblicken den Markt erreichen. Als diese Aufnahme um 1898 entstand, gehörte ein anderes Verkehrsmittel in Bremen längst zum Alltag. Allerdings noch nicht auf dieser Linie … Slg. Beckmann/Archiv FdBS/BSAG

Der „Großen Bremer Pferdebahn“ wurden zwar Erweiterungen genehmigt. Der Innovationsschub für den ÖPNV in Bremen blieb jedoch der „Bremer Pferdebahn“ vorbehalten. Zunächst für die Dauer der „Nordwestdeutschen Gewerbe- und Industrieausstellung“ erhielt sie im Jahre 1890 von Ende Juni bis Mitte Oktober auf der Strecke Börse–Bürgerpark (Ausstellungsgelände) die Konzession für elektrischen Betrieb!
Wagen 33 am Ausstellungseingang. Archiv FdBS/BSAG

Die „Bremer Pferdebahn“ setzte nun alles daran, die Konzession für die Verlängerung ihrer Linie bis zur Börse zu bekommen. Das Unternehmen, das zur Jahreswende 1880/81 in den Horner Stallungen unter erheblichen Hochwasserschäden nach einem Deichbruch zu leiden hatte, konstatierte in ihrem Geschäftsbericht für das Jahr 1881 dann auch: *„In der grossen Bremer Pferdebahn ist uns eine mächtige Concurrentin erwachsen, die uns nicht allein eine ganze Reihe regelmässiger Fahrgäste in der Stadt fortgenommen hat, auch die Vergnügungszügler ziehen sich mehr von Horn nach den neuen Garten-Etablissements in Walle und Hemelingen.“* Ein Jahr später ermittelte die „Bremer Pferdebahn“ eine Mindereinnahme durch die Ringbahn-Konkurrenz von immerhin 7500 Mark pro Jahr. Bei Gesamteinnahmen in Höhe von knapp 90 000 Mark ein deutlich spürbarer Verlust!

Doch erst am 4. Juni 1883 war es soweit. Es war nicht einmal ein halber Kilometer Strecke, der nun hinzukam. Doch für die „Bremer Pferdebahn“ bedeutete es eine äußerst profitable Verlängerung. Endlich war die „Horner Linie“ an die Altstadt angebunden und das Unternehmen hatte erheblich zur Konkurrenz der „Großen Bremer“ aufgeschlossen.

Die „Große Bremer Pferdebahn“ erweiterte ihr Engagement in den folgenden Jahren nur noch unerheblich.

2.3 Wesentliche Entwicklungsdaten der „Großen Bremer Pferdebahn“ bis 1889

Konzessionserteilung Walle–Hastedt	29. Nov. 1878
Eröffnung der Gesamtstrecke (vorher schon Teile in Betrieb)	3. Nov. 1879
Weiterführung von Hastedt bis Bhf. Sebaldsbrück (Aufteilung in 2 Linien: zunächst Walle–Steintor und Sebaldsbrück–Doventor)	10. Januar 1880
Konzessionen für weitere Linien (u.a. Ringbahn und Markt–Kirchweg)	14. Mai 1880
Eröffnung der Strecke Markt–Kirchweg	9. August 1880
Eröffnung der Ringbahn (darauf Kombination mit Neustadtlinie)	28. April 1881
Verlängerung der Neustadt-Strecke bis zum Arsterdamm	21. Sept. 1884

3. Pferd und Wagen – Wagenpark in den Anfangsjahren

Die „Bremer Pferdebahn“ begann im Jahre 1876 mit vier offenen und vier geschlossenen Wagen, die von der „Eisenbahn-Wagenbau-Anstalt zu Rothenburgsort“ bei Hamburg hergestellt worden waren. Sie wurden durch vier geschlossene Wagen der Waggonfabrik „John Stephenson“ aus New York ergänzt. Im Geschäftsbericht des Jahres 1876 findet sich ein denkwürdiger Satz, wonach die Wagen aus New York denen aus Hamburg „wegen ihrer gefälligeren leichteren und eleganteren Bauart entschieden vorzuziehen“ seien. Dass dies nicht nur auf hanseatisches Konkurrenzdenken zurückzuführen gewesen sein dürfte, sondern durchaus reale Ursachen hatte, die sich auch technisch bemerkbar machten, bewies die Tatsache, dass die offenen Hamburger Wagen bereits im zweiten Geschäftsjahr einer größeren Reparatur zu unterziehen waren. 20 Pferde standen im Startjahr in den Diensten des Unternehmens. Sie hatten täglich knapp 30 km zu laufen, und hielten sich durch gute Fütterung ausgezeichnet, so dass keinerlei ernsthafte gesundheitliche Probleme entstanden. Die offenen Wagen wurden zweispännig, die geschlossenen einspännig gefahren.

Im zweiten Geschäftsjahr expandierte das Unternehmen bereits: Zum 1. Juli wurde der Wagenpark um vier weitere offene Sommerwagen – aus der „Eisenbahn-Wagenbau-Anstalt zu Rothenburgsort“ bei Hamburg bezogen – ergänzt. Dieses Mal vermerkte der Geschäftsbericht erfreut, es handele sich um Wagen, die „in der solidesten und schönsten Weise erbaut“ worden seien. Nach der gründlichen Reparatur der vier offenen Wagen von 1876 sei man mit diesen im Jahre 1877 im Übrigen auch sehr zufrieden. 15 neue Pferde wurden erworben, so dass der Bestand nach einem bedauernswerten Todesfall im Stall und zwei Verkäufen zum Jahresende 1877 mit 32 angegeben ist. 1878 und 1879 erfolgten keine Ergänzungen des Wagenparks, auch der Pferdebestand blieb annähernd gleich. Im Mai 1880 lieferte die Firma „P. Herbrand & Co“ in Ehrenfeld bei Köln drei geschlossene Wagen, die im Vergleich zu den bisherigen Fahrzeugen eine höhere Passagierkapazität aufwiesen. Sie wurden zweispännig gefahren. Die Zahl der Pferde stieg auf 37. Im Jahre 1886 kamen drei geschlossene Einspänner hinzu, die Zahl der Pferde erhöhte sich auf 56. Als Arbeitswagen stand ein Salzwagen – in einfachster Form selbst vom Unternehmen hergestellt – zur Verfügung, der 1885 durch einen weiteren ergänzt wurde.

Die „Große Bremer Pferdebahn“ bezog ihre ersten Wagen von der Firma „Brill“, Philadelphia, sowie von „Herbrand“, Köln. Erstgenannte Firma lieferte 15 Fahrzeuge, letztere sollte ebenfalls 15 Einheiten übergeben, wozu es aber wahrscheinlich nicht in vollem Umfang kam. Die meisten Quellen berichten von einem Bestand von 82 Pferden bei Eröffnung. Ab 1882 wurden in eigener Werkstatt, die sich in Walle befand, Wagen gebaut. Ab 1885 gab auch die „Bremer Pferdebahn“ hier Fahrzeuge in Auftrag und ließ mehrere ihrer Wagen umbauen.[25]

Wagen 49 der „Großen Bremer Pferdebahn", Beschilderung Walle. Slg. Prasuhn/Archiv Reuther

Wagen 64 der „Großen Bremer Pferdebahn": Ab 1882 wurden beginnend mit der Nummer 28 die Fahrzeuge des Unternehmens in eigener Werkstatt gebaut, drei Jahre später begann auch der Fahrzeugbau für die Konkurrenz. Slg. Prasuhn/Archiv Reuther

4. Die „Bremer Pferdebahn" wird elektrisch und zur „Bremer Straßenbahn"

4.1 Probeweise zur „Nordwestdeutschen Gewerbe- und Industrieausstellung"

Die „Nordwestdeutsche Gewerbe- und Industrieausstellung" revolutionierte – nicht nur – die Hansestadt Bremen. Diese Plattform für Präsentation und Demonstration technischer Errungenschaften in nahezu allen Bereichen war im Jahre 1890 Schauplatz einer Premiere in Europa. Die Verantwortlichen der „Bremer Pferdebahn" hatten die Herausforderung angenommen, eine andernorts bereits mit Erfolg eingesetzte Form des Stadtverkehrs auch in der Hansestadt zu praktizieren. Das Unternehmen hatte für die Anbindung des Veranstaltungsortes der Ausstellung eine Konzession erhalten und beantragte am 4. November 1889, ermutigt durch die Hamburger Niederlassung der renommierten amerikanischen „Thomson-Houston International Electric Company", die in Amerika in kürzester Zeit Dutzende Straßenbahnsysteme eingerichtet hatte, die zu errichtende Strecke als elektrische Trambahn auszuführen.

Völlig unspektakulär, am Ende einer Senatsdrucksache vom 29. November 1889, findet sich ein bemerkenswerter Satz, der ein deutliches Votum beinhaltet:

„Ferner bemerkt der Senat, daß die Gesellschaft für die Zeit bis zur Beendigung der nächstjährigen Ausstellung die Genehmigung zur Einrichtung elektrischen Betriebes auf der Strecke Stadthaus–Bürgerpark beantragt hat, und daß der Senat aufgrund eines eingeholten technischen Gutachtens diese Genehmigung unter Vorbehalt aller näheren Vorschriften und Bedingungen zugesichert hat."

Die Bürgerschaft schloss sich am 4. Dezember 1889 an.[26]

In Zusammenarbeit mit „Thomson-Houston International" wurde im Januar 1890 ein detaillierter Projektbericht vorgelegt. Das System „Thomson-Houston" bestand aus einer oberirdischen – also einer an Masten aufgehängten – Stromzuführung über eine Fahrleitung, von der ein Rollenstromabnehmer die Energie ins Fahrzeug leitete (System Depoele, „Trolley").

Doch die Aufsichtsbehörde tat sich zunächst schwer, diese in technischer wie städtebaulicher Hinsicht einschneidende Neuerung zu genehmigen. Erst nach eingehenden Prüfungen erteilte sie schließlich am 27. März 1890 die Erlaubnis zur Ausführung des Projektes. Die Strecke wies eine Länge von nur 1,6 km auf und war bis auf eine kurze Ausnahme am Schüsselkorb zweigleisig ausgeführt. Sechs Triebwagen, deren Wagenkästen in den Werkstätten der „Großen Bremer Pferdebahn" gebaut und auf in Amerika gebaute Fahrgestelle montiert worden waren, gelangten zum Einsatz. Angetrieben wurden die Fahrzeuge von jeweils zwei 10 PS starken Motoren, die ebenso wie die Gestelle in Lynn im US-Bundesstaat Massachusetts von einer Fabrik gefertigt worden waren, die der Elektro-Pionier **Elihu Thomson** 1882 dort gegründet hatte. Im nahen Boston hatte Thomson zuvor gemeinsam mit **Edwin James Houston**, einem weiteren Pionier auf diesem Gebiet, die „Thomson-Houston International Electric Company" ins Leben gerufen.

So wurde die „Nordwestdeutsche Gewerbe- und Industrieausstellung" zur Bühne des ersten – wenn auch noch zeitlich begrenzten – Einsatzes dieses Systems in Europa. Die Presse zögerte nicht, in diesem Zusammenhang Bremens Fortschrittsgeist insgesamt noch einmal hervorzuheben:

„Bremen war die erste Stadt in Deutschland, welche (bereits 1817) eine regelmäßige Dampfschiffahrt einrichtete und ebenso den electromagnetischen Telegraphen im Dienste des Handels und der Schiffahrt im Jahre 1845 praktisch zuerst benutzte. Mit der Verwerthung der wunderbaren, die vielseitigsten Verhältnissen sich anschmiegenden Kraft der Electricität als Zugmittel beginnt wieder eine neue Aera des Fortschritts. Bedauerlich ist es, daß diese Anwendung der Electricität, welche in Deutschland das Licht der Welt erblickte, in verbesserter Form erst von Amerika wieder hierher eingeführt werden muß. Bewährt sich dieses Verkehrsmittel auch hier, was nicht zu bezweifeln ist, so werden bald hunderte Städte Deutschlands damit überzogen werden, tausende von Menschen dabei Beschäftigung finden und Hunderttausende bequem befördert werden."[27]

Es sollte so kommen! Zwar waren vielerorts noch erhebliche Bedenken fortzuräumen. Die Frage der Verunzierung von Straßenzügen und ganzen Stadtbildern durch die Fahrleitungsanlagen beschäftigte so manchen Stadtrat und andere Entscheidungsgremien. Beim „einfachen Bürger" waren Ängste zu beseitigen, man könnte sich irgendeiner Gefahr für Leib und Leben in den elektrisch betriebenen Fahrzeugen aussetzen. Doch der Erfolg des neuen Systems war nicht aufzuhalten. Lassen wir – nicht zuletzt, weil die hier beschriebenen Vorgänge selbst für die Fachwelt in Deutschland Neuland darstellten – noch ein weiteres Mal die Presse zu Wort kommen, die ausführlich, qualifiziert und gleichzeitig leicht verständlich das neue System und seine Anlagen auf dem Ausstellungsgelände, der Bürgerweide hinter dem Hauptbahnhof, beschrieb:

„In der südwestlichen Ecke des Ausstellungsplatzes ist in einem eigenen Gebäude eine Dampfmaschine von 150 Pferdekräften aufgestellt, welche die Maschinenbauanstalt von Robert Küchen in Bielefeld lieferte. Dieselbe hat doppelten Expansions-Cylinder mit Condensation. Das colossale Schwungrad wiegt 150 Zentner und macht gegen 70 Touren in der Minute. Der rauchverzehrende Röhrenkessel hat die Feuerung nach

Fortschrittliches Bremen: 1890 stehen während des Betriebs der elektrischen Ausstellungsbahn die Triebwagen 36 (vierfenstrig, lks.) und 31 (dreifenstrig, im Hintergrund mit Beiwagen 25) vor dem gerade eröffneten neuen Bremer Hauptbahnhof. Slg. Beckmann/Archiv Focke-Museum

Thost in Zwickau; seine Verbrennungsgase werden durch ein eisernes, 29 m hohes Schornsteinrohr weggeführt. Der Kessel ist aus der Fabrik von Petry Dereux zu Düren im Rheinlande bezogen. Diese Maschine erzeugt in dem Dynamo oder Generator, welcher 88 englische Zoll lang und 46 Zoll breit ist, die elektrischen Ströme. Der positive Strom wird dann von zwei Metallbürsten aufgenommen und durch einen Kupferdraht von 8,3 mm Durchmesser fortgeleitet, der in beträchtlicher Höhe oberhalb der Schienen längs der ganzen Bahn ausgespannt ist ... Der unter diesem Kupferdraht befindliche Personenwagen nimmt den Strom durch eine Rolle auf, die unter dem Draht hingeleitet, indem sie durch einen federnden hebelartigen Metallarm gegen den Leitungsdraht gedrückt wird. So gelangt der elektrische Strom ... zu den zwischen den Rädern liegenden beiden Motoren, und wird durch diese in mechanische Arbeit, d.h. Fortbewegung des Wagens umgesetzt... Derselbe elektrische Strom vermag mehrere hintereinander herlaufende, mit Motoren versehene Wagen zu bewegen, indem er sich theilt. Jedem Motorwagen lassen sich außerdem noch zwei gewöhnliche Pferdebahnwagen anhängen...“[28]

Die „Elektrische“ während der „Nordwestdeutschen Gewerbe- und Industrieausstellung“ 1890

Genehmigung durch die Aufsichtsbehörden	27. März 1890
Eröffnung der Strecke Börse–Bahnhof–Bürgerweide	22. Juni 1890
Beendigung des Betriebes der elektr. Ausstellungsbahn	16. Okt. 1890

4.2 Die reguläre „Elektrische“ hält Einzug

Nun sollte es nicht mehr lange dauern, bis nach der positiven Bilanz des Ausstellungsbetriebes auch auf den anderen Linien der Hansestadt die „Elektrische“ zum Einsatz gelangen konnte. Die „Bremer Pferdebahn“ hatte nach der positiven Erfahrungen mit der elektrischen Ausstellungsbahn bereits am 27. September 1890 beschlossen, den regulären elektrischen Betrieb auf ihren Linien einzuführen.

Selbstbewusst hatte sich das Unternehmen nach den Ausstellungserfolgen und der nach heftigen Diskussionen in der

Der Erfolg des elektrischen Betriebes veranlasste die Leitung der „Bremer Pferdebahn“ zu einem mutigen Beschluss: Noch während die Ausstellung lief, entschied man sich, den elektrischen Betrieb generell einzuführen! Wagen 34, ein ehemaliger „Ausstellungswagen“, fährt 1892 – dem Jahr der Aufnahme des planmäßigen elektrischen Verkehrs – auf der Schwachhauser Heerstraße. Im Mai 1891 änderte die „Bremer Pferdebahn“ ihren Firmennamen in „Bremer Straßenbahn“. Damit war das neue Zeitalter endgültig eingeläutet!
Archiv FdBS/BSAG

Triebwagen 36 – ebenfalls ein „Ausstellungswagen“ – und ein weiterer Wagen mit Sommerwagen auf der Schwachhauser Heerstraße in Höhe Kirchbachstraße.
Das Umfeld war damals an vielen Stellen noch weitestgehend unbebaut. Von Anfang an Kennzeichen der Linie: das gelbe Horn!
Archiv FdBS/BSAG

Wagen 34 im Jahr der Eröffnung des elektrischen Linienbetriebs in der Schwachhauser Heerstraße. Es herrscht noch recht ländlicher Charakter vor. Archiv FdBS/BSAG

Bürgerschaft am 13. Mai 1891 erteilten Genehmigung, den regulären elektrischen Betrieb einführen zu können, am 25. Juni 1891 in **„Bremer Straßenbahn"** umbenannt. Das Unternehmen ging nun daran, die Umrüstungen umzusetzen. Es dauerte kein ganzes Jahr mehr, bis die erste Linie als „Elektrische" durch die Innenstadt fuhr und damit endgültig ein neues Zeitalter einläutete: Am 1. Mai 1892 nahm die Gesellschaft den elektrischen Betrieb auf der Strecke von der Börse nach Horn auf! Unter den Bürgern vor allem des bürgerlichen Schwachhausens regte sich Protest. Man fürchtete, das Straßenbild könnte von den Oberleitungsanlagen verschandelt werden. Mit Nachdruck war dieser Protest auch in die Parteien getragen worden und so gab es hitzige Debatten, nach denen jedoch der hanseatische Fortschrittsglaube den Sieg davontrug. Man hatte erkannt, dass die anstehenden Veränderungen im Stadt- und Wirtschaftsgefüge mit ihren Auswirkungen auf die Verkehrsbedürfnisse und steigende Anforderungen an Mobilität durch die Pferdebahn nicht zu bewältigen sein würden.

Der Erfolg der elektrifizierten Strecke sprach für sich und so folgten ohne nennenswerte Probleme die übrigen Strecken des Unternehmens. Zwischen Februar und April 1893 wurden die Linien Börse–Hohentor und Bürgerpark–Bahnhof–Langenstraße–Freihafen (im Freihafen bestand weiterhin Pferdebahnbetrieb) vom „Hafermotor" auf elektrischen Betrieb umgerüstet. Beide Linien hatten bereits kurze Zeit nach der Umstellung erheblich gestiegene Fahrgastzahlen zu verzeichnen.

4.3 Glückloses Kuriosum: Die Petroleumbahn (1890 bis 1893)

Die „Nordwestdeutsche Gewerbe- und Industrieausstellung" des Jahres 1890 brachte eine Vielzahl von Problemen der Verkehrsbewältigung mit sich, die die elektrische „Ausstellungsbahn" alleine nicht zu lösen vermochte. Eine weniger beachtete, jedoch dennoch wichtige Verbindung zum Ausstellungsgelände besorgte eine Petroleumbahn mit einer Spurbreite von 600 mm, die von der Eisenbahnunterführung an der Schwachhauser Chaussee bis vor die Tore der Ausstellung führte. Stellte die „Elektrische" die Verbindung von der Innenstadt und vom Bahnhof her, so besorgte die Petroleumbahn den Anschluss der aus dem östlichen Bereich anreisenden Gäste. Über den Betreiber dieser etwas mehr als 1 km langen Strecke ist nichts mehr bekannt. Fest steht lediglich, dass die beiden Bremer Tramgesellschaften an diesem Verkehrsmittel nicht beteiligt waren. Der Verkehr wurde am 22. Juni 1890 aufgenommen und bis zum Ende der Ausstellung am 15. Oktober aufrechterhalten. Als Fahrzeuge gelangten vier offene lorenartige Wagen mit einem 2 PS starken Motor zum Einsatz, auf denen die Fahrgäste Rücken an Rücken saßen. Nach dem Ende der Ausstellung ging zunächst niemand davon aus, dass dieses Verkehrsmittel weiterhin eine Rolle in Bremen spielen sollte. Doch schon 14 Tage, nachdem die Tore der Ausstellung geschlossen worden waren, beantragte ein Bauunternehmer gemeinsam mit einem Klempnermeister, den Verkehr auf einer erweiterterten Strecke als saisonale Ausflugsbahn betreiben zu dürfen. Eine neue Strecke sollte die Parkallee entlang bis zur Höhe des Aussichtsturmes im Bürgerpark geführt werden. Nach reiflicher Prüfung durch die Aufsichtsbehörden wurde das

Nach der „Horner Linie" erfolgte auch die Elektrifizierung der „Hohentorslinie" und der „Freihafenlinie". Am 18. April 1893 fährt die Tram erstmals elektrisch dorthin. Auf der runden Tafel über dem Richtungsanzeiger steht noch einmal „Freihafen", die Tafel beschreibt den Linienweg vom Bahnhof über Börse und Langenstraße. Triebwagen 26 an der Stephani-Eisenbahnunterführung. Auch am Doventor stand eine Mühle! Im Hintergrund die Wall-Anlagen.
Archiv FdBS/BSAG

Im Freihafen sehen wir Triebwagen 26. Entlang der Hafenbecken verkehrte weiter die Pferdebahn, bis sie 1909 aufgrund mangelnder Rentabilität eingestellt wurde.
Archiv FdBS/BSAG

Der Blick auf die Börse: Während die „Freihafenlinie" der „Bremer Straßenbahn" schon elektrisch fährt, ist die „Neustadtslinie" der „Großen Bremer Pferdebahn" noch mit dem „Hafermotor" unterwegs. Um 1895.
Slg. W. Esmann

Am Markt: Tw 32 auf dem Weg zum Arsterdamm, im Hintergrund – bereits zwischen Mai und September elektrifiziert – Wagen 35 mit Bw 226 (man beachte das am Dach angebrachte Schild: „Raucher-Wagen") auf der Ost-West-Achse Richtung Bremer Westen fahrend. 1901. Slg. Prasuhn/Archiv Reuther

Projekt genehmigt und zunächst mit den vier noch vom Ausstellungsbetrieb vorhandenen Treibloren am 12. April 1891 aufgenommen. Später kamen sogar Beiwagen und vier weitere Motorwagen hinzu. Befahren wurde im Wesentlichen die neue Strecke, die von der Rembertistraße bis zu dem erwähnten Punkt in der Parkallee verlief. Allerdings weisen unterschiedliche Quellen auf einen wohl nicht unbedingt als professionell zu bezeichnenden Betrieb des Unternehmens hin. Bereits 1893 mehrten sich die Anzeichen, dass erhebliche Investitionen erforderlich sein würden, sollte die Petroleumbahn weiterfahren können. Finanzierungsplanungen der Betreiber verzögerten und zerschlugen sich schließlich und so verkehrten am 27. August 1893 die Wagen der Ausflugsbahn zum letzten Mal. Bis 1894 wurden ihre Anlagen vollständig beseitigt.[29]

5. Das Ende der Konkurrenz – Die „Bremer Straßenbahn" übernimmt die „Große Bremer Pferdebahn"

Schien es in den zurückliegenden Jahren zunächst so, als hätte die „Große Bremer Pferdebahn" nicht zuletzt durch ihre profitable West-Ost-Linie von Walle nach Sebaldsbrück die bessere Ausgangsposition der beiden Unternehmen gehabt, so sollte sich das Blatt bald wenden. Die „Große Bremer Pferdebahn" beantragte Ende April 1895, auch ihre Linien elektrisch zu betreiben. Die Bürgerschaft formulierte jedoch bereits im Vorfeld Bedingungen, die dem Unternehmen zu weitreichend schienen. Offiziell ging es bei den offenkundig nicht zusammenzubringenden Positionen zwischen Stadt und Unternehmen zuletzt um Modalitäten im Zusammenhang mit dem Stromverbrauch. Es darf jedoch angenommen werden, dass Bremen ein anderes Interesse verfolgte: Eine derartig stadtprägende Einrichtung, die für das Funktionieren städtischer Abläufe in höchstem Maße bedeutsam war, musste vollständig in den eigenen Händen gehalten werden und kontrollierbar sein. Eine Einigung mit der „Großen Bremer Pferdebahn" kam also nicht zustande und so wurde am 23. November 1898 ein Vertrag zwischen dem Londoner Unternehmen und der „Bremer Straßenbahn" geschlossen, der Letzterer ein Vorkaufsrecht für die gesamten Anlagen der „Großen Bremer Pferdebahn" einräumte. Einzig hieran geknüpfte Bedingung war, dass der „Bremer Straßenbahn" bis Ende Juni des folgenden Jahres eine Konzession auch zur Elektrifizierung der Linien ihrer Konkurrenz erteilt würde. Als letzte linienbezogene Maßnahme der „Großen Bremer Pferdebahn" erfolgte zur Angebotsoptimierung die Verlängerung der Ringbahn im April 1898 bis zur Nordstraße.

Als der „Bremer Straßenbahn" am 6. Juni 1899 die Konzession für den elektrischen Betrieb auf allen Bremer Linien erteilt wurde, war die Bedingung für die Übernahme der „Großen Bremer Pferdebahn" in der gesetzten Frist erfüllt. Umgehend beschäftigte sich das Unternehmen mit den Vorarbeiten für die Elektrifizierung der Strecken der ehemaligen Konkurrenz. Die Leitung dieser Arbeiten übernahm Oberingenieur Schackow von der UEG, der im Mai 1903 in den Vorstand der „Bremer Straßenbahn" berufen wurde und dem Unternehmen wichtige Impulse gab. Es dauerte nicht ganz ein Jahr, bis am 24. Mai 1900 die erste „Elektrische" auf der Strecke von Walle zur „Weserlust" verkehrte und auch deren übrige Strecken kurz darauf unter den Fahrdraht kamen. Doch die neue Konzession bewirkte einiges an Änderungen, deren ganze Tragweite sich erst in den folgenden Jahren zeigen sollte.

Beschluss der „Bremer Pferdebahn“, den elektrischen Betrieb regulär einzuführen	27. Sept. 1890
„Bremer Pferdebahn“ erhält die Genehmigung zur regulären Einführung des elek. Betriebes auf ihren Linien	19. Mai 1891
Aus „Bremer Pferdebahn“ wird die „Bremer Straßenbahn“	25. Juni 1891
Elektrifizierung der Strecke Börse–Horn (Eröffnung)	1. Mai 1892
Eröffnung der elektrifizierten Strecken Börse–Hohentor	17. Februar 1893
und Bürgerpark–Hbf.–Freihafen	18. April 1893
„Bremer Straßenbahn“ erhält Konzession für Elektrifizierung der Strecken der „Großen Bremer Pferdebahn“ und übernimmt damit vereinbarungsgemäß dieses Unternehmen	6. Juni 1899
„Bremer Straßenbahn“ befährt elektrisch Walle–„Weserlust“	24. Mai 1900
sowie Holzhafen–Hastedt	18. Sept. 1900
Hauptbahnhof–Schützenhof (Pappelstraße) und Hauptbahnhof–Hohentor	2. Okt. 1900
Bürgerpark–Arsterdamm	28. Nov. 1900
und die Ringbahn (komplett erst ab 10. Sept. 1901)	22. Dez. 1900

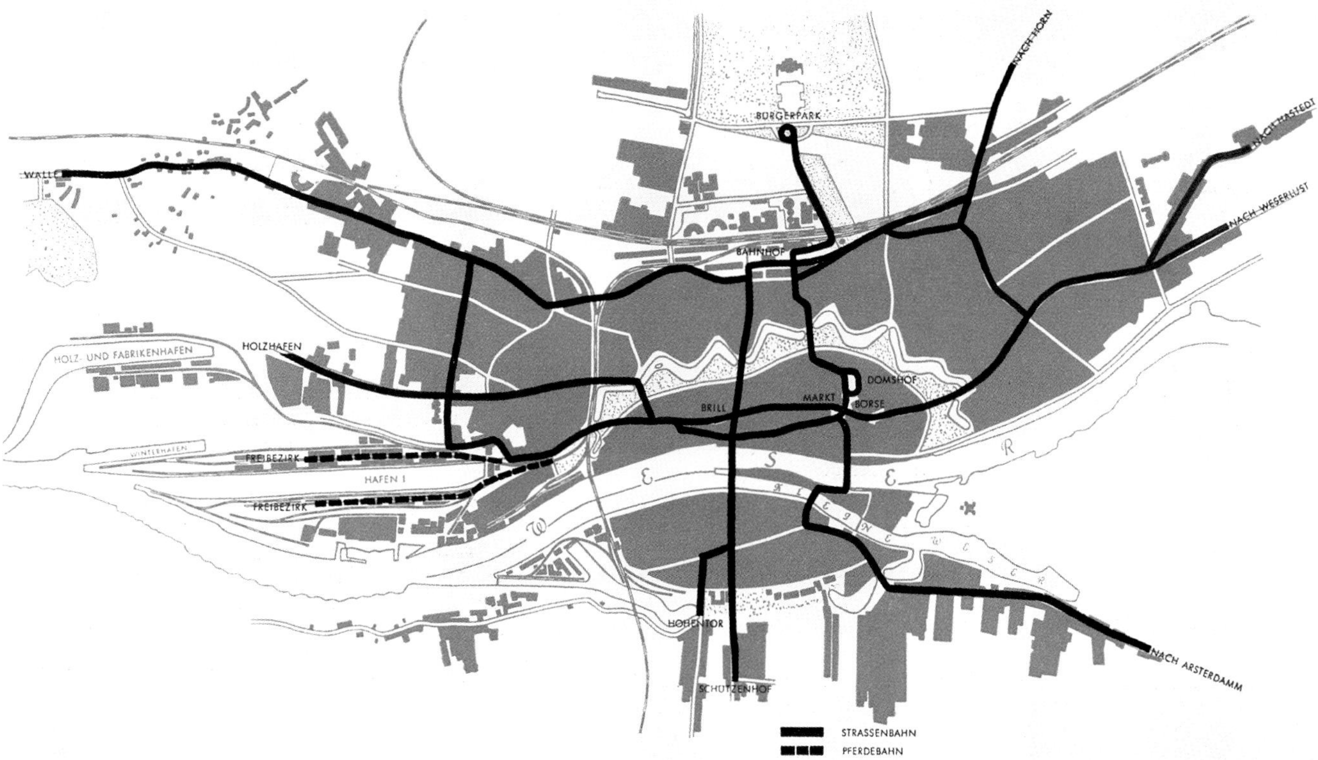

So sah das Straßenbahnnetz um 1900 aus: Der Kernbereich der Stadt ist in beachtlicher Weise erschlossen, die Außenlinien werden noch wachsen. Im Freihafen und – auf der Karte allerdings nicht sichtbar – in Bremens Osten fährt noch die Pferdebahn. Archiv BSAG

Die Brautbrücke – der Vergleich mit der Abbildung auf Seite 22, oben, ist lohnend – wird 1901 bereits elektrisch befahren.
Slg. Beckmann/Archiv Focke-Museum

Die Linie vom Arsterdamm befährt die Große Weserbrücke in Richtung Altstadt zur Endstelle Parkallee um 1903.
Slg. Mausolf

6. Die „Kontinentale" und Bremen

Ein Aspekt aus der Diskussion um die verkehrliche Weiterentwicklung der letzten Jahre vor der Jahrhundertwende erlebte zwar nie seine Realisierung, spielte jedoch trotzdem zum einen für zwei Jahre eine erhebliche Rolle in Verhandlungen und hatte zum anderen Auswirkungen auf die weitere Netzentwicklung. Die „Kontinentale Eisenbahnbau- und Betriebsgesellschaft" aus Berlin hatte im Jahre 1898 der Stadt Bremen angeboten, eine „Elektrische Bahn" von Bremens Innenstadt über Vegesack ins preußische Blumenthal zu errichten. In Bremen begannen Beratungen und es wurde ein erhebliches Interesse an dem Projekt seitens der zu durchfahrenden Gemeinden festgestellt. Eine eigens eingesetzte Kommisson erzielte umgehend Einigkeit darüber, dass eine solche Bahn einen positiven Einfluss auf die Entwicklung des gesamten Gefüges vom Bremer Westen in den Bremer Norden ausüben würde. Als mögliche Streckenführung legte man folgenden Verlauf fest: Blumenthal–Vegesack–Lesum–Burg–Walle–Haferkamp–Doventor über den Wall zur

Das Rathaus mit dem Marktplatz im Hintergrund mit der „Elektrischen" nach Sebaldsbrück, 1901. Die Ritter vor dem Seiteneingang zur Unteren Rathaushalle sind nach langer Abwesenheit inzwischen wieder zurückgekehrt. Slg. Mausolf

„Union". Es war eine schwierige Angelegenheit: Das Interesse Bremens war zweifellos, zur Entwicklung der Region im Bremer Norden beizutragen. Fest stand jedoch auch, dass zum damaligen Zeitpunkt die recht lange Außenstrecke kaum Aussicht auf baldigen Erfolg haben konnte. Die „Kontinentale" wusste dies und bot an, die ganze Strecke – also inklusive des Abschnittes von Walle zur Innenstadt mit erheblich besseren Erfolgsaussichten – innerhalb von zwei Jahren zu errichten, sofern eine Konzession erteilt würde. Die Kommisson versprach sich aus einer Konkurrenz zur bestehenden Linie auf diesem Abschnitt weitere Impulse. Ein drängender Brief des Vegesacker Gewerbe- und Handelsvereins führte der Bürgerschaft deutlich vor Augen, dass Handlungsbedarf gegeben war. Ein derartiges Verkehrsmittel sei „geradezu ein Lebensbedürfnis für Vegesack", das sich aufgrund seiner „vom Bremer Gebiet isolierten Lage den umliegenden und mächtig aufblühenden preussischen Ortschaften" schließlich gewachsen fühlen müsse. So angesprochen, empfahl die Bürgerschaft im November 1898 die Konzessionvergabe.[30] Doch die Verhandlungen mit der „Kontinentalen" erwiesen sich als schwierig. Zunächst konnte man sich nicht über technische Aspekte einigen und schließlich sah sich die „Kontinentale" im Oktober 1900 nur dann in der Lage, die Strecke zu bauen, wenn sich Bremen und die beteiligten Gemeinden in erheblichem Maße an den Baukosten beteiligen würden. Damit hatte die Angelegenheit jenen Punkt erreicht, bei dem seit jeher Bremens Verantwortliche keine Kompromisse kannten: Das Ende der Zusammenarbeit Bremens mit der „Kontinentalen", die eigentlich gar nicht richtig begonnen hatte, war damit erreicht.[31] Doch das Problem der Entwicklung Bremens in den nördlichen Regionen blieb. Zumindest für einen Teilbereich hatten Senat und Bürgerschaft bereits einen Lösungsweg vorbereitet. Die Konzession von 1899, in der Bremens Einfluss auf die „Bremer Straßenbahn" eine erhebliche Ausweitung erfahren hatte, setzte für den Fall des Scheiterns der Verhandlungen mit der „Kontinentalen" ein alternatives Verfahren fest. Die „Bremer Straßenbahn" war nun in der Pflicht. Noch im Oktober 1900 wurde ihr hierfür eine Frist gesetzt: Bis Ende 1902 musste die Linie nach Burg bis zur Landesgrenze fertig sein.[32]

II. 1901 bis 1925

7. Weichenstellungen im neuen Jahrhundert

7.1 Wachstum zur Jahrhundertwende

Bereits ein Blick auf die Einwohnerzahlen Bremens um die Jahrhundertwende zeigt einschneidende Veränderungen. Lebten 1892 noch 126 133 Menschen in der Hansestadt, so waren es 1900 bereits 156 718 und 1904 war die Marke von 200 000 Einwohnern mit 200 469 überschritten.[33] Bisher selbstständige Gemeinden wurden neue Stadtteile. So wuchs die Stadt u.a. um Gröpelingen, von dem bereits ein Teil 1891 eingemeindet worden war, Walle, Hastedt, Woltmershausen und Schwachhausen, um nur einen Wachstumsschub zu benennen, im Jahr 1902. Der Charakter dieser bisher eigenständigen Gemeinden änderte sich. Aus Regionen, die „betuchten" Bremern gerade noch als Sommerfrische mit kleinen Erholungsvillen gedient hatten oder aus überwiegend landwirtschaftlich genutzten Bereichen wurden nach und nach Teile eines urbanen Gefüges. Der Wohnungsbau wurde ausgedehnt, denn für die im Hafen Beschäftigten musste Wohnraum geschaffen werden.

Der 1888 eröffnete neue Hafen (heutiger Europahafen) blühte auf und wurde durch weitere, personalintensive Häfen wie den Überseehafen, den Holzhafen sowie die Industriehäfen ergänzt. Mit dieser Entwicklung siedelten sich Wirtschaftsunternehmen in der Nähe der Häfen an. Die „Norddeutsche Hütte" und die Großwerft A.G. „Weser" waren die größten jener Betriebe, die das weitere wirtschaftliche Wachstum und den Ruf Bremens entscheidend mitbestimmen sollten. Doch nicht nur die Häfen benötigten leistungsstarke Verkehrsverbindungen in alle Stadtteile, damit die Mitarbeiter nahezu rund um die Uhr zu ihren Arbeitsstätten und wieder nach Hause gelangen konnten. Eisenbahn- und Straßenbahnbau, Flugzeug- und Automobilbau kamen nach und nach hinzu und ein geordnetes und verlässliches Straßenbahnnetz sollte dafür sorgen, dass ein wirtschaftlich aufblühendes Bremen verkehrlich optimal erschlossen wurde.

7.2 Neue Rahmenbedingungen für die Straßenbahn

Um einen effektiven Einfluss auf die aus öffentlicher Sicht für die Stadtentwicklung so bedeutende Straßenbahn ausüben zu können, hatten Bürgerschaft und Senat im Jahre 1899 das Unternehmen im Zusammenhang mit der Erteilung einer neuen Konzession auf weitere 50 Jahre einer weitgehenden Kontrolle durch bremische Instanzen unterstellt. Dies bedeutete, dass von der Stadt für nötig befundene neue Strecken gebaut werden mussten. Auch bei der Tarifgestaltung sicherte sich Bremen nun Einfluss. Die künftig an die Stadt abzuführenden Einnahme-Anteile erschwerten es dem Unternehmen, bei oft unrentablen „Wünschen" der Stadt, aus denen nun Ansprüche geworden waren, den Betrieb wirtschaftlich zu gestalten.

Die Frist für die Fertigstellung der Linie zur Landesgrenze nach Burg sollte noch im selben Jahr ablaufen, als im Februar 1902 Post von der „Bremer Straßenbahn" beim Senat einging. Nach wie vor war das Unternehmen nicht davon überzeugt, die Linie profitabel betreiben zu können und unternahm deshalb einen Versuch, sich von der Pflicht entbinden zu lassen. Sie bat um Prüfung der Frage, *„ob es nicht den Interessen der Stadt Bremen in weit höherem Maße entsprechen würde, dass die bremische Straßenbahn zunächst den weiteren Ausbau des städtischen Straßenbahnnetzes in Angriff nimmt, als dass eine längere, außerhalb der städtischen Grenzen liegende Bahnstrecke gebaut wird, welche für die weitere Entwicklung der Stadt Bremen nur von sehr geringer Bedeutung ist."* Die Entwicklung der Fahrgastzahlen der vergangenen Jahre sei positiv, jedoch habe der Benutzungsschwerpunkt nicht auf den äußeren Linien gelegen, sondern auf jenen, die eine Verbindung zwischen den Vorstädten und dem Zentrum der Stadt herstellten. Die Unterbringung der wachsenden Bremer Bevölkerung werde – so argumentierte die Straßenbahn durch differenzierte Untersuchungen untermauert – auf den seinerzeit noch nicht bebauten Flächen der äußeren Vorstädte und im Hastedter-, Schwachhauser-, Utbremer- und Waller-Felde sowie dem Neuenlande erfolgen.[34]

7.3 „Verkehrskonzept 1902"

Die Planer der „Bremer Straßenbahn" hatten ein Konzept erarbeitet, um diesen neuen Siedlungszonen eine angemessene Verkehrserschließung durch die Straßenbahn zu ermöglichen. Hier lagen schließlich die profitablen Strecken, die auf lange Sicht und bereits in kürzester Zeit gute Einnahmen versprachen. Neue vom Zentrum ausgehende Radiallinien – wo immer möglich zweigleisig – waren im Konzept ebenso enthalten wie eine zweite Ringbahn, welche eine Verbindung der äußeren Vorstädte untereinander herstellen sollte. Selbstverständlich sollten die bestehenden Strecken weiter ausgebaut werden. Nicht enthalten war die Anbindung von Burg; für die Straßenbahn stellte diese Strecke tatsächlich jene mit der geringsten Bedeutung dar. Allerdings erhielt eine Linie durch die Nordstraße an den gesamten Hafenanlagen entlang bis Gröpelingen eine hohe Priorität. Das vorgeschlagene Netz umfasste eine Linienstruktur, die das gesamte Stadtgebiet mit den für weiteres geordnetes Wachstum erforderlichen Angeboten versah, weshalb die BSAG auf den zukunftsweisenden Charakter ihrer Überlegungen – wenn auch zu diesem Zeitpunkt erfolglos – ausdrücklich hinwies: *„Dieses System von radialen nach dem Centrum lau-*

fender Bahnen und von Ringbahnen, welche dieselben schneiden, wird es möglich machen, auf lange Jahrzehnte hinaus bei stetig steigendem Wachstum der Stadt Verkehrsverbindungen der verschiedenen Stadtteile herzustellen, welche es ermöglichen werden, von jedem einzelnen Punkte der Stadt aus einen beliebigen, wenn auch noch so entfernten Punkt der Stadt direkt oder mit höchstens einmaligem Wagenwechsel, also zu dem niedrigen Fahrsatze von 10 Pfennig, zu erreichen. ... Ein solches System radialer Bahnen ist bei den inneren Verkehrsverhältnissen unserer Stadt nur dadurch zu ermöglichen, daß die einzelnen Linien nicht ihren Endpunkt im Centrum der Stadt erhalten, sondern durch die Stadt hindurch geführt werden, andernfalls würde auf dem Marktplatze eine Anhäufung von Wagen entstehen, welche mit den räumlichen Verhältnissen, die sich hier bieten, unvereinbar ist."[35]

Die „Bremer Straßenbahn" müsse „ununterbrochen als ein Unternehmen mit befriedigenden Betriebsresultaten weitergeführt" werden, dann sei all dies zu realisieren. Die geforderte Strecke nach Burg dagegen sei teuer und werde auf lange Zeit nicht rentabel sein. Auf der Strecke zwischen Walle und der Lindenhofstraße in Gröpelingen habe man Zählungen durchgeführt mit dem Ergebnis, dass die durchschnittliche Auslastung bei unter zwei Personen liege. Nur als Ausflugsstrecke an Sommer-Wochenenden könne man sich die „Burger Linie" vorstellen. Das aber reiche natürlich nicht aus, um rentablen Betrieb zu gewährleisten. Deshalb sei man sicher, aufgrund dieser Darlegungen von der Verpflichtung entbunden zu werden, diese Linie noch in diesem Jahr bauen und betreiben zu müssen. Vielleicht war genau diese – aus Sicht von Senat und Bürgerschaft anmaßende – Formulierung einer jener Faktoren, welche zur Ablehnung der weitreichenden Konzeption führten. Drei Wochen später kam das entsprechende Schreiben. Bremen bestand auf die vertraglich vereinbarte Herstellung der „Burger Linie". Der Erwartung, dass diese Linie die nördlich von Gröpelingen befindlichen Bereiche besser strukturieren helfen würde, war gewiss nicht einzig ausschlaggebend für die eindeutige Haltung. Bremen hatte zum einen eine Möglichkeit gefunden, die 1899 festgeschriebene Macht über die „Bremer Straßenbahn" zu demonstrieren und musste darüber hinaus wohl auch örtliche Zusagen einlösen.

Im Juli 1903 ging die „Burger Linie" – nicht mehr ganz im vereinbarten Zeitrahmen – in Betrieb. Sie sollte im Übrigen die erste Tramlinie werden, die nach 1945 – allerdings nicht freiwillig – aufgegeben wurde! Die richtungsweisende gesamtstädtische Konzeption der „Bremer Straßenbahn" fand später in vielerlei Hinsicht Eingang in die weitere Entwicklung des Bremer Nahverkehrswesens.

7.4 Ein Schnellbahnprojekt bleibt ohne Erfolg

In den ersten Jahren des neuen Jahrhunderts wurde viel geplant. Schließlich zeichneten sich neue Bedürfnisse und auch neue technische Möglichkeiten ab, diese zu bedienen. Doch auch ein weiteres Projekt sollte an Unwägbarkeiten scheitern. Ab 1903 arbeitete ein hochrangig besetztes Komitee an einer Schnellbahn zwischen Bremen und Bremerhaven, die in beiden Städten große Auswirkungen auf die jeweiligen Stadtverkehrsnetze gehabt hätte. In Bremens Innenstadt sollte die Schnellbahn sogar als Unterpflasterbahn verkehren! Vor allem die Kaufmannschaft war stark daran interessiert, ein schnelles Verkehrsmittel zwischen Bremen und seiner Schwesterstadt nutzen zu können, denn die bestehenden Bahnverbindungen waren mäßig. Im Wesentlichen ließen Finanzierungs- und Zuständigkeitsfragen, aber auch Kriegswirren und Inflation das Projekt nicht über ein Planungsstadium hinaus kommen. Immerhin verlieren sich die letzten Spuren erst um das Jahr 1923.[36]

Die BSAG – wie wir das Unternehmen ab hier immer wieder aus Platzgründen nennen werden, obwohl dieses Kürzel offiziell erst viel später üblich wurde – hatte zu Beginn des neuen Jahrhunderts die Umwandlung der Pferde-

Die Baumwollbörse an der Ecke Wachtstraße/Marktstraße mit einem Zug vom Arsterdamm. Der Beiwagen hinter Triebwagen 18 ist wiederum ein „Raucher-Wagen". Das Bild dürfte um 1902/3 entstanden sein. Ab November 1900 stand die „Elektrische" auf dieser Strecke im Einsatz. Slg. Mausolf

Kunstwerk mit Tram, deren Trolley der Retusche zum Opfer gefallen ist. Der Triebwagen fährt Richtung Walle – also nach links (1901). Slg. Mausolf

bahnstrecken in elektrischen Betrieb schnell abgeschlossen. Lediglich zwei Teilstrecken wurden noch mit fünf Pferdebahnwagen bedient. Im Freihafen verkehrte der „Hafermotor" noch bis zum März 1909, und in Sebaldsbrück musste bis Oktober 1911 hinter der Staatsbahn bis zum Sebaldsbrücker Bahnhof ein Anschluss an die „Elektrische" gefahren werden, weil dieser eine niveaugleiche Querung nicht genehmigt wurde. Der Ausbau des Netzes zu Doppelgleisigkeit wurde ab 1904 zunehmend vorangetrieben.

7.5 Die Eröffnungsdaten weiterer elektrifizierter Strecken bzw. neuer Strecken bis 1903:

26. Mai 1901:	Bhf.–Woltmershausen (durch Verl. der Linie zum Hohentor)
10. September 1901:	Ringbahn bis Nordstraße
6. Oktober 1901:	Walle–Gröpelingen (Lindenhofstraße) eröffnet
15. Mai 1902:	Kaiser-Friedrich-Straße (später H.-Böse-Straße)–Parkalle/Hollerallee
22. Juli 1903:	Gröpelingen (Lindenhofstraße)–Oslebshausen–Burg

Im Jahre 1905 wurde die „Woltmershauser Linie" über den Hauptbahnhof hinaus bis zur Parkallee/Hollerallee verlängert.

7.6 Liniennummern werden eingeführt

Die Kennzeichnung der Linien erfolgte von 1881 bis 1908 mit farbigen Rundscheiben. Erst 1908 führte die „Bremer Straßenbahn" Liniennummern ein. Die alten Farbtafeln – in der folgenden Auflistung ist die jeweilige Farbkennung in Klammern angegeben, wie sie ab 1908* neben den Liniennummern Verwendung fand – blieben jedoch zusätzlich auf den Fahrzeugen angebracht. Nach Ende des Zweiten Weltkrieges wurden die Tafeln nicht weiter verwendet. Lediglich

Ein Bild, das selbst Kenner der Bremischen Geschichte vor Rätsel stellt. Doch wahrscheinlich scheint, dass es sich bei dieser Ansicht um eine Szene vom 25-jährigen Jubiläum der „Bremer Straßenbahn" handelt. Die „Elektrische" rauscht vorbei, während ein Pferdebahnwagen – noch mit Beschriftung „Große Bremer Pferdebahn" vor der Börse steht. Immerhin hatte die „Bremer Straßenbahn" gerade erst die „Große Bremer Pferdebahn" übernommen und so liegt es nahe, an deren Existenz noch einmal anlässlich des eigenen Jubiläums zu erinnern. März 1901 Wolffram/Archiv Focke-Museum

das gelbe Horn blieb bis 1947 auf dem Dach der Triebwagen der Linie 4 erhalten. Folgende Nummern wurden im Jahre 1908 vergeben:

- Die Ringbahn erhielt die Liniennummer 1 (Rot)
- Die Linie Gröpelingen(Lindenhofstraße)–„Weserlust" erhielt die Liniennummer 2 (Grün)
- Die Linie Holzhafen–Sebaldsbrück erhielt die Liniennummer 3 (Gelb)
- Die Linie Börse–Horn erhielt die Linienummer 4 (Gelbes Horn)
- Die Linie Bürgerpark–Arsterdamm erhielt die Liniennummer 5 (Blau)

Am Dobben: Auf der Ringbahn ist Triebwagen 93 unterwegs. Die Aufnahme entstand um das Jahr 1902. Koch/Slg. Karl Möller

Noch einmal Am Dobben, Höhe Humboldtstraße: Bremer Häuser, eine stadtbildprägende Allee und die „Elektrische" der Anfangsjahre. Rosenthal/Slg. Karl Möller

An der Kunsthalle: Triebwagen 102, ebenfalls 1902, auf dem Weg nach Bremens Osten. Im Hintergrund rechts ist die Ostertorwache sichtbar, die an Stelle des alten Stadttores errichtet wurde. Seit 1971 ist hier das Gerhard-Marcks-Haus untergebracht. Koch/Slg. Karl Möller

1908 erhielten Bremens Tramlinien, die sich bis dato nur anhand farbiger Scheiben und aus der Ferne allerdings kaum lesbarer, seitlich angebrachter Linien-Verlaufsangaben unterscheiden ließen, Liniennummern. Die Scheiben blieben jedoch weiterhin im Gebrauch. Wagen 71 mit überwiegend gutgelauntem Personal für die Linie 6 beschildert am Bürgerpark. Slg. W. Esmann

- Die Linie Bürgerpark–Pappelstraße erhielt die Liniennummer 6 (Weiß)
- Die Linie Parkallee–Woltmershausen erhielt die Liniennummer 7 (Weiß/Rot)
- Die Linie Gröpelingen(Lindenhofstraße)–Burg erhielt die Liniennummer 8 (Weiß/Grün)

Mit der Einführung der Liniennummern im Jahre 1908 besaß Bremen ein Trambahnnetz, das die Hauptverkehrsbeziehungen auf zwei Achsen und mit einer Ringbahn im innerstädtischen Raum bediente. Die Grundstruktur des Bremer Netzes wurde hiermit bereits deutlich: Sie war einerseits vorgegeben durch das langgestreckte Stadtgebiet, das vom Westen mit seinen Hafen- und Industrierevieren und wachsenden Wohnbereichen über die Innenstadt weit in die östlichen Vorstädte reichte, wo ebenfalls Wohngebiete und Industrie heranwuchsen. Andererseits dehnte sich die Neustadt zunehmend aus, deren Verbindung mit der Altstadt seiner-

Triebwagen 98 auf der Linie 2 auf dem Heerstraßenzug im Bremer Westen, um 1912. Archiv Geschichtswerkstatt Gröpelingen

zeit zwei Weserquerungen herstellten. Der später im Wesentlichen durch Wohnnutzung gekennzeichnete Bereich der Stadtteile Schwachhausen und Horn war noch in weiten Teilen nahezu ländlich geprägt. Bis in die 50er Jahre blieb die Linie 4 die einzige Trambahnlinie, die diesen Teil Bremens als Durchgangsstrecke erschloss.

7.7 Keine Pferdebahn mehr im Freihafen aber noch in Sebaldsbrück

Eine Epoche ging noch nicht zu Ende, als die Tram-Pferde im Freihafen Anfang 1909 ihre letzten Runden drehten. In Sebaldsbrück gab es noch immer eine Pferdebahn, die im Anschluss an den Bahnübergang verkehrte, weil die Staatsbahn eine Querung ihrer Gleise nicht zulassen wollte. Im Freihafen war die Nutzung der längs der Kajen verlaufenden Linie immer mehr zurückgegangen. Schon 1907 hatten sich die Beförderungsleistungen auf eine Marke zubewegt, die keineswegs mehr profitablen Betrieb zuließ. Weil man nicht mehr investieren wollte, hatte sich der Gleiszustand zunehmend verschlechtert und so wurde am 17. März in der Bürgerschaft auf Empfehlung des Senats festgestellt, dass kein Interesse mehr an den Freihafenstrecken bestehe und diese damit aufzuheben seien. Am Abend des 31. März 1909 rückten die Pferde letztmalig vom Freihafen ein.

In Sebaldsbrück blieben sie noch im Einsatz: Erst eine Unterführung für die Tram, die im Juli 1913 eröffnet wurde, gestattete den durchgehenden Betrieb mit der „Elektrischen". Der Pferdebahnbetrieb war allerdings schon Ende Oktober 1911 eingestellt worden. Für Werkstattzwecke blieb der „Hafermotor" jedoch im Bestand des Unternehmens. Erst 1936 wurden die letzten Pferde der „Bremer Straßenbahn" in Pension geschickt.

* Vorher waren teilweise aufgrund abweichender Streckenverläufe andere Farbkennungen üblich. In den Kombinationskennungen steckt eine Logik dahingehend, dass weiterführende Linien die Farbe jener Linie, die sie verlängern – wie z.B. bei der Linie 8 in westlicher Verlängerung der Linie 2 und später bei der Linie 12 am östlichen Ende – hälftig aufnahmen und um eine Kombinationsfarbe ergänzten.

7.8 „Nordwaggon" liefert 1909 die ersten Wagen und ab 1913 den „Hansa"-Wagen

Die Geschichte eines Verkehrsunternehmens ist von wesentlichen Entwicklungsschritten des Liniennetzes, aber natürlich auch des Wagenparks geprägt. Das Jahr 1909 ist mit einer wesentlichen Änderung bezogen auf die Fahrzeug-Herstellung verbunden. Bis zu diesem Zeitpunkt waren die Straßenbahnwagen zum einen von Betrieben außerhalb Bremens, zum anderen ab 1882 von der Hauptwerkstatt der

Ende März 1909 endete der Pferdebahnbetrieb im Freihafen, doch damit waren Pferd und Trambahnwagen in Bremen noch nicht aus dem öffentlichen Raum verschwunden. Die „Deutsche Reichsbahn" gewährte im Bremer Osten hinter dem Depot Hastedt keine Querung für die „Elektrische" und so musste diese davor enden. Hinter der Bahn wartete die Pferdebahn, mit welcher die Fahrgäste bis zum Sebaldsbrücker Bahnhof/Esmarchstraße gelangten. Damit war Ende Oktober 1911 Schluss. Eine Unterführung für die Tram wurde gebaut und im Juli 1913 in Betrieb genommen. Obwohl immer wieder behauptet, sprechen keinerlei Anzeichen zwingend dafür, dass unser Foto von zwei Pferdebahnen am Bahnhof Sebaldsbrück, dessen „Bahnhofs-Restauration" wir im Hintergrund erkennen, die letzte Pferdebahn im Oktober 1911 zeigt. Es dürfte aus einem anderen Anlass früher entstanden sein. Archiv FdBS/BSAG

„Großen Bremer Pferdebahn" – auch für deren Konkurrenz – gebaut worden. Die Aufbauten der elektrischen Ausstellungswagen wurden in der Werkstatt der „Großen Bremer Pferdebahn" hergestellt und auf amerikanische Untergestelle montiert.

Im Jahre 1907 gründeten einflussreiche und kapitalkräftige Investoren die „Norddeutsche Waggonfabrik", die ab 1909 im Wesentlichen die Produktion von Straßenbahnwagen für Bremen übernahm, darüber hinaus aber auch für zahlreiche andere Betriebe tätig war. Ab 1913 lieferte „Nordwaggon", wie das Unternehmen allgemein bezeichnet wurde, den in enger Abstimmung mit der BSAG entwickelten „Hansa"-Wagen, von dem insgesamt 75 Trieb- und – ab 1921 – 180 Beiwagen zur Herstellung gelangten. Dieser Fahrzeugtyp entwickelte sich zum Aushängeschild des ÖPNV in Bremen und stand mit einzelnen Exemplaren bis 1967 im Einsatz. Er war in Eleganz, technischer Ausrüstung und bezogen auf den Komfort richtungsweisend. Nur in wenigen Ausnahmefällen – hierauf wird im Kapitel „Wagenpark" näher eingegangen – stellten bis zur Schließung von „Hansa-Waggonbau", des Nachfolgeunternehmens von „Nordwaggon", andere Firmen Fahrzeuge für die BSAG her. Allerdings fertigte das Verkehrsunternehmen auch weiterhin Wagen im Eigenbau. (Zur Geschichte des Waggonbaus in Bremen vgl. auch Kapitel 53.)

1913 begann die Auslieferung der legendären „Hansa"-Wagen von „Nordwaggon". Dieser Fahrzeugtyp revolutionierte in Technik und Form den ÖPNV an der Weser. Triebwagen 233 entstammt der zweiten, ab 1920 ausgelieferten Serie. Die Beiwagenablieferung erfolgte ab 1921. Der Wagen ist mit Bw 587 und einem 400er Bw behängt. Aufahme von 1937. Fr. Grünwald/ Slg. VDVA

Die Fahrzeuge wurden schnell zum Maßstab des modernen ÖPNV. Hier am Marktplatz ein Zug auf der Linie 2 nach Gröpelingen und ein Triebwagen in die Gegenrichtung. Die Aufnahme stammt vom Ende der 20er Jahre. Slg. Mausolf

Die bis dato gefertigten Fahrzeuge wurden nach und nach verbessert. Wichtigste Änderung ist die zwischen 1911 und 1926 vorgenommene Verkleidung der Perrons, die dem Fahrpersonal bedeutend bessere Arbeitsbedingungen bot. Im Jahre 1927 – kurz nachdem dieses Programm abgeschlossen war – erfolgte die Einstellung der Linie 9. Im Bild sehen wir Triebwagen 106 an der Endstelle Hemmstraße. Slg. W. Esmann

7.9 Arbeitskampf bei der Straßenbahn und in der Bürgerschaft prallen zwei Lager aufeinander

Ende 1910 spitzte sich bei der „Bremer Straßenbahn" eine Situation zu, die viele – auch Mitglieder der Bremischen Bürgerschaft – schon frühzeitig als äußerst problematisch eingestuft hatten und deren Konfliktpotential sich nun vollends entladen sollte: Die Arbeitsbedingungen waren von jeher hart und die Entlohnung bewegte sich keineswegs auf einem als angemessen betrachteten Niveau. Zwar galt ab Mai 1906 ein neues Arbeitszeitmodell, nachdem die tägliche Arbeitszeit nun nicht mehr wie bisher 14,5 Stunden (jeder dritte Tag war dabei frei), sondern nur noch 10,5 Stunden (nun aber nur noch jeder sechste Tag frei) betrug. Doch das waren nach wie vor bei relativ karger Entlohnung harte Bedingungen.

Als im Oktober 1910 trotz mehrfacher Eingaben seitens der Belegschaft der Vorstand des Unternehmens eine Forderung nach Lohnerhöhung ablehnte, kam es zum Eklat. Die Belegschaft trat am 15. Oktober 1910 erstmals in einen Streik, was zur Folge hatte, dass der Betrieb der „Bremer Straßenbahn" zum Erliegen kam. Es folgte ein zweiter Eklat, als das Unternehmen die Beteiligung von Gewerkschaftsvertretern bei den nun anstehenden Verhandlungen ablehnte. Man könne – so hieß es – eine Teilnahme nicht zulassen, um keinen Präzedenzfall zu schaffen. Schließlich wolle man nicht „für die Zukunft diesem agitatorischen Verbande ausgeliefert" sein. Es war der erste Versuch des Berliner Gewerkschaftsverbandes, die Hinzuziehung bei Lohnverhandlungen zu erkämpfen.

Für die Direktion der BSAG stand ein wichtiger Aspekt ihrer gewohnten Autonomie auf dem Spiel, weshalb Besonnenheit zu diesem Zeitpunkt in der deren Vorstandsetage nicht der bestimmende Charakterzug gewesen zu sein scheint. Der Senat kritisierte „dilatorisches Verhalten" der Direktion und auch eine für 1911 in Aussicht gestellte Lohnerhöhung sei nicht ausreichend. Für das Straßenbahnunternehmen ging es ums Ganze, denn laut Konzessionsbedingungen führte eine Betriebsunterbrechung, die länger als vier Wochen andauerte und nicht auf höhere Gewalt oder behördliche Anordnung zurückzuführen war, zum Entzug der Konzession! In der Bürgerschaft spalteten sich die Lager. Sozialdemokrat Rhein hielt eine flammende Rede, in der er einerseits klarstellte, dass der formelle Anlass für die Betriebseinstellung zwar die Arbeitsniederlegung der Straßenbahner gewesen sei, man aber andererseits deren Ursachen betrachten müsse: *„Die Abneigung der Direktion, anständige Lohn- und Arbeitsbedingungen für die Angestellten einzuführen, und die Hartnäckigkeit, mit der sie daran festhält, bilden die Ursachen der Kalamität, die nicht hervorgebrochen wäre, wenn wir es mit einer anständigen Direktion zu tun hätten."* Die Forderungen der Mitarbeiter seien bescheiden und das Verhalten der Direktion sei ein Beleg der *„ungeheuren Gier der an der Straßenbahn beteiligten Aktionäre."* Es fielen noch deutlichere Worte, die zu Ordnungsrufen führten. Ein Antrag Rheins, die Direktion massiv unter Druck zu setzen, fand keine Mehrheit. Doch die Bürgerschaft war deutlicher als bisher in zwei Lager gespalten. Die Bürgerlichen distanzierten sich in einem Papier von den Sozialdemokraten und die Polarisierung wurde schärfer.

Trotz alledem gelang eine Entspannung in der Sache: Am 22. Oktober erklärten sich die Mitarbeiter der BSAG zu Verhandlungen ohne Vertreter des Transportarbeiterverbandes bereit. Im Ergebnis wurden alle Entlassenen bedingungslos wieder eingestellt. Dies bedeutete, dass auch die Mitgliedschaft im Transportarbeiterverband nicht problematisiert wurde. Die vereinbarte Lohnerhöhung blieb bestehen und die tägliche Arbeitszeit der Trambahnfahrer wurde ab 1. Januar 1911 von 10,5 Stunden auf zehn Stunden reduziert, bei den Schaffnern blieb die alte Bemessung zunächst bestehen. Regelungen zum Urlaubsanspruch sollten folgen. Der Streik wurde für beendet erklärt und am 26. Oktober 1910 nahm als erste Linie die 4 nach Horn ihren Betrieb wieder auf, wobei erstmals Beiwagen mit verglasten Perrons in den Einsatz gestellt wurden. Schon einen Tag später folgten die übrigen Linien. Der Machtkampf bei der „Bremer Straßenbahn" war – wenn auch nicht dauerhaft – erst einmal beendet. In der Bürgerschaft gingen die Wogen weiter hoch, weil sich das bürgerliche Lager darüber beklagte, durch Teilnahme von sozialdemokratischen Bürgerschaftsabgeordneten an den letzten Verhandlungen über die Forderung der Streikenden sei ein linkslastiges Ergebnis erzielt worden. Doch entscheidend blieb: Dieser exemplarische Arbeitskampf war beendet.

Streiks blieben auch weiterhin nicht aus und der Ausschluss von Gewerkschaftsvertretern ließ sich auf Zeit und Ewigkeit nicht „nach Gutsherrenart" regeln...[37]

7.10 Fuhrleute kontra Tram

Ab 1909 waren in Bremen nur noch Straßenbahnwagen mit zwei Motoren im Einsatz, um den Fahrgästen eine gleichbleibende und zuverlässige Beförderungsqualität gewährleisten zu können. Erst 1911 – und nur auf Betreiben der Aufsichtsbehörde – konnte sich das Unternehmen bewegen lassen, die Arbeitsbedingungen des Fahrpersonals zu verbessern: Versuchsweise wurden die Perrons einzelner Triebwagen verglast, nachdem bereits Versuche mit Beiwagen stattgefunden hatten. Bis sämtliche Fahrzeuge entsprechend ausgerüstet waren, sollten noch weitere 16 Jahre ins Land ziehen!

Ein Problem, das seit der „Elektrisierung" der Pferdetram immer wieder für Aufsehen sorgte und vereinzelt zu äußerst unschönen Situationen führte, wurde im zweiten Jahrzehnt des 20. Jahrhunderts durch den insgesamt wachsenden und schneller werdenden Verkehr zu einem ernsten Sicherheitsrisiko, das den Vorstand von Straßenbahn, Interessenverbänden und Verwaltung zunehmend beschäftigte. Viele Fuhrwerklenker konnten die schneller und stärker gewordenen Straßenbahnen nicht mehr angemessen einschätzen, so dass Verkehrsunfälle unvermeidbar wurden. Im Jahre 1912 wurde das Problem zwischen Polizeidirektion, „Bremer Straßenbahn" und dem Verband der Fuhrleute diskutiert. Die „Bremer Straßenbahn" sah den Grund für die Kontroverse darin, dass meistenteils seitens der Fuhrleute kein angemessenes Fahrverhalten an den Tag gelegt wurde. Kurz vor den herannahenden Trambahnwagen kreuzten sie noch die Gleise oder wichen nicht rechtzeitig aus. Natürlich reagierte der „Verein Bremischer Fuhrwerks-Verkehrs-Interessenten" prompt auf entsprechende Vorwürfe und argumentierte, die Straßenbahn fahre viel zu schnell und den Fahrern mangele es an der nötigen Übersicht. Auch sei es dem Verein bekannt, dass die Straßenbahn ihr Fahrpersonal nicht mehr aus dem Kreis der Fuhrleute rekrutiere, wie das früher der Fall gewesen sei. Diese hätten schließlich Erfahrungen und könnten den Verkehr insgesamt angemessen beurteilen. Die Straßenbahn stelle heute häufig Personen als Fahrer ein, die keinerlei Erfahrung im Lenken eines Fahrzeuges hätten.[38] Wie meistens in solchen Fällen hatten beide Seiten in Teilen Recht. Man musste – und hierzu trug die Diskussion des Jahres 1912 offenkundig bei – einfach noch lernen, in Kenntnis der unterschiedlichen Eigenschaften grundverschiedener Verkehrsmittel miteinander angemessene Fahrstile zu entwickeln! Mit zunehmender Motorisierung im Individualverkehr sollte sich dieses Problem in ganz anderer Dimension noch einmal stellen...

7.11 Von 1911 bis 1914: Anpassungen im Netz bis zum Ersten Weltkrieg

In den folgenden Jahren erfolgte eine stetige Anpassung des Netzes an die sich kontinuierlich ausweitenden Stadtstrukturen, die im Bremer Westen vor allem von den sich ausdehnenden Hafenanlagen und der sich in unmittelbarer Nähe ansiedelnden Industrie geprägt waren.

Im November 1911 wurde die Bedienung der Ost-West-Achse umgestaltet. Ab diesem Zeitpunkt fuhr die Linie 2 – deren bisheriger Linienverlauf von Gröpelingen/Lindenhofstraße über die Innenstadt zur „Weserlust" führte – von der Lindenhofstraße nun in Richtung Sebaldsbrück und die Linie 3 – bisheriger Linienverlauf war Holzhafen–Sebaldsbrück – bediente fortan die Strecke vom Holzhafen (nun ab Emder Straße) zur „Weserlust". Kurz zuvor hatte im September 1911 an der Lindenhofstraße die als „Hafenbahn" bezeichnete Tramlinie zu den Industriehäfen ihren Betrieb aufgenommen. Für die weitere Entwicklung der Hafen- und Industriereviere war sie vor allem als Verkehrsmittel für die hier Beschäftigten von großer Bedeutung. Es hatte erhebliche Zeit in Anspruch genommen, bis sich alle Beteiligten auf eine finanzierbare und den Erfordernissen entsprechende Lösung einigen konnten, nachdem über eine lange Zeit Schnellbahnpläne bis in Bremens Norden mit der Einrichtung dieser Strecke gekoppelt worden waren. Eine Linie, die nur bis in die Häfen führte, schien der „Bremer Straßenbahn" keine ausreichende Rentabilität zu bieten. So verband die BSAG ihre Zusage, die Verbindung zu errichten, mit weitreichenden Bedingungen, die von der Verlängerung ihrer Konzession bis hin zu einem „Zusatzgroschen" auf der „Hafenbahn" reichten. Auch eine Weiterführung der Linie bis Grambke behielt man sich vor. Das alles und vor allem die Art und Weise, wie seitens der „Bremer Straßenbahn" mit Deputation und Bürgerschaft umgegangen wurde, sorgte für öffentliche Verärgerung. Harte Worte fielen in einer Sitzung der Bremischen Bürgerschaft am 12. April 1911. Die Straßenbahn spreche mit Abgeordneten, als hätte sie Straßenbahner vor sich und das kapitalistische Gehabe mit dem Ziel „noch mehr in den unersättlichen Schlund herunter[zu] bekommen" könne nicht länger akzeptiert werden.[39] Als schließlich im April 1911 selbst von den im Hafenbereich ansässigen Betrieben massiver Druck ausgeübt wurde, zeichnete sich ab, dass die Bahn noch im selben Jahre ihren Betrieb würde aufnehmen können. Das Wachstumshemmnis war beseitigt – und doch währte der Aufschwung in den Bremischen Häfen und der dortigen Industrie nicht lang. Der erste Anlauf der Hafenerschließung fand bereits fünf Jahre später ein vorläufiges Ende. Der Fahrdraht war kriegsverwertbar und wurde kurzerhand demontiert. Anfang Oktober 1916 fuhr die „Hafenbahn" zunächst zum letzten Mal.

Im Jahre 1912 ging die Verlängerung der Strecke durch die Hamburger Straße – seit 1911 durch Linie 3 bedient –

von der Höhe „Weserlust" bis zum neuen Depot Auf der Hohwisch in Betrieb. Ebenfalls auf das Jahr 1912 geht eine Neuerung zurück, die aus heutiger Sicht mit dem Begriff „Kundenorientiertheit" bezeichnet würde: „*Um vor allem unvorherzusehenden, plötzlich auftretenden, höheren Verkehrsanforderungen (bei Regenwetter oder anderen Anlässen) gerecht zu werden, [wurden] auf sämtlichen Betriebsbahnhöfen Bahnvorsteherposten eingerichtet, die mit Aufsichtsbeamten besetzt werden. Diese veranlassen in Bedarfsfällen die Verstärkung des planmässigen Betriebes durch Beigabe von weiteren Anhängewagen oder durch Einschieben von Extrawagen auf den Hauptverkehrsstrecken.*" Auch durch sog. „Einsetzlinien" – z.B. zwischen Markt und Waller Friedhof, zwischen Markt und Alter Postweg sowie zwischen Brill und Pappelstraße – war die BSAG bemüht, der Nachfrage gezielter gerecht zu werden. Aber immer galt: „*Bei warmem, trockenem Wetter werden diese Verstärkungslinien jedoch so wenig benutzt, daß sie, um unnütze Stromkosten zu sparen, in solchem Falle eingezogen werden.*"[40] Schlussendlich rundeten Taktverkürzungen zu den Hauptverkehrszeiten die Attraktivität des Tramangebotes ab.

Bereits um 1910 waren Überlegungen angestellt worden, Oberneuland durch eine Straßenbahnlinie anzubinden. Eingehende Untersuchungen ergaben jedoch schließlich, dass ein kostendeckender Betrieb hier nicht zu erwarten war. Im Januar 1912 fiel die Entscheidung gegen eine solche Linie, die nach der „Burger Linie" die zweite regelrechte Außenstrecke der BSAG geworden wäre. In einigen Quellen ist die Rede davon, die BSAG habe in diesen Tagen erwogen, die 1900 eröffnete, schmalspurige Kleinbahn Bremen–Tarmstedt zu übernehmen. Diese hatte seinerzeit Planungen angestellt, ihre Strecke zu elektrifizieren und mit einem Abzweig von Horn nach Oberneuland zu versehen. Im Juni 1912 lag die Einverständniserklärung Preußens vor. Bremen konnte sich allerdings nicht zu einer Genehmigung durchringen. Es gab erhebliche Dissonanzen um die Frage der Stromlieferung. So wurde aus all diesen Überlegungen nichts und Oberneuland kam nicht in den Genuss einer Kleinbahn- oder Tramanbindung.[41]

Im August 1913 kam, nachdem bereits Jahre vorher immer wieder ihre Notwendigkeit festgestellt worden war, endlich die Linie 9 mit der Führung Hemmstraße–St. Jürgen-Straße zur Anbindung des wachsenden Findorff-Viertels ans Netz. Wurde auch aus den Plänen der „Bremer Straßenbahn" nichts, die Kleinbahn „Jan Reiners" zu übernehmen, so begegneten sich im Stadtteil Findorff fortan die beiden Unternehmen. Sogar Seite an Seite standen Dampfzug oder später Triebwagen der Kleinbahn mit den Trambahnen durch die 1927 eingerichtete Tramverbindung zwischen der Endstelle Bürgerpark und Hemmstraße bis zur endgültigen Einstellung von „Jan Reiners" auf dem unteren Streckenabschnitt im Jahre 1954.

Wie sehr die Verhandlungen jener Tage von dem Ziel getragen waren, der Straßenbahn eine strukturierende Rolle bei der weiteren Entwicklung der Stadtteile zuzuweisen, belegen Protokolle der Bürgerschaftssitzungen. Obwohl z.B. die „Bremer Straßenbahn" die Auffassung vertrat, bereits vorhandene Linien seien ausreichend für die Bedienung des St. Jürgen- und Bismarckquartiers, bestand die Bürgerschaft Ende Mai 1913 auf eine neue 1,6 km lange Anbindung im Zusammenhang mit der neuen Linie in das Findorff-Viertel. Die BSAG entgegnete selbstbewusst, zwar werde die neue Strecke „bis auf weiteres ihre Kosten nicht decken", erklärte sich jedoch trotzdem bereit, sie doppelgleisig herzustellen. Die beim Vorstand des Unternehmens noch lebendige Erinnerung des Streites um den Bau der Linie 8, bei dem man schließlich unterlag und bauen musste, dürfte hier eine nicht unerhebliche Rolle gespielt haben.[42]

Und im sich ausdehnenden Schwachhausen hatte die Bürgerschaft gleich zwei Befürchtungen: Es regte sich einerseits Widerstand aus der Bevölkerung. Doch im Mai 1913 genehmigte man die Verlängerung der Linie 5 durch die Hartwigstraße bis zum Schwachhauser Ring, „obgleich die Anwohner der Hartwigstraße gebeten haben, ihre ruhige Wohnstraße mit einer Straßenbahn zu verschonen." Zum anderen war es wohl einmal mehr die Furcht vor möglichen, zuvorderst profitorientierten Planungen der BSAG in der Zukunft, die den Abgeordneten zu schaffen machte. Warum sonst sollten sie darum fürchten, dass eine Zustimmung zur Verlängerung in der Hartwigstraße dazu führen könnte, eine andere in ihrer Bedeutung in den kommenden Jahrzehnten wachsende Achse durch Schwachhausen zu vernachlässigen? Man ging davon aus, dass durch die Linie in der Hartwigstraße nach weiterer Bebauung des Stadtteils die Weiterführung der Strecke in der Wachmannstraße nicht infrage gestellt werden dürfe.

Im Juli 1913 konnte die Linie 2, die fast zwei Jahre einen verkürzten Streckenverlauf ertragen musste, endlich wieder bis zum Bahnhof Sebaldsbrück verkehren. Eine Brücke für die Staatsbahn legte den alten Streit über die nicht genehmigte niveaugleiche Querung für die Tram bei.

Der August 1914 brachte die Ausweitung der Linie 4 über die Innenstadt hinaus bis zum Arsterdamm. Bremens erste Tramlinie überhaupt hatte sich seit ihrer Inbetriebnahme im Jahre 1876 lediglich geringfügig um das Streckenstück Herdentor–Börse verlängert. Nun übernahm sie die Neustadtsführung der Linie 5 durch das Buntentor zum Arsterdamm, wodurch ihre verkehrliche Bedeutung erheblich anstieg. Die Linie 5 änderte ihren Linienweg und verkehrte ab Oktober 1914 zunächst von der Kornstraße (kurz darauf von der Gastfeldstraße) durch die ausgebaute Brückenstraße, an der sich neue Wohnquartiere entwickelten, über Am Markt und Hauptbahnhof durch die Hartwigstraße zum Schwachhauser Ring.

Die Eröffnung der Linie 9 im Jahre 1913 und die 1914 erfolgte Verlängerung der Linie 4 auf der Neustadtseite bis zum

Arsterdamm stellen die letzten großen Maßnahmen vor dem Ersten Weltkrieg dar. Die noch 1914 begonnenen Baumaßnahmen zur Verlängerung der Linie 3 über die Emder Straße hinaus kamen kriegsbedingt im Februar 1915 erstmals zum Erliegen. Fortan bestimmte der Krieg den Alltag. Strom musste gespart werden, weshalb Betriebszeiten der Straßenbahn gekürzt und viele Haltestellen aufgehoben wurden. Die „Hafenbahn“ musste ganz eingestellt werden, Teilstrecken anderer Linien wurden vorübergehend nicht bedient. Die überwiegende Zahl der Mitarbeiter des Fahr- und Schaffnerdienstes war einberufen worden. Frauen übernahmen diese Tätigkeiten. Von den 593 Einberufenen kehrten 81 Straßenbahner nicht zurück.[43]

7.12 Nach dem Krieg: Inflationschaos und wieder Anpassungen im Netz

Die Nachkriegssituation stellte für die „Bremer Straßenbahn“ eine ausgesprochen schwierige Lage dar. Das Unternehmen stand damit nicht allein; es ging den meisten deutschen Verkehrsbetrieben ähnlich: *„So habe beispielsweise durch die mangelhafte Erneuerung und Unterhaltung des Gleises nicht nur dieses selbst stark gelitten; vielmehr beschleunige der schlechte Gleiszustand auch die Abnutzung des ohnedies ungenügend gepflegten Wagenmaterials. Übrigens sei ein großer Teil des Wagenparkes schon vor dem Kriege abgängig oder umbaubedürftig gewesen. Dabei werde für einen Triebwagen, der früher 16600 Mark gekostet habe, künftig mit einem Preise von 30 bis 35 000 Mark zu rechnen sein.“*[44] Und das alles am liebsten zu Fahrpreisen, die in den 90er Jahren des vorigen Jahrhunderts verhandelt worden waren. Der „Verein Deutscher Straßenbahn- und Kleinbahn-Verwaltungen“ hatte gerade darauf hingewiesen, dass dies doch wohl nicht so weiter gehen könne. 1919 beschloss die Bürgerschaft einen Einheitstarif von 20 Pfennig. Am 29. Februar 1920 wurde er in einen solchen von 30 Pfennig geändert und die Inflation trieb die Tarife schließlich bis Dezember 1923 in astronomische Höhen. Dann kam das Ende des Irrsins.

Im Februar 1918 wurden die Bauarbeiten zur Verlängerung der Strecke von der Emder Straße zur A.G. „Weser“ wieder aufgenommen und auch das Plattform-Verglasungsprogramm konnte mit bescheidenen Mitteln weitergeführt werden. Im November 1919 ging mit der Linie 10 – zunächst nur von Utbremen zum Hauptbahnhof – eine neue Linie an den Start. Und mit der Linie 12 wurde im Mai 1920 in Sebaldsbrück zur Anbindung des neu errichteten Osterholzer Friedhofs und der Sebaldsbrücker Eisenbahnersiedlungen eine weitere neue Linie in Betrieb genommen. Sie verkehrte zunächst von der Esmarchstraße bis zum Osterholzer Friedhof. Der 1. Oktober 1921 markiert schließlich das Ende jener Maßnahme, die schon vor Anfang des Krieges begonnen, dann aber nicht weitergeführt werden konnte: Die weitestgehend eigentrassierte Neubaustrecke in der Bremerhavener Straße von der Emder Straße bis zur A.G. „Weser“ ging in Betrieb. Zunächst verkehrte hier die Linie 11 von Auf der Hohwisch zur A.G. „Weser“, ab März 1924 dann die Linie 3 auf derselben Streckenführung.

Im Jahre 1923 erhielten die Bürgerinnen und Bürger der Neustadt endlich ihre eigene Ringbahn, die seit zehn Jahren von den Bürgervereinigungen immer wieder gefordert worden war: Die Strecke durch die Pappelstraße ermöglichte den sog. „Neustadtring“ , der eine deutliche Verbesserung des Verkehrsangebotes zur Innenstadt zur Folge hatte. Die Linie 5 bediente ab dem 14. Oktober 1923 die Streckenführung Markt–Hauptbahnhof–Am Brill–Pappelstraße–Markt bis zur Aufweitung des Rings 1927 alleinig.

In das Jahr 1925 fällt eine Diskussion über den Netzausbau der Straßenbahn in Bremen. In der Bürgerschaft wurde diskutiert, wie die Verkehrsverbindung von am Rande Bremens wachsenden Bereichen verbessert werden könnte. Eine Verlängerung der Linie 4 nach Kattenturm war ebenso im Gespräch wie Anbindungen von Huchting und Osterholz. Die BSAG antwortete in den zuständigen Gremien zurückhaltend und blieb insgesamt auf Abstand. Andere Prioritäten gestatteten derartige Maßnahmen derzeit nicht, argumentierte sie. So müssten u.a. die Versäumnisse der letzten zehn Jahre auf dem Sektor des Wagenmaterials erst einmal beseitigt und im inneren Stadtbereich ein Tramausbau vorangetrieben werden. Die „Hafenbahn“ und der Bau neuer Betriebshöfe sei von außerordentlicher Bedeutung und verzehre gewaltige Finanzmittel. Außenstrecken – noch dazu mit keineswegs profitablem Charakter – müssten hierbei zurückstehen. Kraftbusse eines privaten Betreibers sollten im Falle Kattenturms zunächst für die Anbindung sorgen. Aber das Thema blieb auf der Tagesordnung. Erst als die genannten Stadtteile als vollwertige und prosperierende Bestandteile das bremische Gefüge bereicherten, gelangte die Diskussion über Tramanbindungen in ernste Gefilde. Doch das sollte noch rund 50 Jahre dauern...

III. 1926 bis 1950

8. „Hafenbahn" im zweiten Anlauf, zwei neue Depots und zum zweiten Mal ein Anfang vom Ende

8.1 „Hafenbahn" nun bis zur „Hütte"

Im zweiten Anlauf konnten endlich die Hafen- und Industriereviere im äußersten Bremer Westen effektiv erschlossen werden. Zehn Jahre nachdem ihre Vorgängerin, die Linie „H", kriegsbedingt eingestellt werden musste, nahm die Linie 11 im Februar 1926 ihren Dienst von der A.G. „Weser" über die Industriehäfen zur „Norddeutschen Hütte" auf. Sie besaß in erster Linie Bedeutung für den Arbeiterverkehr in die Häfen und stellte die Voraussetzung für den weiteren Aufwärtstrend der hafenbezogenen Industrie dar. Pläne, eine direkte Anbindung der Industriehäfen und der „Hütte" aus der Innenstadt einzurichten, die in Grambke auf die „Burger Linie" stoßen sollte, waren zwar immer wieder diskutiert worden. Doch schon 1913 hatte man diese Planungen nach langen und intensiven Verhandlungen weitestgehend aufgegeben. Die schwache Inanspruchnahme der ersten „Hafenbahn" von der Gröpelinger Chaussee (Lindenhofstraße) bis zur Unterführung IV hatte die Verantwortlichen an der Vertretbarkeit einer von hier bis in die Innenstadt reichenden Linie zweifeln lassen. Zwar hatten sich die Bedingungen nun geändert und schon seinerzeit war beschlossen worden, das Projekt „nicht für alle Zeiten" aufzugeben, de facto kam es dann allerdings doch nie zu einer Verwirklichung.

8.2 Neue Depots in Gröpelingen und Sebaldsbrück

Die Ost-West-Achse erfuhr 1926 wesentliche Veränderungen: Nachdem zum Oktober 1921 die Streckenverlängerung von der Emder Straße zur Werft A.G. „Weser" – zu diesem Zeitpunkt trug die hier verkehrende Linie die Nr. 11, erst zum März 1924 erhielt die Linie wieder die Nr. 3 – in Betrieb gegangen war, erhielt die Linie 2 im März 1926 – rechtzeitig zum 50. Jubiläum der „Bremer Straßenbahn" – mit den beiden neuen Depots in Gröpelingen und Sebaldsbrück als Endstellen ihre bis heute gültige Führung.

Die neuen Depots in Gröpelingen und Sebaldsbrück bedeuteten in vielfacher Hinsicht eine Verbesserung für Fahrgäste und Personal. Zum einen war mit ihrer Inbetriebnahme auch eine deutliche Effektivierung der Verkehrsabwicklung auf der Ost-West-Achse verbunden, zum anderen gestatteten die modernen Betriebsanlagen eine zeitgemäße Unterbringung und Versorgung des Wagenparks. In Gröpelingen endeten nun – aus der Innenstadt kommend – die Linie 2 und aus Burg kommend die Linie 8 am Depot. In Sebaldsbrück erhielt wiederum die Linie 2 ihren Endpunkt am Depot, von wo aus nun auch – leicht verkürzt – die Linie 12 ihren Ausgang nahm. Letztere erhielt noch im Mai 1926 eine Verlängerung bis zur Osterholzer Landstraße. Im Rahmen von Gleissanierungen in der Innenstadt zwischen Markt und Domsheide wurden weitere Abbiegemöglichkeiten geschaffen, die vor allem bei Umleitungen Flexibilität gewährleisten. Das Jahr 1926 markiert darüber hinaus eine deutliche

Das Jahr 1926 brachte mit der Eröffnung der beiden Depots Sebaldsbrück und Gröpelingen (Bild) neuen Umsteigekomfort und neue Möglichkeiten der Fahrzeugunterhaltung mit sich. Die Aufnahme vom Frühjahr 1937 zeigt rechts vor dem Verwaltungsgebäude einen „Hansa"-Wagen auf der Linie 2 nach Sebaldsbrück und links einen Zug der Linie 8 mit einem „Hansa"-Beiwagen der Baujahre 1927 bis 1929. Die Linie 8 wird nach Umrunden des Verwaltungsgebäudes über das vorne sichtbare Gleis wieder Richtung Burg fahren. Die Linie 2 nach gegenläufigem Umrunden über die Gröpelinger Heerstraße (im Vordergrund sichtbar) in die andere Richtung. Es ist das letzte Jahr, in dem Stangenstromabnehmer Verwendung fanden. Der „Hansa"-Triebwagen führt noch die Stange! Fr. Grünwald/Slg VDVA

Verbesserung der Arbeitsbedingungen für Arbeiter und Handwerker: Noch keineswegs selbstverständlich zu dieser Zeit erhielten bei der „Bremer Straßenbahn“ auch sie nun nach dem Ausscheiden ein Ruhegeld, wofür eine Zusatzkasse gegründet worden war.

Trotz dieser – im Übrigen sehr mühsam erreichten – wichtigen Neuerungen stellten diese Jahre eine schwierige Zeit für das Straßenbahnunternehmen dar. Nur mit äußersten Anstrengungen war es gelungen, die Inflationsjahre zu überstehen. Investitionen in den Fahrzeugpark hatten nahezu unterbleiben müssen und oft hatte nicht einmal das Notwendigste durchgeführt werden können. Der Wagenpark hatte sich gegenüber dem Vorkriegszustand kaum vergrößert. Die Reserven des Unternehmens waren aufgebraucht. Der zur Effektivierung der Betriebsabläufe und aufgrund von Siedlungsveränderungen notwendig gewordene Bau der neuen Depots hatte letztes Kapital verschlungen und an die Zahlung vertraglich geregelter Abgaben an die Stadt war nicht zu denken. So wurde per gerichtlicher Klärung bis einschließlich 1924 eine Regelung gefunden, welche die Straßenbahn entlastete.

8.3 Der Nord-Süd-Ring

Die Weiterentwicklung des Neustadtringes von 1923 stellt die wohl bedeutendste Veränderung zum Ende der 20er Jahre im Bremer Verkehrsgefüge dar: Im Juli 1927 wurde der Neustadtring um einen weiteren Ring ergänzt. Statt des bisher befahrenen Rundkurses zwischen Pappelstraße–Am Markt–Hauptbahnhof–Am Brill–Pappelstraße ermöglichte die nach vielen Jahren der Diskussion endlich realisierte Verbindung der Endstellen Bürgerpark und Hemmstraße untereinander einen erweiterten Rundkurs. Dieser bezog nun die direkte Verbindung des vorderen Findorff-Viertels um die Hemmstraße einerseits mit dem vorderen Schwachhausen andererseits ein und und gestattete die Verknüpfung mit dem Neustadtring zu einer optimalen Verbindung von Altstadt/Bahnhofsvorstadt mit der Neustadt. Die Linie 9, die seit 1913 für die Anbindung von Findorff auf anderem Linienwege sorgte, konnte damit entfallen. Den bisher von der Linie 9 zwischen dem Hauptbahnhof und der östlichen Vorstadt bedienten Streckenteil übernahm ab Juli 1927 die Linie 10.

Auf dem zum Nord-Süd-Ring erweiterten Neustadtring waren nun insgesamt vier Linien unterwegs:

Die Linie 5 verkehrte von der Pappelstraße über Am Markt, den Hauptbahnhof und den Breitenweg zur Hemmstraße. Ab hier verlief die Streckenführung über die Eickedorfer Straße/Holleralle am Rande des Bürgerparks und die Gustav-Deetjen-Allee am Rande der Bürgerweide, den Hauptbahnhof und Am Brill zur Pappelstraße zurück. Die Linie 6 nahm exakt den umgekehrten Linienweg. Ergänzt wurde dieses Angebot durch zwei weitere Linien: Eine Linie 15 befuhr den ersten Teil der Linie 5 (Pappelstraße–Am

Der Nord-Süd-Ring
(ab 1927)

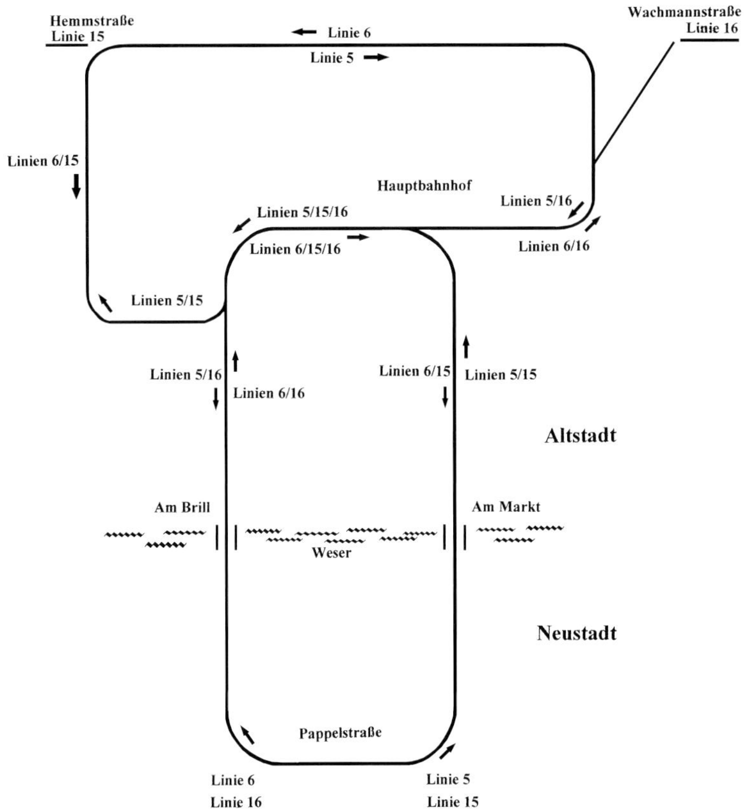

Der Linienverlauf stellte sich im Nord-Süd-Ring wie folgt dar:

Linie 5:	Pappelstr. – Am Markt – Hauptbhf. – Breitenweg – Hemmstr. - Eickedorfer Str. – Hollerallee – Hauptbhf. – Am Brill – Pappelstr.
Linie 15:	Pappelstr. – Am Markt – Hauptbhf. – Hemmstr. und auf gleichem Weg zurück
Linie 6:	Pappelstr. – Am Brill – Hauptbhf. – Hollerallee – Hemmstr. - Eickedorfer Str. – Breitenweg – Hauptbhf. – Am Markt – Pappelstr.
Linie 16:	Pappelstr. – Am Brill – Hauptbhf. – Wachmannstr./Schwachhauser Ring und auf gleichem Weg zurück

Markt–Hauptbahnhof–Hemmstraße) in beide Richtungen und eine Linie 16 nahm den ersten Teil des Weges der Linie 6 und verband – etwas komplizierter – das vordere östliche Schwachhausen um die Wachmannstraße mit der Neustadt, ab Dezember 1927 bereits bis Schwachhauser Ring verlängert.

8.4 Alte Übel

Die Leitung der „Bremer Straßenbahn“ klagte in diesen Jahren laut vernehmbar über alte Übel, die schon beim von der Stadt erzwungenen Bau der Linie 8 nach Burg im Ansatz erkennbar waren. Im Verhältnis zur Einwohnerzahl weise Bremen z.B. eine viel zu weitläufige Bebauung auf, die sich an vielen Stellen zu lang in dünn besiedelten Vororten erstrecke. Die oft verbreitete Mär – so Direktor **Rosshack** in einem Aufsatz zur Lage der BSAG –, man müsse nur Straßenbahnlinien bauen, dann entstünden die Siedlungsbereiche nahezu von selbst, spiele immer noch eine viel zu große Rolle. Die

1935 am Bremer Hauptbahnhof: Noch beherrscht der „Trolley" die Fahrzeuglandschaft. Zwei Altbau-Triebwagen – in der Mitte Tw 152 auf der Linie 6 – und im Hintergrund ein „Hansa"-Wagen auf der Linie 4 dokumentieren die alte Situation des Haltestellenbereiches, wobei sämtliche Linien parallel vor dem Gebäude des Hauptbahnhofs hielten. Slg. VDVA

Triebwagen 125 auf der Linie 7 zur Hartwigstraße Am Markt: Links das Haus Schütting – der Sitz der Handelskammer –, erbaut im Jahre 1538 vom Antwerpener Baumeister de Buscheneer, in der Mitte der 1940 eingeschmolzene Wilhadi-Brunnen und im Hintergrund die originale Häuserzeile des Marktes. Slg. Mausolf

Linien 2, 3, 4, 8, und 12 bewiesen in ihren Außenbereichen das Gegenteil. *„Unter diesen Umständen und angesichts der immer noch nicht überwundenen nachteiligen Auswirkungen des Krieges und Währungsverfalls, der zunehmenden Betriebsverteuerung und steuerlichen Überlastung, wie auch des neuerlichen Verkehrsrückgangs bildet die Wirtschaftlichkeit des Betriebes die Hauptsorge der Verwaltung."* Rosshack räumte ein, einige der von der Bevölkerung und der Verwaltung geäußerten Kritikpunkte hätten durchaus ihre Berechtigung. Man müsse jedoch bedenken, dass der „Bremer Straßenbahn" schon durch natürliche und bauliche Gegebenheiten Einschränkungen auferlegt seien. *„Die Weser mit nur zwei schmalen Brücken von beschränkter Aufnahmefähigkeit (Kai-*

Am Markt: 1938 gibt es keine Trolley-Stangen mehr: Tw 192 – aus der ersten Lieferung von „Hansa"-Wagen des Jahres 1913 stammend – trägt nun den Scherenbügel. Slg. VDVA

ser- und Große Weserbrücke); der Stadtgraben mit nur vier engen Straßenübergängen: Doventor, Ansgaritor, Herdentor und Ostertor; ...schließlich die Dämme der Reichsbahn mit wenigen, gleichfalls zu schmalen, zum Teil auch recht niedrigen Unterführungen. Letztere verhinderten bisher die Einführung von Bügelstromabnehmern." Die Problemanalyse des Direktors verdeutlicht anschaulich die grundsätzliche Problematik, die durch das Tempo der technischen Entwicklung, entsprechender Ansprüche und Notwendigkeiten einerseits und einer nicht erfolgten Anpassung des Stadtraumes an die neuen Bedingungen andererseits entstanden war. Die Nadelöhre produzierten zunehmend Staus und damit Verspätungen für die Straßenbahn. Wo immer es die Abmessungen des Straßenraumes gestatteten, sollten nun eigene Tramspuren geschaffen werden. Doch im Innenstadtbereich war das kaum möglich und gerade hier wäre es von so großer Bedeutung gewesen!

Ein Blick auf die vergleichende Statistik des „Einst und Jetzt" der BSAG musste am Ende des Aufsatzes für etwas versöhnlichere Betrachtungen sorgen: Ende 1876 war jeder Bremer – es lebten damals 104 000 Menschen in der Hansestadt – statistisch gesehen 41 Mal mit der Straßenbahn gefahren. 1929 – die Zahl der Einwohner hatte sich mehr als verdreifacht – entfielen 257 Fahrten auf jeden Einwohner.[45]

8.5 Die 30er Jahre – Im Wagenpark: Exoten vor dem Untergang

Die Umstellung der Trambahnwagen vom Trolley-Abnehmer („Rolle") auf den Scherenstromabnehmer im eigentlichen Stadtgebiet – auf den Außenlinien 8 und 11 war dies mit positiven Erfahrungen bereits 1931 erprobt worden – veränderte das Erscheinungsbild der Fahrzeuge. Nach dem hierfür notwendigen Umbau der Fahrleitung im März 1934 verkehrten die ersten umgerüsteten Fahrzeuge. Ende 1937 waren sämtliche Triebwagen entsprechend ausgestattet. Und

Exoten vor dem Untergang: 1937 lieferte „Westwaggon“ den Lenkdreiachser 266 an die BSAG. Hier als Linie 4 beschildert in der Osterstraße im Buntentor. 1939 folgten drei weitere Einheiten. (268–270, nur zwei überstanden den Krieg. Aus 266 wurde 1946 Tw 500, aus 269 Tw 501.) Archiv VDVA

endlich erfolgte auch eine Verbesserung der Arbeitsbedingungen für Trambahnfahrer. Die ersten Sattelsitze wurden im Dezember 1933 auf der Linie 2 erprobt, wodurch nach der schleppenden Plattformverglasung eine weitere wesentliche Verbesserung des „Arbeitsplatzes Straßenbahn“ zustande kam.

Der Wagenpark der BSAG war inzwischen weitestgehend überaltert. In den 30er Jahren standen deshalb Entscheidungen zur Neubeschaffung von Fahrzeugen an. Das Unternehmen war bemüht, vor einer Beschaffung in größerem Umfang – zu der es aufgrund des Kriegsbeginns nicht mehr kommen sollte – den Stand der Technikentwicklung einer genaueren Prüfung auf den eigenen Gleisen zu unterziehen. Zur Erprobung unterschiedlicher Typen auf die Eignung für Bremer Verhältnisse stellte die „Bremer Straßenbahn“ deshalb 1930 zunächst einen zweiachsigen Neubau-Triebwagen der Firma „Nordwaggon“ in Dienst. Dieses Fahrzeug mit Getriebe- und Schienenbremse wies vor allem eine optische Neuerung auf: Es handelte sich erstmals für Bremen um einen Mitteleinstiegswagen, der die Nummer 265 erhielt. Die Erwartungen, die an diesen Wagen gestellt worden waren, erfüllten sich nicht. Das Fahrzeug blieb ein Einzelgänger.

Ein Einzelstück blieb dagegen der „Uerdinger“ 267: Er wurde 1937 abgeliefert und überstand den Krieg nicht. Auf der Linie 4 sehen wir den Triebwagen vor dem Dom im Jahre 1937. Fr. Grünwald/Archiv VDVA

Ab 1937 folgten weitere Versuche, wobei nun die Fahrwerkstechnik im Mittelpunkt stand. Auf der Wagenschau in Düsseldorf wurde vom 17. bis 19. November 1938 der von „Westwaggon“ hergestellte Triebwagen 266 – 1937 in Bremen in Dienst gestellt – mit seiner innovativen dreiachsigen Lenk-Technik präsentiert. Auch die „Waggonfabrik Uerdingen“ lieferte noch 1937 einen dreiachsigen Triebwagen mit Lenkgestell, „Westwaggon“ im Jahre 1939 drei weitere Fahrzeuge. Die Dreiachser stellten die ersten vollständig aus Stahl gefertigten Trambahnen in Bremen dar. Nach Kriegsende waren nur noch zwei betriebsbereit. Die Technik des dreiachsigen Lenkgestells wurde in der Hansestadt nicht weiter verfolgt. Stattdessen wurden in den 50er Jahren dreiachsige Gelenkwagen eingesetzt.

Die 30er Jahre erschwerten die Lage der BSAG in vielfacher Hinsicht. Den stark rückläufigen Fahrgastzahlen in der ersten Hälfte folgte in der zweiten Hälfte die Material-Kontingentierung im Zusammenhang mit dem „Aufschwung“ nationalsozialistischer Prägung. Altmaterial wurde in jeder Hinsicht kostbar und es existieren Quellen, die davon berichten, dass nicht nur die Gleise über die am 1. Juli 1939 eröffnete neue Westbrücke (bei St. Stephani) aus gebrauchten Beständen stammten. Wahrscheinlich dürften die Erweiterungen der 30er Jahre überwiegend so zustande gekommen sein.

Die wenigen Verlängerungen jener Jahre betrafen die Linie 7, die 1933 von Woltmershausen nach Rablinghausen verlängert wurde und die Linie 5, welche in zwei Schritten zum Flughafen ausgebaut wurde und diesen im Januar 1934 erreichte (1938 bis zu den „kriegswichtigen“ Flugzeugwerken von „Focke-Wulf“ verlängert). 1936 erfolgte die Umlegung der Linie 10 (bis dahin verlief sie seit 1927 zur späteren Georg-Bitter-Straße) bis zu den „Großen Krankenanstalten“ in der St. Jürgen-Straße und weiter in die Schlageterstraße (spätere Bismarckstraße) bis zur Friedrich-Karl-Straße.

Netzausweitung im Bremer Osten: Im Januar 1936 erreicht die Linie 10 über die Schlageterstraße – die heutige Bismarckstraße – den Endpunkt an der Kreuzung mit der Friedrich-Karl-Straße. Dort steht im Hintergrund ein weiterer Zug. Im Bild von 1937 sehen wir Triebwagen 68. Archiv FdBS/BSAG

Netzausweitung im Bremer Süden: Im Januar 1934 erreicht die Linie 5 den Flughafen. Tw 151 an der Neustädter Wasserlöse. Archiv FdBS/BSAG

Über diese Gleise sollten 1939 und 1940 auch die Lazarett-Straßenbahnen rollen. Eine Weiterführung der Strecke über die Straße An der Gete – damals zum überwiegenden Teil noch ein Feldweg – bis nach Schwachhausen befand sich in der Planung. Aufgrund von Sparvorgaben und anderer Prioritäten in den folgenden Jahren gelangten diese Ideen allerdings nie zur Ausführung.

Im Juni 1939 wurde eine wichtige Querverbindung fertiggestellt: Die eingleisige Verbindung zwischen der Hamburger Straße (Linie 3) und der Hastedter Heerstraße/Bei den drei Pfählen (Linie 2) durch die Georg-Bitter-Straße ging in Betrieb. Zunächst nur für Sonderwagen zu Veranstaltungen auf der „Kampfbahn" – dem späteren Weserstadion – Umleitungen und Betriebsfahrten von Bedeutung, sollte diese Strecke erst fast 30 Jahre später eine „linienmäßige" Bedeutung erlangen: Von 1963 bis 1975 besaß die Linie 10 hier ihre Wendeschleife im Bremer Osten.

Im Juli 1939 konnte die Linie 15 über die neue „Westbrücke" zum Europahafen und weiter bis zur Emder Straße geführt werden und mit der Inbetriebnahme des letzten Abschnittes der Linie 3 von der Hohwisch bis zum Weserwehr Anfang November desselben Jahres endeten die Ausbaumaßnahmen.

Alles, was nun folgte, war Rückschritt und Zerstörung.

8.6 Das Netz vor Kriegsbeginn

Nach weiteren kleineren Anpassungen und Verlängerungen stellte sich das Netz unmittelbar vor Beginn des Zweiten Weltkrieges wie folgt dar:

- Linie 1 Ringbahn
- Linie 2 Gröpelingen–Sebaldsbrück (seit 1926 ab Depots an beiden Enden)
- Linie 3 A.G. „Weser"–Weserwehr
- Linie 4 Horn–Arsterdamm
- Linie 5 Hemmstraße–Am Markt–Flughafen–„Focke-Wulf-Werke"
- Linie 6 Hemmstraße–Am Brill–Vulkanstraße
- Linie 7 Hartwigstraße (Schwachhauser Ring)–Am Markt–Rablinghausen
- Linie 8 Gröpelingen–Burg
- Linie 10 Waller Ring–Schlageterstraße/Friedrich-Karl-Straße
- Linie 11 A.G. „Weser"–Industriehäfen–„Norddeutsche Hütte"
- Linie 12 Sebaldsbrück–Osterholzer Friedhof
- Linie 15 Hemmstraße–Nordstraße/Emder Straße
- Linie 16 Wachmannstraße (Schwachhauser Ring)–Gastfeldstraße

Die Linie 9 war bereits 1927 eingestellt worden. Die Linien 13 und 14 befanden sich zwar in der Planung, wurden jedoch nie ausgeführt. Für die Linie 13 war der Linienweg Elsasser Straße (Gete-Viertel) über St. Jürgen-Straße und Markt zur Nordstraße vorgesehen und die Linie 14 sollte als Verstärkerlinie zwischen Riensberg und dem Domshof fungieren.

8.7 Bremen im Krieg

Zwischen November 1939 und höchstwahrscheinlich Ende 1940 verkehrte ein Lazarett-Tramzug in Bremen. Kriegsverwundete, die mit dem Zug in Bremen angekommen waren, wurden am Hauptbahnhof über die Lloyd-Gepäckhalle zur Straßenbahn gebracht. Triebwagen 265 zog zwei speziell für diese Transporte umgerüstete Beiwagen. Die Fahrt ging von der Lloydhalle entweder zu den großen Krankenanstalten an

Herdentorsteinweg, 1941 im Krieg: Die Trambahnen tragen abgedunkelte Scheinwerfer. Wagen 91 ist gerade 40 Jahre alt geworden und fährt auf der Linie 5 zum Flughafen. G. Stetza/ Archiv VDVA

der St. Jürgen-Straße oder nach Osterholz, wo nach der Einkürzung der Linie 12 das dortige Krankenhaus nur noch beschwerlich zu erreichen war.

Nachdem die ab 17. Mai 1940 erfolgten Luftangriffe auf Bremen zunächst nur geringfügigere Schäden anrichteten, änderte sich die Lage 1942. Am 27. März 1942 erfolgte wegen fehlenden Personals die Einstellung der Ringbahnlinie 1. Bereits im Juni 1942 wurde der Betrieb der BSAG durch Angriffe erstmals ernsthaft gestört und erste Todesopfer waren in der Belegschaft zu beklagen. Angriffe im September 1942 zerstörten die Innenstadt weitestgehend, der Trambetrieb ruhte tagelang. Aufgrund zahlreicher „kriegswichtiger" Einrichtungen und Betriebe, der Häfen und Industrieanlagen war Bremen immer wieder Ziel massiver Bombardements, unter denen Menschen und Infrastruktur unermesslich litten.

Die Verknappung von Treibstoff führte in Bremen im Juli 1944 zur wiederholten Diskussion über die Rolle der Tram für den Güterverkehr. Seitens der Direktion der „Bremer Straßenbahn" wurde dabei angeführt, seit 1939 habe man immer wieder erörtert, die Straßenbahn für Massengüter wie Kohlen, Baumaterial, Gemüse oder Zeitungen einzusetzen. Anders als z.B. bei der Straßenbahn in Hannover, die über eine entsprechende Infrastruktur verfüge, habe man in Bremen schlechtere Bedingungen und ausreichendes Interesse habe man bisher nicht gefunden. Ein 1940 unternommener Versuch, im Stadtgebiet Kohlen für den Handel zu transportieren, endete mit einem Umsatz von lediglich 26 Waggons. Gemüse könne nicht transportiert werden, weil der Fruchthof keinen Gleisanschluss besitze und an geeignete Verteilungsstellen nicht heranzukommen sei. Lediglich mit der „Bremer Zeitung" sei es zu einem Transportabschluss gekommen. Infolge der Treibstoffknappheit habe sich der Kohlenhandel jedoch erneut interessiert gezeigt und auch auf dem Bausektor sei Nachfrage vorhanden. Der Bauhof könne schließlich nicht einmal mehr 10% seines Fuhrparkes einsetzen. Die Angelegenheit wurde zum Weiteren an die zuständige Deputation weitergeleitet. Zu einer strukturierten Umsetzung ist es nicht mehr gekommen. Nach Kriegsende wurde allerdings auch die Straßenbahn zum Abtransport der unermesslichen Trümmermengen herangezogen.[46]

8.8. Das „Reichsleistungsgesetz" (RLG): Bremen als Verteilstelle – „Fremdarbeiter" bei der BSAG

Bereits mit Kriegsbeginn wurden die rechtlichen Voraussetzungen dafür geschaffen, ohne Rücksicht auf die jeweils „hergebenden" Verkehrsbetriebe, Straßenbahnen zu requirieren, um Kriegsfolgen in deutschen und von Deutschen besetzten Städten abzumildern. Das sog. „Reichsleistungsgesetz", dessen korrekte Bezeichnung „Gesetz über Sachleistungen für Reichsaufgaben" lautete, wurde am 1. September 1939 verabschiedet.

Die erste auf der Grundlage dieses Gesetzes durchgeführte große Aktion betraf Bremen nicht. Die nach der Besetzung Polens erfolgte Ansiedlung Deutscher im besetzten Gebiet hatte den städtischen Verkehr dort anwachsen lassen, so dass Straßenbahnfahrzeuge dorthin verlagert werden sollten. Mit Beginn des intensiven Luftkrieges erfolgten nach 1943 auch innerhalb Deutschlands erhebliche Fahrzeugrequirierungen, um an Schwerpunkten der Zerstörung den ÖPNV aufrecht erhalten zu können. 1944 sahen sich die Nationalsozialisten nach einer erneuten Zuspitzung der Zerstörungen gezwungen, andere Wege bei den Fahrzeugrequirierungen zu gehen.

Die sog. „Holland-Aktion" wurde im Winter 1944/45 gestartet und Bremen als Verteilerstadt ausgewählt. Im Rahmen dieser Aktion wurden die holländischen Städte Amsterdam, Rotterdam, Den Haag und Arnheim nahezu ihres gesamten Trambestandes beraubt. Auch die niederländische Kleinbahn-Gesellschaft blieb nicht verschont. Verschiedene Quellen nennen über 240 Trieb- und über 160 Beiwagen, welche die Niederlande verlassen mussten. In Bremen wurden ganze Depots geräumt, damit die zur Versendung vorgehaltenen Fahrzeuge einigermaßen sicher untergestellt werden konnten. Von Bremen aus bestand die Möglichkeit für andere Betriebe, die durch Bombardements Verluste erlitten hatten, direkt Fahrzeugmaterial abzurufen. Eine Ermittlung, wieviele Fahrzeuge allerdings bereits auf dem Weg nach Bremen bzw. von Bremen weiter in die anfordernden Städte Bombardements zum Opfer fielen, ist heute nicht mehr möglich. Es dürften jedoch auf diese Weise zahlreiche Züge vernichtet worden sein.

Auch in Bremen selbst kamen niederländische Fahrzeuge zum Einsatz. Aus Amsterdam standen 28 Trieb- und 26 Beiwagen, aus Rotterdam 31 Trieb- und zwölf Beiwagen sowie aus Den Haag ein Trieb- und drei Beiwagen sowie diverse Spezialfahrzeuge in Betrieb. Die Fahrzeuge liefen mit ihren Originalnummern, denen bei den Amsterdamer Wagen ein A und bei den Rotterdamer Wagen ein R vorgesetzt wurde. Sämtliche in Bremen eingesetzten Triebwagen wurden, sofern sie nicht im Krieg zerstört worden waren, 1946 wieder zurückgeführt. Der Einsatz dieser Wagen erfolgte ab Ende Januar bis zum 22. April 1945 im Wesentlichen auf der Ost-West-Achse aber auch auf der damaligen Linie 5. Als letzter Trambahnwagen vor dem endgültigen Ende des „Tausendjährigen Reiches" fuhr ein „Holländer" am 22. April 1945 um 17.33 Uhr ab Markt in Richtung Weserwehr.[47]

Zum einen, um die empfindlichen Lücken, die durch Einberufung zum Kriegsdienst in der Belegschaft entstanden waren, zu schließen, zum anderen um den gestiegenen Arbeitsanfall bewältigen zu können, bemühte sich auch die „Bremer Straßenbahn" ab 1941, sog. „Fremdarbeiter und -arbeiterinnen" zugewiesen zu bekommen. Insgesamt standen bei der „Bremer Straßenbahn" ca. 500 Kräfte im Einsatz. Unter diesem Oberbegriff waren sowohl Zivil- als auch Zwangsarbeiter subsummiert. Dies waren v.a. aus Westeuropa solche, die mehr oder weniger freiwillig – auch aus wirtschaftlicher Not – in Deutschland arbeiteten, aber – in größerer Zahl – auch jene, die als sog. „Ostarbeiter" aus den besetzten Gebieten zum Arbeitseinsatz gezwungen wurden. Holländer und Franzosen waren als Fahrer und Schaffner tätig, Belgierinnen und Holländerinnen als Schaffnerinnen. Franzosen wurden auch in der Lackiererei beschäftigt,

Der Rotterdamer Tw R 454 in Sebaldsbrück, Anfang 1945. Archiv FdBS/BSAG

Ukrainerinnen als Wagenwäscherinnen und in den Werkstätten. Auch im Gleis- und Fahrleitungsbau bediente man sich der Dienste ausländischer Arbeitskräfte. Hier waren vornehmlich Belgier eingesetzt. Behelfsgebäude wurden, u.a. Auf der Hohwisch, in Neuenlande, Woltmershausen und Walle für die Unterbringung des ausländischen Personals eingerichtet. Für den Transport der Mahlzeiten in die weit auseinander liegenden Unterkünfte wurden z.T. Straßenbahnzüge verwendet.[48]

9. Bremen darnieder

9.1 Nach Kriegsende

Bremen und seine Bevölkerung hatten im Krieg hart gelitten: Als Hafen-, Werft- und Industriestandort war die Stadt Ziel von 173 Luftangriffen. 3852 Menschen waren ums Leben gekommen, über 7000 verletzt. Die Stadt war zu 59% zerstört.[49] Vor allem der Bremer Westen war als klassischer Hafen- und Werftstandort bevorzugtes Ziel der Luftangriffe. Beim 132. Luftangriff auf Bremen vom 18./19. August 1944 war dieser Bereich massiv zerstört worden. An diesem Tag wurden 33 000 Menschen obdachlos und die „Bremer Straßenbahn" verlor Betriebshöfe und ihr Verwaltungsgebäude. Am 6. Oktober 1944 schließlich bewirkte der 137. Luftangriff derartige Zerstörungen am Netz, dass der Betrieb in der Innenstadt für Tage ruhte. Er wurde wieder aufgenommen, kam im April 1945 dann jedoch vollständig zum Erliegen.

Entsprechend lange sollte der Wiederaufbau, der 1950 begann, dauern. Brücken über die Weser gab es keine mehr. Die Kaiserbrücke (in ihrer Nähe entstand später die Bürgermeister-Smidt-Brücke) sowie die alte Große Weserbrücke (in ihrer Nähe entstand später die neue Große Weserbrücke) waren noch am 25. April 1945 gesprengt worden, um den Einmarsch der vorrückenden britischen Truppen zu erschweren. Doch auch diese törichte Tat konnte die Entwicklung nicht mehr aufhalten: Am 27. April 1945 war Bremen vollständig von britischen und amerikanischen Militärverbänden besetzt.

Die Stadt lag in Trümmern – ihre Menge konnte nur geschätzt werden. Man wagte es, die vorsichtig gefasste Zahl von bis zu 5 Millionen Quadratmetern zu nennen! Wies der Wohnungsbestand Bremens im Jahre 1939 eine Zahl von 133 200 auf, so gingen wiederum vorsichtige Schätzungen von etwa 76 800 im Jahre des Kriegsendes aus.[50] Die Häfen waren zerstört und 230 Wracks behinderten jegliche Aktivität. Auch der Hauptbahnhof war bis auf die Grundmauern in Schutt und Asche gelegt. Wenigstens die Herrichtung einiger Gleisverbindungen am Haupt- und Rangierbahnhof konnte mit alliierter Unterstützung schnell erfolgen, so dass schon im Mai erste Züge verkehrten.
Die Industriebetriebe – überwiegend zur Rüstungsproduk-

tion herangezogen gewesen – waren schwer beschädigt. Allen voran die beiden Großwerften A.G. „Weser" und „Bremer Vulkan", die vor dem Krieg zusammen über 20 000 Mitarbeiter beschäftigten, gefolgt von den „Focke-Wulf Flugzeugwerken", den „Borgward-Fahrzeugwerken" und vielen kleineren Unternehmen.

Einschneidendstes Hemmnis des langsam sich wieder entwickelnden städtischen Lebens waren die zerstörten Weserbrücken. Zunächst wurden Pontonbrücken eingerichtet, im Juni eine Notbrücke neben der zerstörten Großen Weserbrücke eröffnet. Straßenbahnen sollten auf lange Zeit die Weser nicht wieder überqueren können. Auf beiden Seiten des Flusses galt es, separate „Netze" zu entwickeln, wobei über zweieinhalb Jahre wichtige Verkehrsachsen mittig gebrochen werden mussten. Eine auch nur annähernd funktionierende Infrastruktur zum Unterhalt der Fahrzeuge stand nicht zur Verfügung.

Für die „Bremer Straßenbahn" war die Situation insgesamt desolat. Unmittelbar nach Kriegsende war kein Straßenbahnbetrieb möglich. Zwar genehmigte die Militärregierung am 26. Mai 1945 die Wiederaufnahme, doch waren Netz und Fahrzeuge derartigen Zerstörungen ausgesetzt gewesen, dass ernome Anstrengungen erforderlich wurden, um den Tramverkehr auf kürzesten Strecken wieder zu ermöglichen. Das Fahrleitungsnetz war zu 80% zerstört, der Gleiskörper an ungezählten Stellen unterbrochen. Der Wagenpark der Straßenbahn wurde in diesen Tagen aus jenen Einheiten gebildet, die unversehrt geblieben oder nur geringfügig beschädigt worden waren. Es waren nur 18 Trieb- und 29 Beiwagen sowie 14 Autobusse und zehn Anhänger, mit denen BSAG und BVG auf beiden Seiten der Weser in den Neuanfang starteten!

Zur Verdeutlichung der verheerenden Lage nur ein Blick auf die Liegenschaften des Unternehmens: Die Depots Woltmershausen, Haferkamp, Buntentor, Sebaldsbrück, Hohwisch und Gröpelingen sowie die Weichenwerkstatt Walle und die Hauptwerkstatt Hansestraße waren zwischen Dezember 1943 und April 1945 nahezu vollständig zerstört worden. Das Verwaltungsgebäude der BSAG war ebenfalls durch mehrere Bombentreffer verwüstet. Einzig der in einem Stadtgebiet mit nahezu ausnahmsloser Wohnnutzung gelegene Betriebshof Horn hatte die Kriegsjahre fast unbeschadet überstanden.[51]

9.2 Neubeginn

Doch die Straßenbahn wurde gebraucht, um den Aufbau der Stadt in Gang zu bringen. Kaum jemand konnte noch im erweiterten Zentrum Bremens wohnen und so war die Bevölkerung auf ein Verkehrsmittel angewiesen. Doch es sollte noch lange dauern, bis es wieder möglich wurde, auf längeren Strecken Trambahnen fahren zu lassen. Mit den bescheidenen Mitteln, die zur Verfügung standen, gelang es noch

Im Jahre 1946 erfolgte die Rückführung der ab Ende Januar 1945 in Bremen eingesetzten holländischen Fahrzeuge. Es besteht die Möglichkeit, dass es sich bei der Aufnahme um die Anlieferung der Wagen zur Jahreswende 1944/1945 handelt, wie einige Quellen berichten. Eine definitive Klärung ist nicht mehr möglich. Archiv FdBS/BSAG

Endstelle der Linie 10 am Waller Bahnhof, 1946: Triebwagen 180 ist notdürftig mit „Holzfenstern" versehen. Ersatzteilmangel sollte noch lange das Unternehmen vor große Probleme stellen. Slg. Günter H. Köhler

im Juni schrittweise wieder Bus- und Straßenbahnverkehr aufzunehmen. Schon am 13. Juni waren auf der Neustadtseite die ersten Straßenbahnen wieder unterwegs. Auf der Altstadtseite fuhren die ersten vier Triebwagen ab dem 22. Juni zwischen Domshof und Bürgerpark.

Eine kurze Pressenotiz kennzeichnete den vorsichtigen Beginn von Normalität im Chaos und nennt die befahrenen Strecken:

„Seit dem 26.6. verkehren folgende Omnibuslinien: Linie 1 geht von Oberneuland über Horn zum Hauptbahnhof. Verkehrszeiten liegen noch nicht genau fest. Straßenbahnlinien laufen vom Hyazinthenweg–Richthofenstraße–Pappelstraße–Langemarckstraße zur Kaiserbrücke und vom Bürgerpark–Bahnhof–Markt zur Faulenstraße."[52]

Die „Omnibusse" dieser Tage waren im Wesentlichen mit Pritschen versehene Lastwagen.

Bereits im Juli konnten weitere Streckenabschnitte zum Befahren freigegeben werden. Die Presse berichtete am 14. Juli 1945:

„Seit Montag, 9. Juli ist der Betrieb auf dem Streckenabschnitt Gröpelingen–A.G. „Weser"–Emder Straße und eingleisig auf dem Streckenabschnitt Rekumer Straße–Unterführung II der Linie 11 wieder aufgenommen. In allerkürzester Zeit wird der Betrieb der Linie 3 bis Hansa-/Nordstraße und der Betrieb der Linie 11 bis Unterführung III an der Oslebshauser Landstr. weiter geführt werden können."[53]

Auf einigen Tramstrecken erfolgte zunächst eine Bedienung mit Bussen. Es waren weder ausreichend einsatzfähige Trambahnen vorhanden, noch war es auch nur annähernd möglich, die Fahrwege aller wichtigen Strecken kurzfristig wiederherzustellen. So verkehrten u.a. in der östlichen Vorstadt, nach Horn, im Buntentor sowie nach Woltmershausen Busse, bevor wieder die Voraussetzungen für einen Straßenbahnverkehr geschaffen werden konnten. Für die Verbindung nach Sebaldsbrück sorgte eine Buslinie ab der Endstation Weserwehr, bis Anfang November 1945 die Linie 2

An der Hanse-/Nordstraße ragt der Turm von St. Wilhadi als Mahnmal empor: Hier war aufgrund der Nähe zu den Häfen im Krieg alles dem Erdboden gleichgemacht worden. Triebwagen 258 fährt auf der Linie 3 im Mai 1953 – er wird gleich in Richtung linker Bildrand beim Hansator abbiegen – zum Weserwehr. Die Strecke im Vordergrund wurde zu diesem Zeitpunkt noch nicht wieder befahren. Archiv ASV

Das Depot Huckelriede: Noch Ende 1956 war es schwer vom Krieg gezeichnet. Wir sehen Tw 98, einen RT, Tw 253, Bw 1605 und 1701, sowie Tw 715 u. 246. Dr. Ruempler

Triebwagen 241 befährt die ab November 1947 wieder nutzbare alte Große Weserbrücke im Januar 1958 auf der Linie 5 in Richtung Neustadt. Archiv ASV

wieder auf dem Ast Sebaldsbrück/Depot bis zur St. Jürgen-Straße fahren konnte. Ab hier verkehrte sie zunächst weiter im Zuge der Linie 3.

Gewiss in ihrer Bedeutung für die Problemlage der damaligen Zeit marginal, für das Erscheinungsbild der Tram jedoch generell prägend: Die scheibenförmigen Linienkennungen auf dem Dach der Triebwagen verschwanden nach Kriegsende, lediglich das „Horn"-Symbol der Linie 4 blieb noch bis 1947 in Gebrauch.

9.3 Erste „Normalisierung" bei der Straßenbahn

Auf Altstadt- und Neustadtseite herrschte jeweils Inselbetrieb, da keine Brückenverbindungen mehr vorhanden waren. Die geteilten Linien trugen jeweils den Zusatz „A" für Alt- und „N" für Neustadt.

Die wesentlichen Schritte zur ersten Normalisierung des Straßenbahnverkehrs bis Ende 1945 im Überblick
(nach Genehmigung durch die Militärregierung am 26. Mai 1945)

Altstadt		Neustadt
	13. Juni	Hyazinthenweg (am Flughafen)–Pappelstraße–Langemarckstraße–Am Deich(Sl 16 N)
Bürgerpark–Hauptbahnhof–Domshof (Sl 5)	22. Juni	
weiter durch Obern- und Faulenstraße	25. Juni	
Gröpelingen–A.G. „Weser"–Emder Straße (Sl 3)	9. Juli	
Rekumer Straße–Unterführung II (Sl 11)	9.Juli	
bis Unterführung III (Oslebshauser Landstraße)	12. Juli	
	13. Juli	Am Deich–Pappelstraße–Leibnizplatz (Sl 16 N) Hyazinthenweg–Leibnizplatz (Sl 5 N)
Linie 3 bis Hanse-/Nordstraße	18. Juli	
bis Markt und weiter zum Bügerpark	4. August	
Horn–St. Joseph-Stift (Linie 4*)	4. August	
Linie 3 Gröpelingen–Weserwehr	1. September	
Linie 11 bis zur „Hütte"	6. September	
Linie 4 A Horn–Domshof	15. September	
	22. September	Leibnizplatz–Huckelriede (Linie 4N)
	25. September	bis Arsterdamm
	11. Oktober	Pappelstraße–Rablinghausen (Linie 7N*)
	12. Oktober	bis Leibnizplatz
Sebaldsbrück–Deichbruchstraße (Linie 2*)	1. November	
Hartwigstraße–Domshof (Linie 7A)	14. November	
Auch ab Wachmannstraße	28. November	
Linie 2 Sebaldsbrück–St. Jürgen-Straße–Gröpelingen (über Häfen)	4. Dezember	

* = hier war bereits vor Inbetriebnahme der Tram Busverkehr erfolgt.

9.4 Der Wiederaufbau: Herausforderung für Mensch und Material

Damit stand Ende 1945 mit 40 km befahrbarem Streckennetz bereits wieder über die Hälfte des Vorkriegsnetzes in Betrieb, womit eine annähernde Grundversorgung hergestellt war, die den weiteren Aufbau Bremens durch eine wenigstens auf den wichtigsten Teilstrecken funktionierende Tram-Infrastruktur wesentlich unterstützen konnte.

Die folgenden Monate waren gekennzeichnet durch die kontinuierliche Ausweitung des Netzes trotz gleichbleibend schlechter Materiallage. Es gelang, die Linie 2 ab März 1946 wieder auf ihrer angestammten Streckenführung über Walle verkehren zu lassen und – trotz massiver Widerstände der Alliierten – ab August 1946 auch die Linie 8 wieder in Betrieb zu nehmen. Der alliierte Widerstand lag im Wesentlichen darin begründet, dass die Straßenbahn aus Sicht der Verantwortlichen den ebenfalls über die Heerstraße verlaufenden Lkw-Versorgungsverkehr behinderte. Doch Grundlage für die Wiederinbetriebnahme der Linie 8 stellte ein Junktim dar: Nur weil sich die BSAG verpflichtete, diese Strecke so bald als möglich auf den Trolleybus umzustellen, durfte die Tram noch drei Jahre hier verkehren, bis sie am 6. Oktober 1949 letztmalig unterwegs war, und ab 1. November desselben Jahres die Linie als Bremens einzige Trolleybusstrecke weiter betrieben wurde.

Bis Ende 1946 stieg die Zahl der einsatzfähigen Straßenbahnwagen aufgrund des enormen Engagements der Belegschaft erheblich. Mitte 1948 hatten die Techniker der BSAG bereits 147 Triebwagen und 207 Beiwagen wieder in einen betriebsfähigen Zustand versetzt.

Die nicht ausreichende Gleichrichterkapazität bewirkte allerdings, dass alle eingesetzten Trambahnen nur mit erheblich verringerter Geschwindigkeit verkehrten. Erst im März 1949 ließ sich dieser Missstand – gewiss in jenen Tagen nicht unbedingt als solcher empfunden, denn die Fahrgäste waren froh, überhaupt ihr Ziel zu erreichen – beheben, als die Unterwerke Langewieren am Schnoor und in Walle erneut vollständig in Betrieb genommen wurden.

Betrieblich wurde die Zeit des Aufbaus dadurch erschwert, dass die Hauptwerkstatt Hansestraße für die auf der Neustadtseite eingesetzten Fahrzeuge nicht erreichbar war. Alle erforderlichen Unterhaltungsmaßnahmen mussten für diese Wagen also provisorisch erfolgen.

Die Zusammenführung des Neustadt- und Altstadtverkehres wurde erst mit der Wiederherstellung der alten Großen Weserbrücke am 29. November 1947 möglich. Hiermit kehrte ein erhebliches Stück verkehrlicher Normalität zurück. Die Straßenbahnlinien konnten endlich wieder die Verkehrsströme durchgängig aufnehmen! Unzählige Bremerinnen und Bremer begleiteten den im Schritttempo fahrenden Trambahnzug, der erstmals seit Kriegsende wieder von der Altstadt- auf die Neustadtseite fahren konnte.

Symbol für die Aufbaujahre: Der handgeschobene Lastkarren erleichterte so manche Arbeit in diesen Tagen. Die Linie 10 steht im April 1951 am Ende der St. Jürgen-Straße vor der Kreuzung mit der Bismarckstraße, die sie nie wieder befahren sollte. Die Verlängerung von 1936 bis zur Friedrich-Karl-Straße wurde ein Opfer des Krieges. Archiv ASV

Fahrrad und Tram waren die Verkehrsmittel der Nachkriegszeit. Auf der Großen Weserbrücke arrangiert man sich im April 1951 problemlos. Archiv ASV

9.5 Das Tramnetz Ende 1950

Nachdem zum 1. November 1949 auf der Strecke der eingestellten Tramlinie 8 der Obusverkehr begonnen hatte, bestand das Tram-Netz Ende 1950 aus folgenden Linien:

- Linie 2: Gröpelingen–Sebaldsbrück
- Linie 3: Gröpelingen–Weserwehr
- Linie 4: Horn–Arsterdamm
- Linie 5: Flughafen–Hemmstraße
- Linie 6: Bhf. Neustadt–Am Markt–Hemmstraße
- Linie 7: Rablinghausen–Hartwigstraße
- Linie 10 : Waller Bahnhof–Große Krankenanstalten (St. Jürgen-Straße)
- Linie 11: Gröpelingen–„Norddeutsche Hütte“
- Linie 12: Sebaldsbrück–Osterholzer Friedhof
- Linie 15: Vulkanstraße–Am Markt–Hemmstraße
- Linie 16: Am Brill–Schwachhauser Ring/Wachmannstraße

10. Grundnetz der Tram wiederhergestellt – Neue Ausbauschwerpunkte und neue Fahrzeuge

10.1 Fortschreitende Motorisierung absehbar

Bis auch eine zweite Weserquerung wieder zur Verfügung stand, sollte es noch einige Jahre dauern. Als Ersatz für die ebenfalls kurz vor Kriegsende gesprengte Kaiserbrücke wurde deren – leicht versetzt errichteter – Ersatz erst am 28. Juni 1952 eröffnet. Mit dieser Maßnahme war das Grundnetz der Tram aus der Vorkriegszeit wieder hergestellt. Doch schon bald sollte sich herausstellen, dass dieser mit enormem Kostenaufwand und Engagement aller Beteiligten erreichte Zustand den sich nun durchsetzenden Anforderungen an städtische Verkehrsabläufe nicht mehr gewachsen sein würde.

Nach der Währungsreform erlitt die „Bremer Straßenbahn" einen nahezu fatalen Einbruch der Beförderungsfälle in einer Periode, in der sich Einnahmeverluste bei noch nicht absehbarem Ende der Wiederaufbauleistungen besonders schmerzlich auswirkten. Nur langsam pendelte sich das Fahrgastaufkommen wieder auf normaler Höhe ein. Doch schon entstand ein weiteres Problem, wodurch das noch längst nicht stabilisierte Unternehmen aufs Neue geprüft wurde. Nach der Währungsreform und dem langsam einsetzenden wirtschaftlichen Aufschwung entwickelte sich ein neues Kriterium, das bei der Stadtplanung und Verkehrslenkung der folgenden Jahrzehnte immer stärker bestimmend sein sollte: Der motorisierte Individualverkehr (MIV) und ihn fördernde Verkehrsplanungen veränderten die Städte. Bereits in der ersten Ausgabe der Schriftenreihe des Stadtplanungsamtes „Die Neugestaltung Bremens", die 1948 erschien, hatten die Autoren diesen Trend als große Gefahr für den Wohnraum Stadt ausgemacht und warnend formuliert: „Die fortschreitende Motorisierung wird auch vor unserer Armut nicht Halt machen." Der Straßenbahn wiesen sie eine entscheidende Rolle bei der künftigen Stadtgestaltung zu und stellten klar, es müssten in jedem Fall eigene Gleiskörper angelegt und Linien darüber hinaus auf Teilstrecken als Schnellstraßenbahn betrieben werden.[54]

Diese 1948 freimütig getroffenen Aussagen sollten in Bremen noch auf den Prüfstand kommen!

10.2 Der Großraumwagen: Ein neues Zeitalter im Nahverkehr bricht an

Anfang der 50er Jahre stellte sich erst einmal die Notwendigkeit massiver Kostenreduzierung im betrieblichen Ablauf heraus. Durch weitestgehende Rationalisierung schuf die „Bremer Straßenbahn" eine Basis, um kostenintensive Investitionen durchführen zu können. Fahrzeugneubeschaffungen standen an, denn das im Betrieb stehende Altmaterial konnte den neuen Ansprüchen nicht mehr gerecht werden.

Die 1947 bis 1949 von den „Bremer Maschinenbau und Dockbetrieben" – dahinter verbarg sich kein geringerer als die Werft A.G. „Weser", die aufgrund alliierter Verfügungen den Schiffbaubetrieb noch nicht wieder aufnehmen durfte und daher anderweitig tätig wurde – gelieferten sog. „Dockwagen" hatten zwar als Nachbau des Vorkriegstyps der Firma „Lindner" den Anfang der Neubeschaffungen gemacht. Aber sie waren im Personaleinsatz noch sehr aufwendig. Die „Bremer Straßenbahn" sann gerade in diesem Punkt auf grundlegende Veränderung.

Die Linie 8 durfte nach Kriegsende nur unter der Bedingung der Alliierten wieder in Betrieb gehen, dass sie baldmöglichst durch ein anderes Verkehrsmittel ersetzt werden würde. Am 1. November 1949 übernahm der Obus die Linie 8. Auf der neuen Lesum-Brücke wurde er im Mai 1952 im Bild festgehalten. Es blieb beim „Intermezzo", das zwölf Jahre dauerte. Archiv ASV

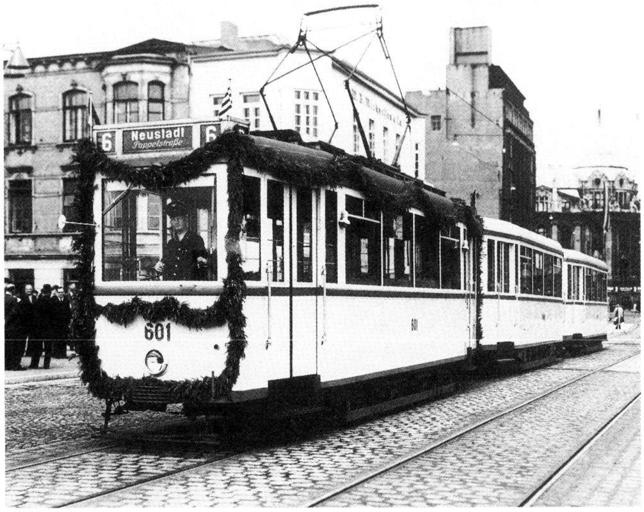

Eröffnungszug: Triebwagen 601 ist ein originales „Lindner"-Fahrzeug, das den Krieg überstanden hat! FdBS/BSAG

601 hat die neue Brücke passiert und steht an der Kreuzung Westerstraße: Die Eröffnungsfahrt war ein gefeiertes Großereignis mit Symbolcharakter: Bremen blickte nach vorne und der Wiederaufbau war dabei fest im Blick. Slg. W. Esmann

Symbol einer beherzten Entgegnung auf die Herausforderungen des Stadtverkehrs und einer von Wirtschaftlichkeit gekennzeichneten Perspektive wurde Anfang der 50er Jahre der Großraumwagen. Für die BSAG standen zwei Aspekte im Vordergrund: Zum einen sollte eine effektive und bequeme Fahrgastbeförderung ermöglicht werden, zum anderen galt es, die personalintensive Struktur der Dreiwagenzüge zu durchbrechen. Gemeinsam mit „Linke-Hofmann" in Salzgitter wurde deshalb ein Großraumwagen entwickelt, dessen Ablieferung sich jedoch aufgrund von Materialschwierigkeiten mehrfach verzögerte. Eine Neuerung, mit der die Bremerinnen und Bremer noch lange haderten, stellte der sitzende Schaffner dar. Er kam nicht mehr, sondern die Fahrgäste mussten an ihm vorbei: Fahrgastfluss. Der sitzende Schaffner befand sich bereits seit Oktober 1952 auf einigen Buslinien probeweise im Einsatz.

Zu einer „Triumphfahrt" wurde die offizielle Einweihungsfahrt der neuen Generation in Bremen am 24. Januar 1953. Bremens Bürgermeister **Wilhelm Kaisen** hatte seinen Terminkalender extra ändern lassen, um persönlich auf dem Betriebshof Gröpelingen den Abfahrtsauftrag zu geben: 801/1801 sowie 802/1802 wurden von den Zaungästen nahezu ungläubig bestaunt: Elegant und leise mit einem bisher nicht gekannten Fassungsvermögen hatte die „Bremer Straßenbahn" den Schritt in die neue Zeit gewagt. Doch was war, sollte nicht in Vergessenheit geraten und deshalb war der älteste noch betriebsfähige Trambahnwagen mit dabei: Triebwagen 103 zog so gut es noch ging die Beiwagen 378 und 383. Nach der Wiederherstellung der alten Großen Weserbrücke und der neuen Bürgermeister-Smidt-Brücke hatte Bremen mit dem ersten Einsatz eines Großraumwagens – trotz aller später auftretenden Schwierigkeiten mit der ersten Serie dieses Typs – vom Grundsatz her einen weiteren „Schlüsseltag" erlebt und einen wesentlichen Schritt auf dem Weg zu einer modernen Großstadt getan, in der die Tram bestimmendes Element der weiteren Entwicklung bleiben sollte.

Mit Beschaffungskosten in Höhe von je 220 000 DM schlugen die fünf Züge erheblich zu Buche. Doch sie erfüllten die in sie gesetzten Erwartungen nicht. Als es um die Bestellung der umfangreicheren zweiten Serie mit einem Auftragsvolumen von ca. 5 Millionen DM ging, kam es zum Eklat: Offen wurden die „erheblichen Mängel" der Fahrzeuge und der Wunsch angesprochen, ein Bremer Waggonbauunternehmen mit der Herstellung der anstehenden Serie zu beauftragen. „Linke-Hofmann" reagierte prompt und kündigte an, aufgrund der Nichtberücksichtigung bei der Auftragsvergabe werde man sämtliche Werksverladungen künftig über Hamburgs Häfen abwickeln und Bremen nicht mehr nutzen. Senat und Straßenbahndirektion waren verärgert und fühlten sich in ihrer Entscheidung bestärkt, „Hansa-Waggon" zu beauftragen. Schließlich ermittelte noch ein Fachmann, dass „Linke-Hofmann" sowieso zu 90% über Hamburg verlud und die Angelegenheit war erledigt. Die zweite Serie Großraumwagen (805–827 und 1806–1825) bauten „Hansa-Waggon" in Bremen und die „Maschinenfabrik Esslingen" gemeinsam: „Hansa" baute sämtliche Triebwagenaufbauten und neun Beiwagenaufbauten. „Esslingen" fertigte alle Fahrgestelle und zehn Beiwagenaufbauten. Mit den zwischen 1954 und 1955 gebauten Zügen gehörten die Probleme der ersten Serie – nicht zuletzt aufgrund der mit ihnen gewonnenen Erfahrungen – der Vergangenheit an. Die neuen Großraumwagen standen ab Oktober 1954 auf der Linie 2 im Einsatz.

Vom Standpunkt des Komforts und der modernen Technik her betrachtet, stellte eine weitere Entwicklung einen aus

Die Bürgermeister-Smidt-Brücke im Juli 1952 aus der Neustadt gesehen: Kühle Sachlichkeit beherrscht die Konstruktion.
Archiv ASV

Ein denkwürdiger Tag: Am 24. Januar 1953 wurden die ersten beiden Großraumzüge feierlich in Betrieb genommen. Es war ein Meilenstein in der ÖPNV - Entwicklung der Nachkriegszeit. Die Menschen nahmen begeistert Anteil am Geschehen. Mit beim Parcours – aber hier nicht sichtbar – war Tw 103 als Oldtimer mit den letzten „halboffenen" Beiwagen 378 und 383. Er schaffte die ganze Tour nicht mehr und musste vorher abdrehen. Unser Bild entstand Am Markt.
Archiv FdBS/BSAG

Die erste Serie der Großraumzüge war schon bald zum Standard geworden. Allerdings im Wesentlichen aufgrund der Bequemlichkeiten für die Fahrgäste. Technisch steckten die Wagen noch in den Kinderschuhen, was immer wieder in kleineren und größeren Problemen zutage trat. Triebwagen 802 im März 1957 in Gröpelingen.
Dr. Ruempler

Die Nordstraße mit dem Turm der Wilhadi-Kirche und der Linie 3: Die ersten Neubauten sind im September 1956 entstanden. Archiv ASV

Die St. Pauli-Brücke – die alte Brücke über die Kleine Weser, so benannt nach der St. Pauli Kirche, die hier 1944 Opfer eines Bombenangriffs wurde – mit Trambahnwagen 715 auf der Linie 4 im Juli 1954. Wir blicken von der Neustadtseite über die Weser. Archiv ASV

Aufmunterung tut not: Freimarktszug „Dat Meerwief" sorgte 1954 und 1955 im Oktober für Zerstreuung (Tw 182, Bw 1030 und 1033 – beide ex Hamburg). FdBS/BSAG

Aufbau im Westen: Der Wohnungsbau fasst Fuß. 1955, Hansestraße mit Großraumzug 824 auf der Linie 2. Archiv ASV

Grundlegende Erneuerung von Straßen und Gleisanlagen an vielen Orten: Die Faulenstraße 1955 mit RT 7 und dem „Bamberger Hochhaus" im Hintergrund. Archiv ASV

Triebwagen 354 mit zwei Beiwagen als Eröffnungszug über die fertiggestellte neue Faulenstraße im Oktober 1955. Archiv ASV

der Not geborenen Rückschritt dar. Auf der bedeutenden Linie 4 konnten die Großraumwagen nicht eingesetzt werden, weil vor allem im Bereich des Schüsselkorbs dieser Fahrzeugtyp im Begegnungsverkehr zu Kollisionen geführt hätte. Eine Lösung des Kapazitätsproblems war hier nur mit einem Gelenkwagen realisierbar. Aber der spätere Kurzgelenkwagen war noch lange nicht baureif! Gemeinsam mit „Hansa-Waggonbau" baute die BSAG deshalb aus vorhandenen Zweiachsern in einjähriger Entwicklungsarbeit einen dreiachsigen Gelenk-Prototyp. Am 4. August 1955 wurde mit 901/1901 das Ergebnis bei „Hansa-Waggon" vorgestellt und am 27. Oktober 1955 ging der Zug auf der Linie 2 in Betrieb.

Die dreiachsigen Gelenkzüge bedeuteten zwar aus Sicht der Kapazitätssteigerung einen Fortschritt. Technisch waren sie jedoch im Zweiachser-Zeitalter verankert. Ohne die Kombination aus neuen Großraumzügen und den dreiachsigen Sattelgelenk-Zügen wäre es allerdings nicht möglich gewesen, in Zeiten beschränkter Mittel und steigender Fahrgastzahlen die Nachfrage zu befriedigen. Ende der 50er Jahre standen 27 Großraumtriebwagen mit 25 Beiwagen sowie 28 dreiachsige Gelenkzüge im Einsatz.

10.3 Noch einmal: Neuordnungen im Liniennetz

Als Ergebnis von Verkehrsstromanalysen und Fahrgastbefragungen hatte die BSAG das Tram-Liniennetz zwischenzeitlich zum Teil erneut verändert. Mit Inbetriebnahme der Bürgermeister-Smidt-Brücke am 28. Juni 1952 erhielten die nun hierüber verkehrende Straßenbahnlinien folgende Verläufe, wobei die Anbindung des Findorffviertel auf der Altstadtseite eine hohe Priorität erhielt. Bemerkenswert erscheint dem Chronisten hierbei, dass im Jahre 2010 dieses inzwischen um ein Vielfaches gewachsene Viertel, dessen Tramerschließung seinerzeit bei erheblich geringerem Umfang so bedeutend war, keine Trambahn-Anbindung mehr aufweist. 1952 verkehrten:

- Die Linien 5 (ab Neustadtsbahnhof über Am Markt und Hbf.) und 7 (ab Rablinghausen über Am Markt und Hbf.), wobei sie in Findorff mit gegenläufigen Führungen einen Ringverkehr ab Hbf.–Bürgerpark–Eickedorfer Straße–Hemmstraße–Breitenweg–Hbf. (Linie 5) und ab Hbf.–Breitenweg–Hemmstraße–Bürgerpark– Hbf. (Linie 7) bildeten.
- Die Linie 6, die den Einzugsbereich um die Gastfeldstraße (ab 1958 bis zum Kirchweg verlängert) in der Neustadt über Pappelstraße und Am Brill über Hauptbahnhof und Bürgerpark mit der Hemmstraße verband.
- Die Linien 15 und 16 schließlich, die mit der Führung Flughafen–Am Markt–Hauptbahnhof–Wachmannstraße (15) und Vulkanstraße (ab 1955 Grolland)–Am Brill–Hauptbahnhof–Hartwigstraße ebenfalls neue Verläufe erhielten, wobei schon im Grunde die heute noch von ihren Nachfolgelinien 5 und 6 bedienten Strecken erkennbar wurden.

10.4 Entwicklung der Nachkriegszeit im Vergleich zu 1938

Die besonderen Herausforderungen der Nachkriegszeit, vor denen der Öffentliche Personennahverkehr stand, lassen sich am ehesten im Vergleich wichtiger Kriterien zur Vorkriegszeit und in den ersten Jahren des Wiederaufbaus (Daten jeweils vom Jahresende) nachvollziehen. Zur Bewältigung der enormen Probleme nach 1945 musste die „Bremer Straßenbahn" sowohl auf langfristige Rückstellungen als auch auf Darlehen zurückgreifen (s. Tabelle S. 61).

Nach den Großraumwagen der erste Gelenkwagen 1955: GT 3 901 wies bis zu einem Unfall eine von der anschließenden Serienfertigung abweichende, gerade Stirnscheibe auf. Wir sehen das Fahrzeug in Gröpelingen und vor dem Rathaus. Dr. Ruempler

Vorderteil des GB-3 1905 im Jahre 1956 auf dem Weg zur Endmontage vor dem Postamt 5. Zugmaschine ist „Hansa"-Tw 204. Dr. Ruempler

Alte und neue Führung An der Weide nebeneinander: „Hansa"-Wagen 235 auf der Linie 10 passiert die Baustelle im August 1956. Dr. Ruempler

Auch in Gröpelingen erfolgten Anpassungen an den Individualverkehr: Im August 1956 war die Allee noch vorhanden – Tw 802 ist auf dem Weg zum Gröpelinger Depot. Archiv ASV

Unverzichtbar nach wie vor – trotz Großraumzügen und GT 3 – die Zweiachser. „Hansa"-Tw 220 und Gelenk-Prototyp 1901 im April 1957 im Steintor. Archiv ASV

Das Herdentor im Juni 1957: Ein „Hansa"-Wagen auf der Linie 7 fährt in Richtung Schüsselkorb (Kreuzung Am Wall). Archiv ASV

	1938	1946	1954	1957
Linienlänge Tram	91 km	74 km	76 km	77 km
Wagenpark Tram (Tw/Bw)	235/262	149/198	203/245	212/257
Beförderungsfälle	59,8 Mio	110,5 Mio	88,1 Mio	95,6 Mio
Linienlänge Bus	48 km	45,4 km	156 km	201 km
Wagenpark Bus (Bus/Anhg.)	26/3	17/11	94/39	145/37
Beförderungsfälle	1,8 Mio	9 Mio	22 Mio	32 Mio

1949 kam als Ersatz für die Tramlinie 8 der Trolleybus mit einer Linienlänge von 7,1 km und anfangs elf Einheiten mit Anhängern hinzu. (Datengrundlage „Bremen im Wiederaufbau“ Bargmann Verlag 1958)

10.5 Wiederaufbau und Neugestaltung – Neue Stadtteile erfordern neue Verbindungen

Als Ergänzung des wieder aufgebauten Trambahnnetzes, das zunächst keine den neuen Siedlungsstrukturen Rechnung tragende Erweiterungen zuließ, entwickelten BSAG und BVG in enger Abstimmung ab 1949 ein Schnellbusnetz. Es setzte sich jedoch nicht durch und wurde bis 1969 nach und nach aufgegeben. Zu diesem Zeitpunkt hatten sich u.a. die Voraussetzungen für einen Ausbau des Tramnetzes gemäß den veränderten Siedlungsstrukturen verbessert und das Bekenntnis zur Schiene als Hauptlastträger war in Kenntnis der zu bewältigenden Aufgaben bekräftigt worden. Eine detaillierte Übersicht über die Schnellbuslinien ist im Kapitel „Busverkehr“ vorhanden.

Bremen hatte in der ersten Hälfte der 50er Jahre begonnen, neuen Wohnraum zu schaffen. Zum einen musste ausgeglichen werden, was durch den Krieg zerstört worden war, damit sich teilweise inakzeptable Wohnverhältnisse beseitigen ließen. Zum anderen musste für Neubürger zusätzliche Kapazität vorhanden sein. Die „Gartenstadt Vahr“ war bereits entstanden, doch sie reichte bei weitem noch nicht aus, um den Bedarf zu decken.

Auf der Grundlage eines befristeten Landesgesetzes „Zur Behebung der Wohnungsnot“ von 1956 ging Bremen daran, eine selbstauferlegte Verpflichtung zu realisieren: Binnen vier Jahren sollten jährlich 10 000 Wohnungen neu entstehen. Neben umfangreichen Baumaßnahmen in allen Stadtteilen Bremens war es vor allem ein gewaltiges Demonstrativbauvorhaben, das als größte zusammenhängende Wohnungsbaustelle der Bundesrepublik Schlagzeilen machte: Die Neue Vahr mit ihren fünf – „Nachbarschaften“ genannten – Ortsteilen entstand und sollte nach Beendigung der Gesamtbaumaßnahme 35 000 Menschen neuen Wohnraum bieten.

Die Neubaugebiete – ihr Ausmaß sollte in späteren Jahren noch einmal erheblich anwachsen, wobei in Bremens Süden vergleichbare Siedlungsformen entstanden – erforderten eine Anbindung an die Innenstadt sowie weiter an jene Stadtteile, in denen die großen Arbeitsstätten lagen. Dies stellte eine echte Herausforderung für die Verkehrsplaner dar! Eindeutige Aussagen, auf welche Weise die neuen Verkehrsströme effektiv und zukunftssicher bewältigt werden sollten, waren zu treffen.

Einerseits war zum Zeitpunkt des Baubeginns von großen neuen Wohnquartieren, die Bremens zukünftige Stadtstruktur in erheblichem Maße verändern sollten, bereits klar, dass

Wagen 111 ist 1958 längst ein Oldtimer: Als E-Wagen zum 1. Mai fährt er am Sielwall in Richtung Hauptbahnhof, gewissermaßen auf den Spuren der alten Linie 1. Hans Zimehl

nur durch ein leistungsfähiges ÖPNV-System eine vertretbare verkehrliche Anbindung erfolgen konnte. Doch es wurde auch deutlich, dass nicht einfach eine Verlängerung oder Vermehrung von Strecken Abhilfe schaffen konnte. Die Vorgaben waren klar und beleuchten im Nachhinein, warum erst relativ spät mit dem Bau von Stadtbahnstrecken zur Erschließung der Großsiedlungsanlagen begonnen wurde. Einerseits sollte ein leistungsfähiges ÖPNV-Angebot die Neubau-Stadtteile anbinden. Andererseits sollte die beengte Innenstadt unter allen Umständen für den Pkw erreichbar bleiben. War beides mit einer höheren Linienzahl und damit einer verstärkten Anzahl von Trambahnen noch möglich? Dieses Spannungsfeld bestimmte damals die Diskussionen.

Doch es gab nicht nur Neubauprojekte, die auf „der grünen Wiese" entstanden, sondern auch solche, die in Ergänzung vorhandener Stadtteile durchgeführt wurden. Hierbei lag die Verlängerung bestehender Straßenbahnlinien nahe. In Schwachhausen wurden die Linien 15 und 16 (ab 1967 Linien 5 und 6) mit der fortschreitenden Ausdehnung des Stadtteils in den Jahren 1959 und 1960 entsprechend weitergeführt. Bereits 1955 war in Bremens Süden durch die Verlängerung der Linie 16 von der Vulkanstraße bis Grolland ein neues Wohnquartier erschlossen worden. Doch jene Fälle, in denen ganze Stadtteile neu entstanden und kein Punkt vorhanden war, an dem eine Verlängerung bestehender Tramlinien hatte ansetzen und eine Lösung darstellen können, blieben ein ernsthaftes Problem.

11. Planungen im Untergrund und auf Stelzen und dazwischen ein „großer Wurf" im Fahrzeugbau

11.1 Innenstadt für Pkw und Tram zu eng

Der zur Lösungsfindung zu Hilfe gerufene Professor Lambert legte im Januar 1958 die Ergebnisse einer umfassenden Studie vor, die das erstmals 1952 im sog. „Holzmann-Gutachten" verwendete Zauberwort „U-Bahn" vertiefte. Die Verhältnisse in der Innenstadt müssten Berücksichtigung finden, argumentierte der Gutachter in Anlehnung an die Aussagen von 1952. Und er erkannte auch, dass eine Parallelförderung des motorisierten Individualverkehrs und des ÖPNV in diesem Bereich zwangsläufig aufgrund beengter Platzverhältnisse zur Zerstörung der Innenstadt führen würde. Die „zweite Verkehrsebene" schien seinerzeit geeignet, die Probleme zu lösen. Im Klartext: Außen Stadtbahn – innen U-Bahn! Prof. Lambert formulierte, es sei klar, *„daß schon in der Innenstadt, nämlich am Bahnhofsvorplatz, durchgreifende Maßnahmen getroffen werden müssen, um einen reibungslosen Ablauf des Verkehres zu gewährleisten. Die Frage der Trassierung der Straßenbahn zwischen Innenstadt und Vahr und die Frage der Einzellösung am Bahnhofsvorplatz befindet sich zwar noch in der Prüfung, es kann aber schon als sicher angenommen werden, daß in der Innenstadt eine Unterpflasterbahn wird geplant und gebaut werden müssen."*[55]

Ein Nadelöhr in der Bremer City von Anfang an: Der enge Schüsselkorb noch mit alter Bebauung und einem GT3 im April 1959. Archiv ASV

11.2 Der erste Kurzgelenkwagen wird vorgestellt

In den letzten Tagen des Jahres 1959 wurde in Bremen Fahrzeugbaugeschichte geschrieben. Mit Triebwagen 401 verließ der erste Kurzgelenkwagen die Hallen von „Hansa-Waggonbau" und wurde am 28. Januar 1960 der Öffentlichkeit vorgestellt. Mit der Entwicklung dieses Fahrzeugtyps waren viele Neuerungen verbunden. Eine spezielle Steuerungstechnik der Wagenhälften mit einer Deichsel-/Laschenkombination ermöglichte es, die Fronten nicht verjüngen zu müssen, wodurch sämtliche Türen in einer Geraden angebracht werden konnten, was für Tunnelstrecken unerlässlich ist. Da zu diesem Zeitpunkt niemand wusste, welche Entwicklung die Diskussion um das Thema „U-Bahn" in Bremen nehmen würde, durfte ein neuer Wagentyp für solchen Betrieb natürlich nicht ungeeignet sein. Der vierachsige Kurzgelenkwagen bot ein Optimum an Fassungsvermögen und Fahrkomfort und wurde in drei Serien mit leichten Veränderungen bis 1967 für Bremen gebaut. Im Jahre 1968 folgten fünf Züge für die Straßenbahn in Bremerhaven, die nach deren Einstellung 1982 in die Flotte der BSAG übernommen wurden. Die Firma „Rathgeber" in München fertigte für die bayerischer Landeshauptstadt eine entsprechende, leicht abweichende Großserie in Lizenz.

11.3 Oberflächenlösung „nicht zukunftssicher" – Schlechte Aussichten für die klassische Tram?

Der Zeitpunkt der Vorstellung des neuen Kurzgelenkwagens war nicht der beste. Überlagert von den Diskussionen um das Für und Wider einer U-Bahn gerieten die Vorteile, die

Die alte Große Weserbrücke wurde Ende 1960 durch einen nüchternen Neubau ersetzt. Auf unserem Bild vom Juli 1959 sehen wir die alte Brücke, auf die gerade ein „Hansa"-Zweiachser auffährt und die neue, die sich noch im Bau befindet. Archiv ASV

Auf der Neustadtseite: Links die Abfahrt von der alten Großen Weserbrücke, die gleichzeitig auch deren Enge verdeutlicht. Rechts schon weit fortgeschritten der Bau der neuen Brücke. Ein Zug der Linie 15 wird in wenigen Augenblicken die alte Brücke über die Kleine Weser überqueren. Bild vom Sommer 1960. Archiv ASV

dieser Wagentyp gerade auch für den klassischen Trambetrieb bot, in den Hintergrund. Ende Juni 1960 ging Wagen 401 nach ausgedehnten Probefahrten auf der Linie 2 in den Betrieb. Immer wieder wurde bei Präsentationen des Fahrzeuges darauf hingewiesen, dass es sich vorzüglich für einen U-Bahnbetrieb eigne, da alle Türen in einer Geraden liegen. Die U-Bahn-Diskussion hielt Bremen noch lange in Atem. Nachdem Prof. Lamberts Gutachten die Diskussion 1958 beflügelt hatte und damit kein Zurück mehr möglich war, musste im Prinzip gehandelt werden. Doch wie so oft, man schob weiteren Klärungsbedarf vor und beauftragte neue Fachleute, Stellung zu beziehen.

Äußerungen von Straßenbahn-Direktor Seggel aus diesen Tagen verdeutlichen das enorme Dilemma, in dem sich die Hansestadt, vor allem aber die „Bremer Straßenbahn AG", befand. Leichtfertig wäre es, so sagte er in einem Pressein-

Der Prototyp des Kurzgelenkwagens Bauart „Bremen" bei „Hansa-Waggon" im Bau: Im September 1959 sind die Grundformen bereits deutlich erkennbar. Dr. Ruempler

Herbst 1960: Prototyp 401 mit Beiwagen 1401 verlässt auf der Linie 2 das Depot Sebaldsbrück. Dr. Ruempler

Und noch einmal blieben Zweiachser weiterhin unverzichtbar: Auch nach Ablieferung der Kurzgelenkwagen standen sie im Einsatz! Nicht nur im E-Wagenverkehr – wie hier im Juni 1960 Am Brill – sondern auch im Linienverkehr waren sie weiterhin anzutreffen. Archiv ASV

terview im Oktober 1958, auch nur einen Meter Straßenbahngleise in Richtung der Neuen Vahr zu verlegen, solange keine Klarheit über das weitere Vorgehen bestehe. Aber er betonte auch, Lösungen für den Moment müssten gefunden werden, denn es sehe so aus, als könnte man sich derzeit eine Unterpflasterbahn nicht leisten. Man solle – so führte der Direktor mutig weiter aus – nicht „wie die kleinen Kinder" an der U-Bahn für Bremen festhalten, böten sich Alternativen.[56] Doch die, die nach diesen hätten suchen können, waren weniger mutig als der Direktor!

Es war also klar, dass die erheblichen Mittel, die eine U-Bahn binden würde, schwer zu beschaffen sein würden. Hochdotierte Gutachter fertigten weiter neue Papiere für hochdotierte Kommissionen, vieles ging in den Papierkorb und vieles wurde an neue Gremien weitergereicht. Die Lösungsansätze reichten von der „reinen Lehre" bis hin zu Kompromissvorschlägen unterschiedlichster Qualität. Die Lokalpresse vermeldete im Mai 1960, eine Denkschrift von drei namhaften Fachleuten belege *„mit beinahe wissenschaftlicher Genauigkeit die bittere Erkenntnis, dass die Straßen der Stadt nicht mit der Entwicklung des Kraftfahrzeugverkehres Schritt gehalten haben"*.[57] – Denkpause aus heutiger Sicht: Worin bestand hier die bittere Erkenntnis? Die Gutachter von Stadt- und Polizeiamt, Bauverwaltung und „Bremer Straßenbahn" (!) waren zu dem Schluss gekommen, eine „reine Oberflächenlösung" sei für die Innenstadt nicht „zukunftssicher". Die Straßenbahn müsse zwangsläufig an neuralgischen Punkten in den Untergrund. Die neu-

Weil die Frage, ob der ÖPNV in Bremen oberirdisch oder unterirdisch in die Zukunft fahren sollte, noch nicht zu klären war, blieb das Neubau-Gebiet Neue Vahr zunächst schienenmäßig verwaist. Archiv ASV

ralgischen Punkte bezeichneten allerdings nahezu die gesamte Innenstadt. Zwei Tunnel hätte man seinerzeit am liebsten gesehen: Vom Bahnhof bis zur heutigen Domsheide und von der Kunsthalle bis zum Doventor sollte die Tram im Untergrund verschwinden. 1961 wurden für planerische Vorarbeiten nicht unerhebliche Mittel zur Verfügung gestellt. Flankierend war vorgesehen, der Straßenbahn einen separaten Fahrweg zuzuweisen, aber nur dort, wo sie noch fahren sollte. Im gleichen Atemzug sprachen die Gutachter nämlich die Empfehlung aus, weniger frequentierte Tramlinien auf Busverkehr umzustellen. Die Linien 5, 6 und 7 sowie die 10 und die 15 wurden in diesem Zusammenhang genannt. Als Tramstrecken sollten lediglich die Ost-West-Achse (Linien 2 und 3) sowie die Linien 4 und 16 bestehen bleiben.

11.4 Die Alweg-Bahn

Hinzu kam eine neue Technologie, die Erwartungen weckte: Auf einem aufgeständerten Betonfahrweg sollte ein unabhängiges Verkehrsmittel mit einer Geschwindigkeit von fast 40 km/h zwischen Bremens beispielgebenden Neubaugebieten im Stadtteil Vahr und dem Hauptbahnhof auf einer 6,6 km langen Strecke verkehren: Die Alweg-Bahn kam ins Gespräch. Dieses noch sehr junge Verkehrsmittel – ein erster Zug war im Juli 1957 als Gemeinschaftsprojekt der Firmen „Linke-Hofmann-Busch" und „Kiepe" in Fühlingen gestartet – faszinierte durch geringe Bauzeit und durch die Tatsache, dass sie – ähnlich der U-Bahn, jedoch mit erheblich geringeren Kosten – den Oberflächenverkehr nicht beeinträchtigte. Noch 1962 war es jedoch mit entsprechenden Projektierungen vorbei. Fachgremien rieten davon ab, ein solches Verkehrsmittel in Bremen einzuführen, da es für die Lösung der hier anstehenden Verkehrsprobleme ungeeignet sei.

Titelbild einer Broschüre: „Grünes Licht für die zweite Ebene" – es kam nie: Lange liebäugelte Bremen mit einer U-Bahn. Von der Untergrundlösung wandelten sich die Pläne über Jahrzehnte hin zur „Unabhängigkeitsbahn" – also der oberirdisch verkehrenden modernen Form der klassischen Tram: Auf eigenem Bahnkörper und damit zuverlässig „am Stau vorbei". Doch in den 60er Jahren lag diese Entwicklung noch in weiter Ferne. Slg. Meyerdierks

12. Übergangslösungen, Verdrängung und neue Wege für die Magistralen

12.1 Neubaugebiete bekommen Busanbindung

Die Diskussionen um das Für und Wider der U-Bahn-Planungen zogen sich in allen Gremien und Ebenen hin. Für die „Bremer Straßenbahn" war nach wie vor keine Planungssicherheit gegeben, so dass ein Baubeginn für die Stadtbahnanbindung der Neubaugebiete unverantwortlich gewesen wäre. Doch ein Anschluss musste her! Zunächst wurde der im April 1953 eröffneten Buslinie 23, die seit Juli 1956 zwischen dem St. Joseph-Stift und dem Heideplatz in der Gartenstadt Vahr verkehrte, ein neuer Linienweg zugewiesen: ab März 1958 verkehrte sie als Direktanbindung der südlichen Neuen Vahr bis zum Hauptbahnhof, einen Monat später bereits bis zum Domshof. Von der Domsheide über Hauptbahnhof und Bismarckstraße fuhr ab November 1957 die Buslinie 25 in die Gartenstadt Vahr. Die nördliche Neue Vahr schließlich bekam ihre Buslinie 24 als Zubringerlinie im November 1959, die ein Jahr später bis in die Innenstadt weiter geführt wurde. Zu Hauptverkehrszeiten entstanden problematische Situationen. Die Buslinien gerieten an den Rand ihrer Leistungsfähigkeit. Es konnte so nicht weitergehen! Doch erst einmal änderte sich nichts.

12.2 „Verdrängungsstragie"

Aus den Untertunnelungsabsichten wurde nichts, obwohl weitere Anläufe folgten und neue Gutachten in Auftrag gegeben wurden. Stadt und BSAG entwickelten im weiteren Verlauf teilweise unterschiedliche Positionen, und eine Finanzierung der Tunnelbaumaßnahmen ließ sich aufgrund veränderter Rahmenbedingungen nicht sicherstellen. Eine dieser Rahmenbedingungen war der enorme finanzielle Aufwand für die Errichtung des Neustädter Containerhafens, der später Bremens Position als Hafen von Weltrang im Übergang von den klassischen Häfen zum modernen Dienstleistungsstandort sicherstellte. Im Rückblick aus heutiger Sicht erscheint es vielen Fachleuten als glücklicher Umstand, dass Bremen eine in Bau wie Betrieb kostenintensive U-Bahn im wahrsten Sinne „erspart" geblieben ist.

Doch ein anderer Aspekt, der im Zusammenhang mit den U-Bahndiskussionen ins Gespräch geraten war, wurde realisiert. Tramlinien, die zum einen geringer ausgelastet waren als Hauptlinien und zum anderen durch Straßen verliefen, in denen an einen eigenen Fahrweg nicht zu denken war, wurden eingestellt. Die Linie 5 – seit 1952 fuhr sie vom Neustadtsbahnhof/Hohentor durch die Pappelstraße (hier war ab Mai 1961 Linienbeginn) zum Markt und Hauptbahnhof, weiter am Bürgerpark entlang zur Hemmstraße und zurück über den Breitenweg und Hauptbahnhof zum Hohentor – machte am 1. Mai 1964 den Anfang. Exakt 13 Monate darauf verkehrte die Linie 7 – seit 1952 auf dem Linienweg Rablinghausen–Hbf.–Breitenweg–Hemmstraße–Bürgerpark–Hbf.–Markt und zurück nach Rablinghausen unterwegs und in ihrem letzten Betriebsjahr ohne Schleifenfahrt in Findorff – am 31. Mai 1965 letztmalig. Und damit war das Ende der Tram-Verdrängung noch nicht erreicht! Doch zunächst erfolgte eine Pause.

Die 60er Jahre brachten das Aus für klassische Trambahnlinien. Die alte Linie 5 verschwand bereits Ende April 1964. Wir sehen Triebwagen 204 im Juni 1956 Am Markt. Kühne/Slg. Bimmermann

12.3 Neue Wege auf der Magistrale

Die Führung der Ost-West-Achse im Bereich des Faulenquartiers und durch die Hafenanlagen beim Europahafen und Weserbahnhof über die Straßen Korffsdeich und Neptunstraße zur Kreuzung Hansestraße war aus vielen Gründen nicht mehr befriedigend. Stauanfällig, durch den hafenbezogenen Verkehr immer stärker bedrängt und in dieser Führung für das 1954 fertiggestellte Berufsbildungszentrum an der Doventorscontrescarpe als Anbindung ungeeignet,

Utbremen/Doventor
Änderung in der Führung der Linie 10 zum Mai 1965

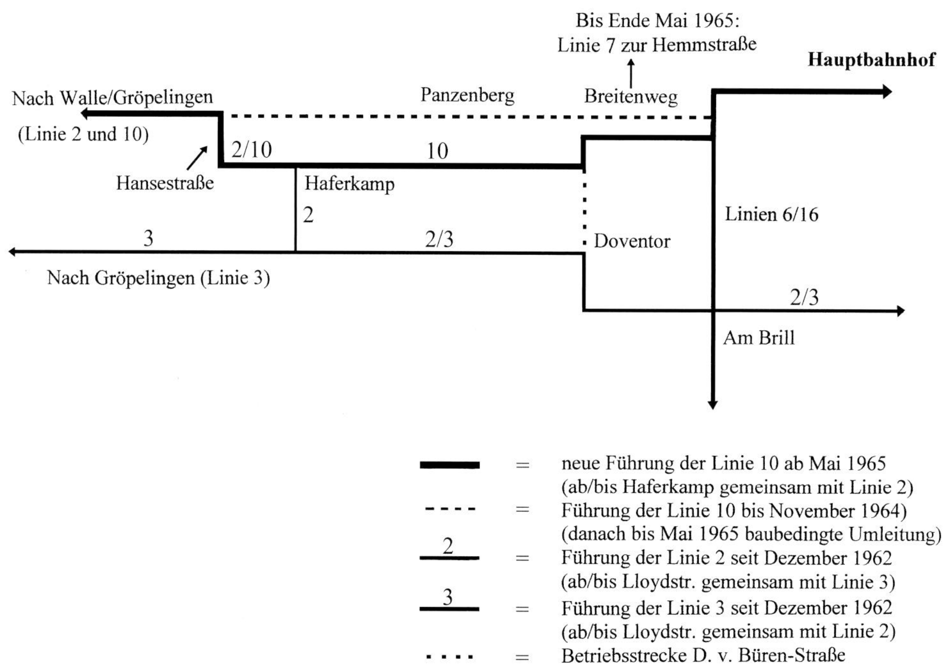

Ende Mai 1965 fuhren die letzten Trambahnen auf der Linie 7. Abschiedsfahrt mit Triebwagen 706 am 30. Mai 1965 in Rablinghausen. W. Esmann

Die alte Linie 6 fuhr im Juni 1967 letztmalig. An einem ihrer letzten Tage entstand die Aufnahme vom Triebwagen 701 mit Bw 1725 – einem ehemaligen Triebwagen – in der Langemarckstraße direkt nach dem Überqueren der Weserbrücken. W. Esmann

Neue Wege auf der Ost-West-Achse: im Februar 1962 fährt Großraumzug 824/1824 noch über die alte Strecke der Linie 2 über Korffsdeich und die Neptunstraße nach Gröpelingen. Im Dezember 1962 erhielten die Linie 2 und die Linie 3 eine störungsfreie neue Führung über die Doventorscontrescarpe. Hans Zimehl

wurde die Strecke am 21. Dezember 1962 im Zuge einer großräumigen Umgestaltung des gesamten Bereiches im Raum Doventor auf eine Neubaustrecke mit separatem Gleiskörper durch die Doventorscontrescarpe und die anschließende Hans-Böckler-Straße (Linie 3) sowie hier abbiegend weiter durch die Bürgermeister-Hildebrand-Straße und Landwehr-Straße (Linie 2) verlegt. Die Linien 2 und 3 konnten fortan ungehindert verkehren und banden nun eine für ganz Bremen bedeutende Ausbildungsstätte direkt an das Tramnetz an. Im Rahmen erneuter Umgestaltungen und der Herstellung besserer Bedingungen für überregionale Straßenverbindungen erfolgte 1969 eine teilweise Tieferlegung der Tramtrasse.

Nachdem bereits im November 1964 die Führung der Linie 10 nahe des sog. „Panzenberg"/Düsternstraße zugunsten einer provisorischen Strecke über die Daniel-von-Büren-Straße/Doventorscontrescarpe/Bgm.-Hildebrand-Straße aufgegeben werden konnte, ging im Mai 1965 schließlich mit Fertigstellung der neuen Eisenbahnunterführung des Doventorsteinwegs die Umgestaltung dieses Bereiches zu Ende. Seither verkehrt die Linie 10 auf diesem Straßenzug. Ähnlich wie auch bei der neuen Strecke der Linien 2 und 3 war damit eine Neustrukturierung des gesamten Quartiers mit weiträumigen Veränderungen der Straßenverläufe und Siedlungsbereiche verbunden. Erst im Oktober 1971 erfolgte die letzte größere Veränderung im Verlauf der Linien 2 und 10: Die Führung in der oberen Utbremer Straße und unteren Hansestraße entfiel zugunsten einer Strecke durch die St. Magnus-Straße und Wartburgstraße.

13. Eine neue Mitte und Neuordnung am Hauptbahnhof – Der „Rote Punkt“ auf dem Vormarsch

13.1 Von Am Markt zur Domsheide

Bremens Hauptumsteigestelle in der Innenstadt befand sich bis 1965 „Am Markt“ – im Herzen der Stadt zwischen Dom, Rathaus und Roland. Mit Beginn der Bauarbeiten für das neue Parlamentsgebäude wurde ihre Lage 1963 leicht verändert. Es war nicht mehr möglich, die Züge Richtung Hauptbahnhof vor der Börsenruine halten zu lassen, die dem Neubau weichen musste. Diese Haltestelle wurde zwischen Dom und Rathaus verlegt. Doch aus mehreren Gründen stellte sich der traditionsreiche Knotenpunkt insgesamt als nicht mehr zweckmäßig dar.

So war am 1. Dezember 1960 die erste Straßenbahn über die neue Große Weserbrücke gefahren, die sich nun einige Dutzend Meter weiter in Richtung der östlichen Vorstadt befand, als ihre 1947 provisorisch wieder aufgebaute Vorgängerin. Sowohl auf der Altstadt- als auch auf der Neustadtseite waren gleichzeitig erhebliche Umgestaltungen durchgeführt worden. Diese gestatteten es, die Durchgangsverkehrsströme effektiver zu führen und für die Straßenbahnlinien eine großzügig bemessene und entzerrte Umsteigestelle in der Balgebrückstraße und an der Domsheide einzurichten. Doch zunächst war nur die Balgebrückstraße in Verlängerung der neuen Großen Weserbrücke fertiggestellt und durch eine provisorische Führung durch die kleine Marktstraße erreichten die Straßenbahnen weiter den historischen Markt.

Mit der Errichtung der neuen Domsheide gelang es, eine bequeme Umsteigestelle nach modernsten Kriterien zu schaffen. Am 3. Oktober 1965 erfolgte offiziell die Verlegung des Hauptknotenpunktes vom Markt zur Domsheide. Für viele – vor allem ältere – Bremerinnen und Bremer hieß die neue Umsteigestelle wie die alte: „Lass uns mal bis zum Markt fahren....“ hört man auch heute noch!

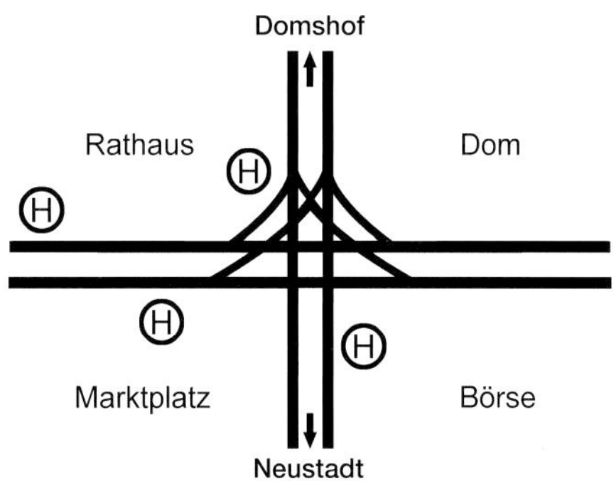

Situation Am Markt bis 1965

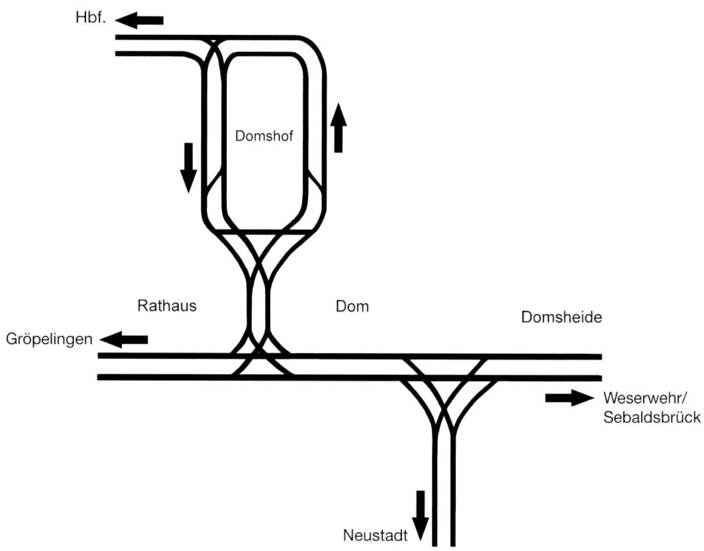

Situation Am Markt/Domsheide bis 1987

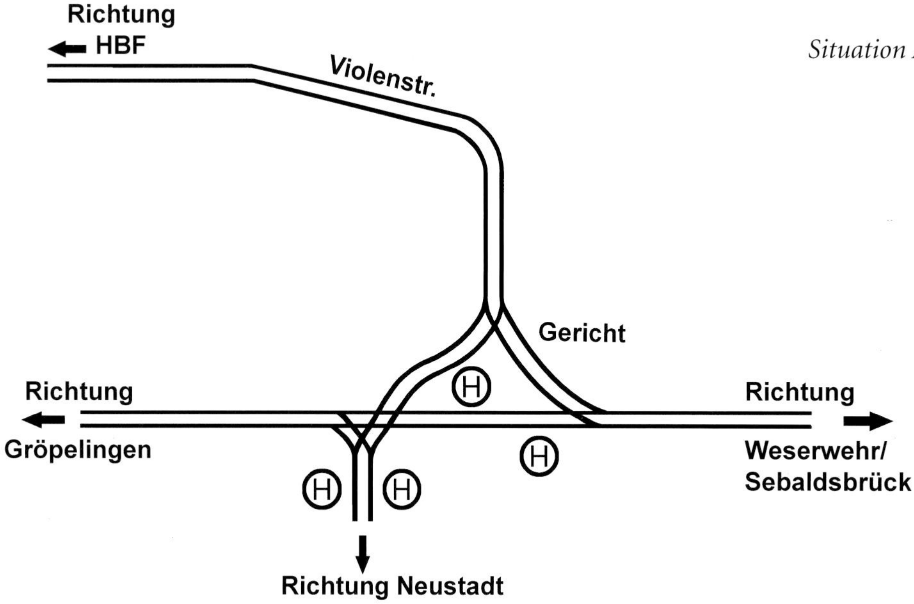

So sieht die Kreuzung in Bremens Mitte heute aus: Der Domshof hat seine Gleise verloren, als Ersatz werden die Linien, welche die Ost-West-Achse queren, nun über die Violenstraße geführt.

Nicht nur Tramlinien verschwanden. Auch der klassische Knotenpunkt der Tram in Bremen Am Markt wurde in den 60er Jahren aufgegeben. Die Kreuzung der Hauptmagistralen befand sich bis 1965 direkt in Bremens „Guter Stube“: Ein Blick vom Domturm 1956 auf den Platz mit direkt vor dem Rathaus verlaufender Ost-West-Achse und vorne links der Trasse der die Weser querenden Linien.
Dr. Ruempler

Viele Baulücken, die durch den Krieg entstanden waren, wurden spät beseitigt. So auch Am Markt. Im Oktober 1961 hält ein Triebwagen auf der Linie 3 an der alten Haltstelle vor dem Rathaus. W. Esmann

Unter den Arkaden wurde es manchmal eng an der alten Umsteigestelle. Erst mit Fertigstellung der neuen Domsheide, die den alten Knoten ablöste, entspannte sich die Lage ab Anfang Oktober 1965. Hier sehen wir zwei Züge der Linie 3 zwischen Roland und Rathaus. Bw 1726 ist ein ehemaliger Triebwagen, dessen Elektrik für den Bau von GT 3-Fahrzeugen benötigt wurde. Im Hintergrund kreuzt die Linie 7 (Ende 50er Jahre).
Archiv Focke-Museum

Links: Im November 1962 sah es an der Domsheide vor dem Konzerthaus „Die Glocke“ noch beschaulich aus: „Hansa“-Wagen 206 zieht einen Fußball-Einsatzzug zum Stadion. Drei Jahre später wird der Kreuzungspunkt der Trammagistralen exakt hierher verlegt. W. Esmann

Links: Zwar wurde Ende 1960 die neue Große Weserbrücke dem Verkehr übergeben und damit die Balgebrückstraße statt der schmalen Wachtstraße für den Tramverkehr hergerichtet. Bis 1965 bliebt jedoch der Knotenpunkt Am Markt erhalten. Um den Marktplatz von der Balgebrückstraße erreichen zu können, wurde eine provisorische Anbindung durch die schmale Marktstraße – unser Bild – errichtet. Bis Anfang Oktober die Domsheide zum zentralen Umsteige- und Knotenpunkt umgestaltet worden war, fuhren die weserkreuzenden Linien durch dieses Nadelöhr. GT 3 906 ist auf der Linie 4 auf dem Weg zum Arsterdamm. FdBS/BSAG

Tw 928 hat soeben den Fahrgastwechsel beendet und fährt zwischen zwei „Artgenossen", die auf der weserüberquerenden Magistrale warten, weiter in Richtung Weserwehr, einen Kurzgelenkwagen bereits hinter sich. Mit Inbetriebnahme der Domsheide Ende 1965 gehörte diese Kreuzung der Vergangenheit an. Die Aufnahme stammt vermutlich aus dem Jahre 1965. Hans Oerlemans

Ein Großraumzug „vor Gericht": Die Haltestellen an der Domsheide konnten erheblich entzerrter angelegt werden, als dies Am Markt möglich war. Triebwagen 811 auf der umgeleiteten Linie 10 in den 80er Jahren. Mausolf

Auch am Hauptbahnhof änderte sich 1965 einiges. Die bisher sämtlich parallel vor dem Bahnhofsgebäude verlaufende Gesamthaltestelle aller hier verkehrenden Linien wurde entzerrt: In der unteren Bahnhofstraße entstand eine eigene Haltestellenanlage für die aus der Innenstadt kommenden Linien, an der Einmündung der Straße An der Weide konnte ein Vorsortiergleis für geradeaus weiterfahrende Linien eingerichtet werden. Die Aufnahme vom Triebwagen 224 auf der Linie 15 verdeutlicht den Zustand vor dem Umbau. Hans Oerlemans

Entzerrung durch Vorsortierung: Linie 1 (geradeaus) und Linie 5 (abbiegend) können so beschleunigt abgefertigt werden. (Mitte der 80er Jahre). Mausolf

13.2 Umgestaltung auch am Hauptbahnhof

Bereits im August 1965 waren am Hauptbahnhof die Umsteigebeziehungen neu geordnet worden. Mit Blick auf die wiederholt verschobene Entscheidung zur endgültigen Anbindung des Neubaugebietes Neue Vahr war aus Fachkreisen immer wieder betont worden, dass in jedem Fall eine effektive Neuordnung der Verkehrssituation am Hauptbahnhof erforderlich sei. Zur Verbesserung von Sicherheit und Übersichtlichkeit hielten die Linien 6, 10 und 16 nun vor dem Hotel Columbus, die Linien 4 und 15 im unteren Teil der Bahnhofstraße, die zu diesem Zweck autofrei gestaltet worden war. Ab 1967 kam die Linie 1, mit der die Neue Vahr endlich ihre Straßenbahn erhielt, hinzu. Zur Verdeutlichung zeigen zwei Skizzen die Zustände am Hauptbahnhof ab 1965 und heute.

Hauptbahnhof ab 1965

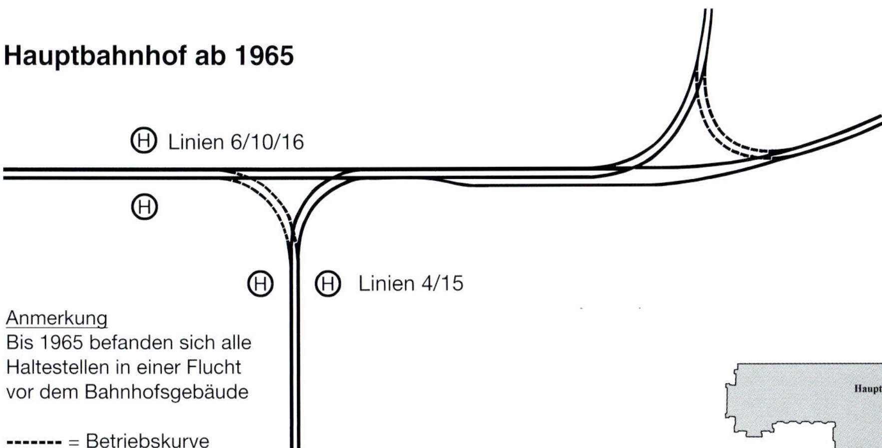

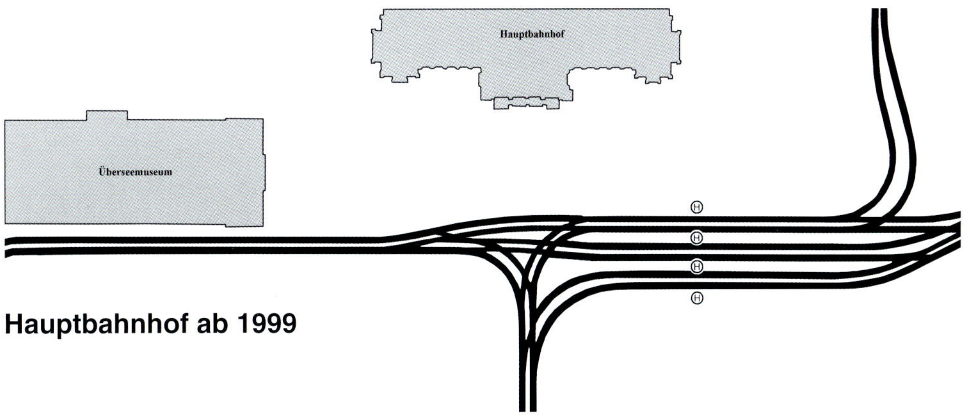

Hauptbahnhof ab 1999

13.3 Der „Rote Punkt“ auf dem Vormarsch: Einmannbetrieb

Bereits 1951 war probeweise und nur in den Tagesrandlagen der Einmannbetrieb auf der Omnibuslinie 22 eingeführt worden. Vor der Hintergrund steigender Personalkosten war die „Bremer Straßenbahn“ bemüht, diese neue Abwicklungsform auch auf anderen Linien zum Einsatz zu bringen. Bis 1965 waren bereits 50 Gelenkbusse entsprechend umgerüstet. Ab April 1965 kamen die ersten Straßenbahnen an die Reihe: Für ihren letzten Betriebsmonat erhielt die Linie 7 noch den Einmannbetrieb im Triebwagen und auch auf der Linie 6 stand nur noch im Beiwagen ein Schaffner zur Verfügung. Anfang Juni 1965 bekam auch die Linie 16 den „Roten Punkt“, das weithin sichtbare Zeichen für den Einmannbetrieb. Die modernen Triebwagen waren mit Schranken zur Türbedienung durch die Fahrgäste, Entwertern und Notbremsen entsprechend angepasst worden. Zur Hauptverkehrszeit standen an den Haltestellen zunächst noch Standschaffner bereit. Schrittweise folgten die übrigen Linien, 1966 erst einmal die Linien 10 und 15. Da bei Zugbetrieb zunächst noch der schaffnerbesetzte Beiwagen beibehalten wurde, dauerte die Umstellung auf den totalen Einmannbetrieb bis 1971.

14. Veränderte Grundlagen und endlich: Die Linie 1 wird gebaut

14.1 Kostenbeteiligung durch die Stadt

Die allgemeine gesellschaftliche Entwicklung mit ihrem Trend zum motorisierten Individualverkehr und daraus resultierenden Einnahmeverlusten im ÖPNV erschwerte die finanzielle Lage der „Bremer Straßenbahn“. Bis sich die Situation grundsätzlich durch Abschluss des sog. „Investitionsvertrages“ von 1973 ändern sollte, dauerte es noch. Zwischenzeitlich jedoch ließ sich eine Entschärfung der prekären finanziellen Lage des Verkehrsunternehmens durch einen Beteiligungsvertrag herbeiführen, in dem sich die Stadt ab 1962 verpflichtete, von ihr geforderte Änderungen im Liniennetz mit zu finanzieren, sofern die Investitionen hierzu die Kapazität des Verkehrsunternehmens BSAG überforderten. Ein erhebliches Hemmnis für den Start der Baumaßnahme einer Stadtbahn zur Anbindung der Großsiedlungsbereiche Neue Vahr und Blockdiek/Tenever konnte zudem aus dem Weg geräumt werden, als endlich zur Jahreswende 1965/66 die zuständige senatorische Behörde – nachdem sie die Notwendigkeit des Stadtbahnbaues bereits zuvor bejaht hatte – eine entsprechende Kostenbeteiligung zusagte. Im September 1966 erfolgte der Startschuss für den Stadtbahnbau zur Neuen Vahr und darüber hinaus zunächst bis Blockdiek.

14.2 Der erste Bauabschnitt der Linie 1 geht in Betrieb

Schon am 18. Juni 1967 verkehrte feierlich geschmückt die Eröffnungs-Straßenbahn der Linie 1 auf dem ersten, 6,3 km langen Bauabschnitt von der Kirchbachstraße nach Blockdiek, wo sich an der Gelderner Straße eine vorübergehende Wendeschleife befand. Die überlastete Buslinie 23 konnte aufgegeben werden. Für die auf der Linie 1 eingesetzten Züge war am Beginn der straßenfreien Strecke an der Kurt-Huber-Straße auf dem Gelände des dortigen Busdepots ein moderner Betriebshof entstanden. Bereits im Oktober des Folgejahres erfolgte die Fertigstellung des zweiten Bauabschnittes, der mit 2,2 km Länge über Blockdiek hinaus die Züricher Straße im Stadtteil Osterholz erreichte. Die neue Linie 1 verkehrte fortan zwischen Arsterdamm und Osterholz. Die Linie 4, die bis zur Eröffnung der Linie 1 im Juni 1967 die Strecke Arsterdamm–Horn befahren hatte, wurde auf eine nur noch in der Hauptverkehrszeit zwischen Domshof und Horn verkehrende Linie zurückgedrängt.

Mit der Inbetriebnahme der Stadtbahnlinie 1 war eines der wohl schwierigsten und langwierigsten Probleme der Nachkriegszeit in der Entwicklung des Bremer Verkehrswesens endlich gelöst. Allerdings verliefen die Baumaßnahmen nicht ganz reibungsfrei.

14.3 Ein Gärtner gegen die Stadtbahn und den Rest der Welt

Der Besitzer einer Gärtnerei an der Julius-Brecht-Allee, die sich auf der Trasse der Neubaustrecke befand, wollte partout nicht weichen. So musste ein Provisorium geschaffen werden, um den vorgesehenen Eröffnungstermin am 18. Juni 1967 nicht zu gefährden. Die Gärtnerei erhielt ein Umfah-

Eine Gärtnerei stellte sich stur: sie wollte partout der Tram nicht weichen. Bis Ende April 1972 – also fast fünf Jahre lang – musste die Linie 1 das Grundstück aufwendig umfahren. Dann erst gelang es, die Strecke in der Julius-Brecht-Allee geradlinig durchzuführen. Wir sehen in Blickrichtung Blockdiek die Tram in den Schlenkbereich fahren. Archiv ASV

rungsgleis, dessen Einrichtung sich zumindestens von der Dauer seines Gebrauchs her durchaus amortisierte: Erst am 26. April 1972 gelang es der Stadtgemeinde Bremen, das Grundstück zu erwerben, so dass erst über fünf Jahre nach Eröffnung der Strecke im Dezember 1972 schließlich ein kurioses Provisorium beendet werden konnte.

15. Das Streckennetz nach der Einstellungswelle der 60er Jahre im Überblick

Mit der Eröffnung des ersten Bauabschnittes der Linie 1 im Jahre 1967 wurde die in den Diskussionen des Jahres 1960 noch als unverzichtbar erachtete Linie 4 auf die Verbindung Domshof–Horn reduziert und fünf Jahre später ganz eingestellt. Damit war die historische Keimzelle der Straßenbahn in Bremen nicht mehr existent! Ebenfalls 1967 verkehrte die alte Linie 6 letztmalig. Seit 1958 begann ihr Linienweg am Kirchweg, führte durch Gastfeldstraße und Pappelstraße über Am Brill–Hauptbahnhof–Bürgerpark zur Hemmstraße. Auch die Linien 15 und 16 verschwanden – allerdings nur nummernmäßig. Seit November 1960 war die 15 zwischen dem Neubaugebiet Neu-Schwachhausen an der Kulenkampffallee und dem Flughafen unterwegs – exakt diese Führung übernahm im Juni 1967 die neue Linie 5. Seit November 1959 verkehrte die Linie 16 zwischen Neu Schwachhausens anderem Ende am Riensberger Friedhof und Grolland. Diese Strecke übernahm im Juni 1967 die neue Linie 6. Nach diesen Änderungen sah das Netz der „Bremer Straßenbahn" Ende 1967 wie folgt aus:

Linie 1: Arsterdamm–Blockdiek (ab 10/1968 bis Osterholz)
Linie 2: Gröpelingen–Sebaldsbrück
Linie 3: Gröpelingen–Weserwehr
Linie 4: Domshof–Horn (nur noch zur Hauptverkehrszeit)
Linie 5: Flughafen–Kulenkampffallee (ehemals Linie 15)
Linie 6: Grolland–Riensberg (ehemals Linie 16)
Linie 10: Waller Friedhof–Georg-Bitter-Straße
Linie 11: Gröpelingen–„Klöckner Werke"

16. U-Bahn „Die Letzte" – Die Stadtbahn setzt sich durch

Noch einmal erhielt die U-Bahn-Debatte Ende 1967 mit einem Gutachten Zündstoff, das Professor Grabe vom Institut für Verkehrswissenschaft, Straßenwesen und Städtebau an der TH Hannover im Auftrag des Bremer Amtes für Straßen- und Brückenbau sowie der „Bremer Straßenbahn" gefertigt hatte. Kernsatz der Arbeit: Schiene auf jeden Fall, aber überwiegend unterirdisch! Vier U-Bahnlinien und sogar eine Weseruntertunnelung waren vorgesehen. Es sollten verkehren:

U1 Huchting–Hbf.–Universität (weiter Richtung Borgfeld)
U2 Arsten–Huckelriede–Domsheide–Hbf.–Schwachhausen–Neue Vahr–Osterholz
U3 Gröpelingen–Walle–Utbremen–Domsheide–Ostertor–Bismarckstraße–Sebaldsbrück
U4 Gröpelingen–Häfen–Domsheide–Ostertor–Steintor–Weserwehr

Im Gespräch war für diese Maßnahmen ein vorläufiges Kostenvolumen von bis zu 1,3 Milliarden DM. Die Kombination eines in Teilen aus einer unterirdischen und in Teilen aus einer stadtbahnmäßigen Linienführung bestehenden und vom Individualverkehr unabhängig geführten Netzes wurde zwar im Juni 1971 noch von der Bürgerschaft beschlossen, gelangte bezogen auf die U-Bahn-Bestandteile jedoch nie zur Ausführung. Die Euphorie der ausgehenden 60er Jahre hatte „Hansa-Waggon" noch 1967 dazu veranlasst, kurz vor Ablieferung der letzten Kurzgelenkwagen für Bremen einen Prospekt herauszugeben, der suggerierte, nun sei es endlich soweit mit der U-Bahn für Bremen und die entsprechenden Fahrzeuge seien mit den Kurzgelenkzügen bereits ausgeliefert. Eine Fotomontage zierte den Titel und ein extra umnummerierter Kurzgelenkwagen der Linie „H" mit Zielfilmanzeige „Ring" verließ plötzlich nicht mehr die Hallen von „Hansa-Waggon" sondern – einem in den vermeintlichen Tunnel einfahrenden „Hansa"-Wagen begegnend – den Tunnelmund der Bremer U-Bahn. Auf „Grünes Licht für die Zweite Ebene" – so der Titel der Broschüre – warteten denn doch alle Beteiligten vergebens und der Kurzgelenkwagen verrichtete seine Dienste weiterhin an Bremens Oberfläche. Heute spricht die Fachwelt von einer „glücklichen Fügung".

Die öffentliche Haushaltslage sowie zunehmend korrigierte Prognosen zum Bevölkerungswachstums Bremens erzwangen bald Kurskorrekturen. Die Politik beschloss schließlich Anfang 1974 den „Verzicht auf einen vorrangigen Bau unterirdischer Stadtbahnstrecken". Die ebenerdigen, vom MIV unabhängigen Strecken dagegen sollten in den kommenden Jahren verwirklicht werden. Es hatte sich – auch „offiziell" – die Erkenntnis durchgesetzt, dass „U-Bahn" nicht unbedingt „Untergrundbahn" bedeuten müsse, sondern die Bremer „U-Bahn" ein Verkehrsmittel mit „unabhängigem Fahrweg" werden solle. Trotzdem blieb in den verkehrlichen Rahmenvorgaben 1975–1985 noch immer eine „Hintertür" geöffnet – sie fiel irgendwann ins Schloss!

17. Tarif-Unruhen

Das Jahr 1968 ist auf drastische Weise in die Geschichte Bremens und der „Bremer Straßenbahn" eingegangen. Zum Verständnis ist ein kurzer Rückblick hilfreich. Tariffragen waren in Bremen schon immer eine äußerst ernsthafte Sache. Leidenschaftlich geführte Debatten um Beibehaltung oder Abänderung des Zehn-Pfennig-Tarifs haben wir bereits im zweiten Jahrzehnt des vergangenen Jahrhunderts verfolgen können. Da entwickelten sich „hohe Wogen“ in Bürgerschaft und Verbänden, bei denen mit aller Deutlichkeit für faire Tarife Partei ergriffen und die „Bremer Straßenbahn“ als nimmersattes Unternehmen dargestellt wurde.

In den 50er und 60er Jahren führten verschiedene Faktoren dazu, dass sich die „Bremer Straßenbahn“ gezwungen sah, mehrfach ihre Fahrpreise anzuheben. Teilweise betrafen die Erhöhungen nur den Einzelfahrschein, teilweise jedoch auch andere Kategorien. Kostete die Einzelfahrt 1957 noch 40 Pfennig, so kletterte ihr Preis bereits 1960 auf 45 Pfennig und erreichte 1964 die Höhe von 50 Pfennig. Als im Januar 1968 eine weitere Erhöhung beschlossen wurde, die wiederum nicht nur den Einzeltarif, sondern weitere Kategorien umfasste, kam es zum Eklat. Demonstrationen blockierten die BSAG-Linien in der Bremer Innenstadt und der Verkehr kam infolgedessen hier völlig zum Erliegen. Die Forderung der Demonstranten war klar: Rücknahme der als ungerechtfertigt empfundenen Fahrpreiserhöhungen. Die Proteste weiteten sich aus und die Polizei ging schließlich mit Wasserwerfern und Schlagstöcken gegen die Demonstranten vor. In ergebnislosen Verhandlungen bemühten sich Vertreter der Stadt, der BSAG und der Studentenschaft um eine Beilegung des Konfliktes. Die BSAG wurde zum Schutz ihres Personals und ihrer Fahrzeuge kurzfristig von der Betriebspflicht entbunden und stellte zeitweise ihren Betrieb ein. Nach erneuten Straßenschlachten und wiederholten Verhandlungsversuchen gelang es schließlich dem damaligen Bremer Bürgermeister **Hans Koschnik**, die Demonstranten wirksam zu beruhigen. Allerdings erreichte er dies nicht „umsonst“. Koschnik sagte die teilweise Rücknahme der Erhöhungen für Schüler, Studenten und sozial schwächer Gestellte zu. Anfang Februar stellte die Bürgerschaft entsprechende Mittel bereit und verfügte Vergünstigungen, damit das Verkehrsunternehmen die teilweise Rücknahme der Fahrpreiserhöhungen ausgleichen konnte.

Zur Jahreswende 1976/1977 sollte es noch einmal zu Protesten gegen eine Tariferhöhung kommen. Die Ausmaße waren jedoch nicht vergleichbar mit denen des Jahres 1968. Kurzzeitige Blockaden in der Innenstadt fanden jedoch erneut statt.

18. Die Stadtgemeinde übernimmt Investitionen Zwei Straßenbahnlinien verschwinden Die Stadtbahnwagen kommen

18.1 Neues Finanzierungsmodell für den ÖPNV

Die zunehmende Motorisierung und eine damit einhergehende Veränderung der städtischen Verkehrsinfrastruktur erschwerte die Ertragssituation der Nahverkehrsunternehmen in den 60er Jahren immer mehr. Es wurde deutlich, dass sich konventionelle Modelle der ÖPNV-Finanzierung nicht weiter aufrechterhalten ließen. In Bremen hatte die Ausrichtung der Stadtentwicklung auf die Bedürfnisse des MIV bereits zur Einstellung von Straßenbahnlinien geführt. Um nicht weitere Fahrgäste zu verlieren, war an Fahrpreiserhöhungen erheblichen Ausmaßes nicht zu denken. Sollte die Tram weiterhin eine bedeutende Rolle im städtischen Verkehrsgefüge spielen, so musste der Finanzrahmen einer grundlegenden Änderung unterzogen werden. BSAG und Stadtgemeinde Bremen erarbeiteten Modelle, die den Beteiligungsvertrag vom Anfang der 60er Jahre aufnahmen und weiterentwickelten.

Auf der damaligen Grundlage hatte die Stadtgemeinde einen erheblichen Anteil der Baukosten für den ersten Bauabschnitt der Linie 1 von der Kirchbachstraße bis Blockdiek übernommen und damit den einzuschlagenden Weg markiert: Ab 1. Januar 1970 wurden Investitionen in die Infrastruktur der BSAG von der Stadtgemeinde vollständig übernommen, ab 1. Januar 1973 schließlich im Rahmen des sog. „Investitionsvertrages“ auch die Neubeschaffung von Fahrzeugen, welche seither über den „Betrieb gewerblicher Art der Freien Hansestadt Bremen für Bau und Vermietung von Nahverkehrsanlagen“ (BgA) der BSAG zur Verfügung gestellt werden. Seitens der BSAG war nun die Betriebsabwicklung sowie die Unterhaltung der Betriebsanlagen und der von der Stadtgemeinde finanzierten Fahrzeuge und Anlagen zu regeln.

Damit war ein gangbarer Weg zur Absicherung einer Qualität des ÖPNV-Angebotes gefunden, die dessen Leistungsfähigkeit auch im – seinerzeit noch nicht thematisierten – Spannungssverhältnis zur Parallelförderung des MIV sicherstellte. Erstmalig war dabei grundsätzlich die Rolle des ÖPNV zur Sicherung von Lebensqualität („Daseinsvorsorge“) ins Gespräch gebracht worden. Dieser Aspekt sollte 15 Jahre später in ganz anderen Dimensionen diskutiert werden.

18.2 Zwei Straßenbahnlinien verschwinden – endgültig keine Schaffner mehr

Zum „alten Problem“ der unbefriedigenden Auslastung in den Nebenverkehrszeiten bei der Linie 11 zu den Industriehäfen und zur „Klöckner Hütte“ war ein weiteres hinzu gekommen: Der Pkw-Boom hatte auch hier zu deutlich sinkenden Fahrgastzahlen geführt. Die Notwendigkeit, eine Kreuzung der Tram mit der „Bremischen Hafeneisenbahn“ erneuern zu müssen, gab schließlich Anlass zu der Entscheidung, sie unter diesen Umständen nicht weiter zu betreiben: Am 30. April 1970 fand die offiziell letzte Fahrt dieser traditionsreichen Linie statt, um deren für die Häfen so wichtige Einrichtung bis 1911 hart gerungen worden war. Der letzte

Triebwagen war mit dem ehemaligen Triebwagen 705 (gerade umgenummert in 887) ein „Dockwagen", der ganz in der Nähe auf den Anlagen der Großwerft A.G. „Weser" gebaut worden war, als dieser nach Ende des Zweiten Weltkrieges der Schiffbau noch untersagt war.

Das letzte „Opfer" einer Straßenbahnlinie im Bremer Netz war exakt zwei Jahre später zu beklagen: Mit der Inbetriebnahme des ersten Bauabschnittes der Stadtbahnlinie 1 im Juni 1967 war die Linie 4 auf den Abschnitt Domshof–Horn als Hauptverkehrszeitlinie reduziert worden. Im Mai 1972 wurde der Betrieb auch auf diesem Reststück eingestellt. Einer der für diese Linie so typischen Gelenk-Dreiachser war am 29. April 1972 letztmalig nach Horn unterwegs. Damit gab es Bremens erste Tramstrecke von 1876 nicht mehr! Dass sie in stark erweiterter Form und mit modernster Technik ein Vierteljahrhundert später wieder eröffnet werden sollte, war zu diesem Zeitpunkt unvorstellbar! Der mit Einstellung der alten Linie 4 versprochene Straßenneubau der Schwachhauser Heerstraße und Horner Heerstraße erfolgte übrigens erst im Zusammenhang mit dem Bau der neuen Linie 4 mehr als 25 Jahre später!

Und noch ein Abschied stand Anfang der 70er Jahre an: Die personalbezogene Rationalisierung des Betriebsdienstes wurde abgeschlossen. Das bedeutete das Ende eines Prozesses, der mit ersten Versuchen bereits 1951 begonnen hatte. Damals war eine generelle Umstellung auf schaffnerlosen Betrieb noch nicht absehbar. Erst als nur noch hinter schaffnerlosen Triebwagen Beiwagen mit Schaffnerbetrieb liefen, wurde deutlich, dass dieser Beruf bald verschwunden sein würde. Die Tatsache, dass Schaffner keineswegs nur Fahrkarten verkauften, sondern weitaus mehr Funktionen wahrnahmen, als Tram-Verwaltungen in ganz Europa im Zeichen der Rationalisierung akzeptieren wollten, stellte sich erst sehr viel später heraus und führte in Städten wie z.B. Amsterdam zur Wiedereinführung dieses Berufsbildes.

18.3 Die ersten Stadtbahnwagen

Ein trauriges Ereignis ist mit dem Bau der Stadtbahnwagen für Bremen verbunden. Eigentlich war an die Fortsetzung einer langen Tradition beim Bau von Trambahnen gedacht, als die ersten Planungen für die Beschaffung einer neuen

Das Jahr 1970 brachte einen weiteren Abschied: Die Linie 11 zur „Hütte" drehte Anfang Mai ihre letzten Runden. Unser Bild entstand an der Endstelle vor der „Hütte" und zeigt „Hansa"-Wagen 236 im Jahre 1967.
Dieter Höltge

Der letzte Abschied – und nicht von Dauer: An der Endstelle der 4 in Horn steht Gelenk-Dreiachser 850 am 29. April 1972 neben Bus 125 der Linie 21 nach Sebaldsbrück.
Die Linie 4 sollte gut ein Vierteljahrhundert später als moderne Stadtbahn erneut an den Start gehen.
W. Esmann

Fahrzeuggeneration vorgenommen wurden. „Hansa-Waggon“ sollte mit der Herstellung beauftragt werden, nicht nur, um die heimische Wirtschaft zu stützen, sondern auch weil eine lange und erfolgreiche Zusammenarbeit die BSAG und den Trambauer verband. Doch „Hansa-Waggon“ geriet Anfang der 70er Jahre ins wirtschaftliche Trudeln und musste schließlich 1975 die Pforten schließen. Der Auftrag für den Stadtbahnwagen Typ „Bremen“, das war schnell deutlich geworden, musste also an einen anderen Partner vergeben werden, sollte das Projekt nicht gefährdet werden. Die Firma „Wegmann und Co.“ in Kassel erhielt in mehreren Losen den Auftrag, den Bremer Stadtbahnwagen in einer Stückzahl von insgesamt 61 Trieb- und 58 Beiwagen (501–561 und 701–758) zu bauen. Am 14. Februar 1973 wurde der erste Wagen abgeliefert und am 16. Mai 1973 der Öffentlichkeit präsentiert. Die letzten Einheiten wurden 1977 in Dienst gestellt. Zunächst verkehrten die Züge auf der Linie 1, die bereits über eine stadtbahnmäßig ausgebaute Teilstrecke verfügte, ab 1976 kamen die Züge auch auf der Linie 6 zum Einsatz. Mit dem Einsatz auf der Ost-West-Achse ab Anfang 1977 standen sie schließlich auch auf einer konventionellen Tramlinie in Betrieb.

18.4 Die Linie 1 wächst auch im Süden

Dem Grundsatz gemäß, dass neue Fahrwege nur noch unabhängig gestaltet sein sollen, hatte die Linie 1 gleich mehrere Formen einer weitestgehend störungsfreien Trassierung erhalten. Zwischen Kirchbachstraße und Kurt-Huber-Straße zunächst in separater Straßen-Mittellage verlaufend, schließt sich ab dem Betriebshof Kurt-Huber-Straße eine nur der Stadtbahn vorbehaltene ebenerdige Führung an, die sich ab der Haltestelle „Düsseldorfer Straße“ – kurz vor dieser befand sich die „Übergangs“-Endstelle Blockdiek – auf einem Damm fortsetzt um schließlich bis zum Ende wieder in ebenerdiger, nur von der Stadtbahn befahrener Trasse die Endstelle Osterholz zu erreichen. Der östliche Ast der Stadtbahnlinie 1 war damit komplett. Doch auch auf der Neustadtseite sollte die Stadtbahn Einzug halten. Mit der Eröffnung des ersten Bauabschnitts hatte die neue Linie 1 im Jahre 1967 den südlichen Ast der alten Linie 4 erhalten. Auf dem Buntentorsteinweg als klassische Tram teilweise direkt vor Hauseingängen unterwegs, sollte sich die Linie 1 hieran anschließend in einem 3,5 km langen dritten Bauabschnitt auch „links der Weser“ von Huckelriede bis nach Arsten zur Stadtbahn entwickeln. Die am 7. Oktober 1973 eröffnete Strecke führt zunächst auf einer 740 Meter langen Spannbetonbrücke über einen Autobahnzubringer. Auf einem wiederum nur der Tram vorbehaltenen Streckenstück erreicht sie die Wendeschleife in Arsten. Im Zuge der Brückenstrecke gelangte erstmals der schotterlose Oberbau „Bauart Bremen“ bei einer regulären Baumaßnahme zur Anwendung, der eine deutliche Gewichtseinsparung und geringere Unterhaltungskosten mit sich brachte.

Das Stadtbahnzeitalter begann in Bremen mit klassischen Straßenbahnzügen. Zunächst standen die „Hansa“-Kurzgelenkzüge auf der Linie 1 im Einsatz. Mitte Mai 1973 sorgten die ersten Stadtbahnzüge von „Wegmann“ hier für ein neues Erscheinungsbild. Allerdings blieben die „Hansa“-Züge noch lange im Mischverkehr mit den Stadtbahnwagen der Linie 1 treu.

Doppelte Freude 1973: Nachdem Mitte Februar der erste Stadtbahnwagen von „Wegmann“ aus Kassel angeliefert worden war, ging Anfang Oktober desselben Jahres endlich die Neubau-Strecke der Linie 1 nach Arsten in Betrieb. Nicht nur die Bürgerinnen und Bürger aus Kattenturm und Arsten, dem Bremer Süden, begrüßten „ihre“ neue Tramlinie begeistert: Der geschmückte Stadtbahnwagen 502 am Eröffnungstag in Kattenturm. Archiv ASV

19. Fußgängerzone mit und ohne ÖPNV

Zwei weitere Maßnahmen, die auch den ÖPNV betrafen, sollten die Attraktivität der Bremer Altstadt erheblich stärken. Im Februar 1973 wurde die Umgestaltung der Sögestraße zur Fußgängerzone abgeschlossen. Aufgrund der Enge dieses Straßenzuges war hier nicht an eine „Fußgängerzone mit ÖPNV“ zu denken. Die hier verkehrenden Buslinien der BSAG mussten nun durch enge Parallelstraßen geführt werden. Die Umgestaltung der Obernstraße sowie der Hutfilterstraße zur Fußgängerzone im August des Jahres 1974 – seit den 50er Jahren war hier mit verkehrslenkenden Maßnahmen ein einigermaßen akzeptables Durchkommen für die Tram erzielt worden – hatte allerdings keine Veränderungen des Linienweges der hier verkehrenden Tramlinien 2 und 3 zur Folge. Zwar wird seither immer wieder darüber diskutiert, beide Linien in eine nahe Parallelstraße zu verlegen, doch tragen die absehbaren negativen Auswirkungen einer solchen Maßnahme auf den Anschluss an der Domsheide sowie die Tatsache, dass die Obernstraße als zentrale Geschäftsstraße Bremens stets Ziel großer Fahrgastmengen ist, dazu bei, dass derartige Pläne keine Aussicht auf Realisierung haben. Die Straßenbahn ist fester und unproblematischer Bestandteil dieser Flaniermeile Bremens geworden.

Auch in der Obernstraße erhielt der Fußgänger Vorrang: Im Mai 1969 verkehren hier neben den Tramlinien 2 und 3 noch Pkw. Fünf Jahre später ist sie autofrei – doch die Tram fährt weiter. Tw 409 ist auf der Linie 3 nach Gröpelingen unterwegs.
W. Esmann

Bremen wird fußgängerfreundlich: Die enge Sögestraße wird 1973 zur Fußgängerzone umgestaltet und das bedeutete für die bisher hier verkehrenden Buslinien der BSAG neue Wege. „Henschel“-Gelenkbus 310 schlängelt sich auf der Linie 25 kurz vor Beginn der Umgestaltung noch durch das Nadelöhr.
Archiv ASV

20. BSAG begeht 100-jähriges Jubiläum – Stadtbahn bis Huchting – Veteranen gehen

20.1 Jubiläum „100 Jahre Straßenbahn in Bremen"

Im Jahre 1876 wurde nach Beseitigung zahlreicher Bedenken der Grundstein für ein modernes Verkehrsmittel in der Hansestadt Bremen gelegt, das die weitere Entwicklung von Handel und Wandel, von Siedlungs- und Wirtschaftsstrukturen entscheidend beeinflusste. Dies war Grund genug, den Betrieb in seiner derzeitigen Form der Öffentlichkeit zu präsentieren und Blicke hinter die Kulissen zu ermöglichen. Am 30. Mai 1976 fand deshalb ein „Tag der offenen Tür" – in diesen Zeiten noch keineswegs üblich – auf dem BSAG-Gelände am Flughafendamm statt. Natürlich stand kein originaler Pferdebahnwagen mehr zur Verfügung und so wurde auf einem alten Fahrgestell kurzerhand ein zwar wenig vorbildgetreuer Wagen hergerichtet, aber dem Anlass angemessen konnte der „Hafermotor" zweispännig anschaulich demonstriert werden.

20.2 Eine zweite Stadtbahnlinie

Der wachsende Stadtteil Huchting mit dem vorgelagerten Grolland benötigte dringend eine leistungsfähige ÖPNV-Anbindung. Seit Dezember 1955 fuhr die Linie 16 bis Grolland auf der Neustadtsseite und auf der Altstadtseite ab November 1959 bis Riensberg. Diese Achse mit einer Verlängerung von Grolland bis nach Huchting sollte zur zweiten Stadtbahnlinie ausgebaut werden, da die weitere Siedlungsentwicklung ansonsten behindert worden wäre. 1967 wurde aus der Linie 16 erst einmal die neue Linie 6, die nun Riensberg mit Grolland verband. Mit einer Stadtbahnlinie hatte sie jedoch noch nichts gemein. Die im Anschluss an die Tram Grolland mit Huchting verknüpfenden Buslinien 55, 57 und 58 bereiteten der BSAG große Probleme, da sie auf der äußerst stauanfälligen Bundesstraße 75 verkehren mussten und vor allem zu den Hauptverkehrszeiten kein Fahrplan mehr einzuhalten war. Daran musste sich etwas ändern.

Nach zweieinhalbjähriger Bauzeit erfolgte am 26. September 1976 die Inbetriebnahme der 2,5 km langen stadtbahnmäßigen Ausbaustrecke von Grolland bis nach Huchting. Vollständig eigentrassiert und kreuzungsfrei verlief sie zunächst ebenerdig, dann aufgeständert, um langsam abflachend für die letzte und längste Haltestelle regelrecht überlandbahnmäßig ein Naherholungsgebiet zu durchfahren. Großflächige Park&Ride-Angebote ermöglichten Pendlern einen frühzeitigen Umstieg. Allerdings endete die Linie 6 nun am Rande Huchtings, so dass die eigentliche Erschließung des Stadtteils durch einen anschließenden Busverkehr erfolgen musste und noch immer muss. Seit langem existieren daher Planungen, die Tram in den Stadtteil hinein zu verlängern, die aus unterschiedlichen Gründen bisher nicht zur Realisierung gelangten. Im Rahmen der Umsetzung des „Zielnetzes 2010" (siehe dort) werden jedoch Verlängerungen über den bisherigen Endpunkt hinaus erfolgen.

20.3 Veteranen scheiden aus

Mit Ablieferung der letzten „Wegmann"-Fahrzeuge war eine wesentliche Verjüngung und damit eine qualitative Verbesserung des Wagenparks zunächst abgeschlossen. Nun bestand die Möglichkeit, sich von älteren und vom Standpunkt der Wartungsintensität her aufwendigen Einheiten zu trennen. Im März 1977 wurden die letzten Vertreter der dreiachsigen Gelenkwagen im Rahmen einer feierlichen Verabschiedung ebenso wie die ersten fünf Großraumzüge aus dem Verkehr gezogen. Der hochbetagte **Wilhelm Kaisen** – Bremens erster Nachkriegsbürgermeister – ließ es sich nicht nehmen, auch beim Abschied von dieser Wagengeneration

Die Eröffnung der stadtbahnmäßigen Weiterführung der Linie 6 von Grolland nach Huchting – besser gesagt an den Rand des Stadtteils – blieb für lange Zeit die letzte Neubaumaßnahme im Bremer Tramnetz: Am 29. September 1976 eröffnete Stadtbahnwagen 501 die neue Strecke.
W. Esmann

Die erste Serie Großraumwagen – sie umfasste fünf Züge – ging 1977 aus dem Verkehr. 1972 gewährleistet 804 auf der Linie 5 noch „Anschluss an die Universität" – sie war im Oktober 1971 eröffnet worden. W. Esmann

dabei zu sein, die er im Januar 1953 eingeweiht hatte. Während ein dreiachsiger Gelenkwagen erhalten blieb und inzwischen die Flotte der Bremer Museumstrams bereichert, blieb von Bremens ersten Großraumwagen kein Exemplar erhalten. Gleiches Schicksal ereilte die letzten zweiachsigen Beiwagen der Serie 951–980, die zum Einrichtungseinsatz hinter den „Hansa"-Kurzgelenkzügen umgebaut worden waren. Auch sie gingen sämtlich noch 1977 aus dem Verkehr. Die BSAG hatte nun mit Provisorien, Umbauwagen und Notbehelfen endgültig abgeschlossen. Doch gleichzeitig machte sich eine gewisse Selbstzufriedenheit bei BSAG und Bremens Verantwortlichen bemerkbar, die einige Jahre andauern sollte.

21. Stillstand, schlechte Nachrichten aus Bremens Schwesterstadt und nur langsam manifestiert sich „neues Denken"

21.1 Eine Zeit des Stillstands

Beide Stadtbahnlinien hatten zu einer deutlichen Steigerung des Fahrgastaufkommens geführt. Trotzdem markiert das Jahr 1976 mit dem Ausbau der Linie 6 zur Stadtbahn zunächst einen Endpunkt bei der Netzerweiterung in Bremen. Dabei war ein zügiger Weiterbau der Linie 6 bis in den Kernbereich Huchtings naheliegend. Doch es war offenbar erst einmal eine gewisse planerische Erschöpfung erreicht. Die Fahrpreise stiegen allerdings!

21.2 Schlechte Nachrichten aus Bremens Schwesterstadt

Der kleine Trambetrieb von Bremerhaven hatte im Juni 1981 noch seinen 100. Geburtstag feiern können. Doch Freude kam darüber nicht mehr auf. Im 101. Jahr ihres Bestehens verkehrte die Tram in Bremerhaven auf der letzten verbliebenen Linie 2 am 30. Juli 1982 zum letzten Mal. Eine Aktionsgemeinschaft „Erhaltung der Straßenbahn" hatte in beeindruckender Bürgerarbeit ab 1979 noch den Versuch unternommen, die drohende Schließung zu verhindern – erfolglos. Zwar war in Bremerhaven seit 1964 nur noch die Linie 2 als Tram unterwegs. Ernsthafte Versuche, den schienengebundenen Nahverkehr wieder auszuweiten und neu entstandene Siedlungsbereiche zu erschließen, wurden

Schlechte Nachrichten aus Bremens Schwesterstadt: Ein über die Jahre demontiertes Liniennetz in Bremerhaven war die Ursache für das Ende der dortigen Tram: Am 30. Juli 1982 verkehrte die noch verbliebene Linie 2 letztmalig. Zum Schluss verkehrten nur noch Großraum- und Kurzgelenkwagen in der Seestadt. Großraumwagen 77 rückt im Sommer 1981 ins Depot Eckernfeldstraße ein. Die aus Offenbach erworbenen Großraumwagen kamen nach der Einstellung ins Straßenbahnmuseum Sehnde. Ebenfalls im Sommer 1981 rückt Kurzgelenkwagen 84 aus dem Depot Eckernfeldstraße aus. Die fünf Züge umfassende Kurzgelenkflotte wurde von der BSAG erworben und modernisiert. Sie fährt noch heute im rumänischen Timişoara. Mausolf

Sie gehörte zum Erscheinungsbild der Seestadt, passte in die großzügige Fußgängerzone besser als die sie ablösenden Busse und doch war ihr von der Politik keine Zukunft beschieden: 1980 war längst klar, dass die Tram in der Seestadt ihr 100-jähriges Jubiläum nur um wenige Monate überleben würde. Mausolf

jedoch nicht unternommen. Im Gegenteil: Ein 1970 verfasstes Gutachten empfahl die Einstellung der Tram bis 1984. Solange wollte die Politik dann doch nicht warten und so beendete die Stadt den Mischbetrieb zwischen Bahn und Bus bereits deutlich eher.

Die BSAG griff zu als es um die Zukunft der fünf – den Bremer Fahrzeugen gleichen – Kurzgelenkzüge ging. Sie wurden in Bremen grunderneuert und ab 1983 eingesetzt.

21.3 Das letzte Stück „alte Tramstrecke" verschwindet und der Domshof wird tramlos

Der Weiterbau der sog. „Hafenrandstraße" im Bremer Westen war 1982 dort angekommen, wo die Tramlinie 3 weitab vom Lärm und Chaos des Hafenverkehrs durch Straßen fuhr, die erahnen ließen wie es früher einmal in diesem Quartier ausgesehen hatte. Richtungsabhängig eingleisig verlief die Strecke hier entweder über Hinterhöfe und die seinerzeit noch idyllische Liegnitzstraße (stadtauswärts) oder an der gewaltigen Getreideanlage neben der Großwerft A.G. „Weser" vorbei (stadteinwärts). Im Herbst 1982 war es zunächst vorbei mit der stadtauswärtigen Strecke: Im Zuge des Weiterbaus der Hafenrandstraße erhielt auch die Linie 3 nach und nach ihr eigenes, in Straßenmitte geführtes Gleisbett.

Im Jahre 1987 galt es erneut, sich von einem Stück klassischer Tram in Bremen zu verabschieden. Die traditionsreiche Führung der Straßenbahn zwischen Dom und Rathaus hindurch über den Domshof zum Schüsselkorb wurde im April zugunsten einer Neubaustrecke über die Violenstraße aufgegeben. Es dauerte jedoch noch bis zum Herbst 1989 bis

Ein „gutes Geschäft" für Bremen: Für 662 000 DM gelangten die fünf Kurz-Gelenkzüge aus Bremerhaven nach Bremen und wurden hier grundüberholt. Alle Züge gingen im Jahre 1983 in Bremen wieder „in Dienst". Am Leibnizplatz sehen wir 475 – hinter dieser Nummer verbirgt sich der ehemalige VGB-Tw 80 – auf einer Sonderfahrt im Juni 1988. Mausolf

Im Bremer Westen – im traditionellen Werftarbeiter-Stadtteil Gröpelingen – bestand die letzte „klassische" Tramstrecke der Hansestadt. Hier verkehrte die Linie 3 richtungsmäßig getrennt teilweise über Hinterhöfe. Zunächst verschwanden diese Abschnitte ab Herbst 1982 und zum Ausklang des Jahres 1983 wurde nach einem „heißen Herbst" die Werft A.G. „Weser" geschlossen. 1981 fährt Triebwagen 421 durch die Hinterhöfe in der Gohgräfenstraße nach Gröpelingen. Mausolf

In Richtung Innenstadt verlief die Führung der Linie 3 über die Werftstraße, auf der Arbeitswagen AT 4 – entstanden aus einem zurückgebauten GT 3 – mit einer Lore unterwegs ist. Aufnahme von 1981. Mausolf

Nach einer kurzen Mitbenutzung der Gleise der Linie 2 und 3 gelangten die Linien 1 und 5 auf die Balgebrückstraße, die sie weiter über die Weser führte. Tw 474 biegt im Sommer 1980 gerade hier ein. Mausolf

Keine Trambahnen mehr zwischen Dom und Rathaus: Der Domshof wird gleislos! Das vielleicht bekannteste Bild der Bremer Tram gehört seit 1987 der Vergangenheit an. Im Sommer 1980 wartet Tw 467 nach Passieren des Domshofs einen Zug auf der Ost-West-Achse ab, bevor er weiter in Richtung Balgebrückstraße und Weserbrücken fahren kann. Mausolf

Der Domshof erfüllte viele Funktionen: Die wichtigste war gewiss die richtungsmäßig getrennte Führung der Linien 1 und 5 in seinen letzten Jahren. Darüber hinaus hatte er große Bedeutung für Umleitungen und zum Abstellen von Fahrzeugen. Unser Bild vom November 1956 zeigt RT 7, der mit einer Sandlore hier pausiert. Im Hintergrund der Dom. Dr. Ruempler

Das Abstellen von Einsatzzügen funktionierte nicht immer reibungslos: Häufig waren die Gleise von Pkw zugeparkt. Dann half nur der Abschleppwagen – Tw 537 mit Beschilderung „E – Domshof" muss im Sommer 1986 warten. Mausolf

Triebwagen 423 trifft auf den Schleifwagen am unteren Ende des Domshofs. Herbst 1986. Mausolf

Vom Domshof kommend biegt Tw 511 auf einem umgeleiteten Kurs der Linie 2 in die Ost-West-Achse ein. Von hier aus war „alles möglich" (1986). Mausolf

Zum Schluss unserer Domshof-Betrachtungen ein Blick weit in die Vergangenheit: Im Februar 1958 müssen die Gleise für die umgeleitete Linie 10 vor dem Eingang des neuen Rathauses freigeschaufelt werden. Tw 242 und seine Besatzung benötigen Geduld. Dr. Ruempler

vollständiger Ersatz für die umfangreichen Gleisanlagen auf dem Domshof geschaffen werden konnte. Viele Bremer behaupteten seinerzeit „steif und fest", im Rathaus sei der Grund für diese Änderung zu suchen gewesen. Zu lautes Kurven-Kreischen bei kurzen Takten sei hier immer wieder bemängelt worden. Ein offizielles Dementi erfolgte nie ...

21.4 Hoher Nutzen für die Stadt

Schon einmal war der Aspekt der „Daseinsvorsorge" durch den ÖPNV – also Erhalt und Verbesserung von Lebensqualität – thematisiert worden. Als 1973 der sog. „Investitionsvertrag" verabschiedet wurde, erfolgten die ersten Diskussionen in diese Richtung. In die allgemeine Stagnation der Entwicklung des ÖPNV in Bremen mischten sich in der zweiten Hälfte der 80er Jahre Gewerkschaften, Verkehrsclubs und Umweltverbände. Sie konnten ihre Argumentation für den Ausbau des Bremer Schienennetzes mit den Ergebnissen eines Gutachtens von Dr. Erwin Gleißner untermauern. Gleißner hatte im Auftrag der Hans-Böckler-Stiftung und angeregt von der ÖTV den gesamtgesellschaftlichen Nutzen des ÖPNV in Bremen untersucht. Seine Ergebnisse waren beachtlich. Erstmalig überhaupt wurde mit dieser Untersuchung der ÖPNV aus der Position des Zuwendungsempfängers herausgeholt. Die Vorgehensweise war einfach. Gleißner errechnete anhand einer gesamtwirtschaftlichen Kostenrechnung den Wert des ÖPNV. Faktoren wie die Verringerung von Umweltschäden, Verkehrsunfällen und Lärm sowie die durch die Leistungen des ÖPNV minimierbaren Straßenbau- und Straßenunterhaltungskosten wurden summiert und in Bezug zum Verlustausgleich durch die Stadtgemeinde gesetzt. Die Arbeit kam zu dem Schluss, die BSAG bringe einen hohen Nutzen für Stadt.

Nur schwer quantifizierbare, jedoch in ihrer Wertigkeit nicht hoch genug einschätzbare Positionen wie der Erhalt des Stadtbildes durch Vermeidung weiterer Zerschneidung beim Bau von Straßen und Trassen für den Autoverkehr wurden in der Untersuchung nicht berücksichtigt.

In der BSAG-Hauszeitschrift „Die Haltestelle" wurde mit Genugtuung bemerkt: *„Mit dieser Studie wird eine in sich geschlossene, auf eine Region bezogene Darstellung des sozialen Nutzens des ÖPNV der Öffentlichkeit vorgelegt."*[58] Der Anfang für eine offensive Politik für den Öffentlichen Nahverkehr war getan. Die an der Diskussion Beteiligten waren sich einig: Der durch das Gutachten nachgewiesene Nutzen müsse im Interesse der Menschen und der Umwelt gesteigert werden!

Um dies zu erreichen und mit Nachdruck eine Politik einzufordern, die den Ausbau v.a. des schienengebundenen ÖPNV vorantreibt, blieben Gewerkschaft und Umweltverbände am Ball.

Planmäßig verkehren nach Beendigung der Baumaßnahmen an der Domsheide schließlich die Linien 1 und 5 durch die Violenstraße. Tw 430 fährt auf der Linie 5 zum Flughafen (1988). Mausolf

Die Einführung der „Bremer Karte" erwies sich schnell als richtige Entscheidung: Die Fahrgastzahlen wuchsen und ganz nebenbei entwickelte sich eine Liebhabergemeinde des neuen Fahrausweistyps: 1991 trug Wagen 502 – hier am 20. September 1991 – eine aufwendige Eigenwerbung der BSAG zum fünfjährigen Jubiläum. Am 12. September 1996 beging man mit Extra-Litfaß-Säulen das Zehnjährige. Die „Bremer Karte" – zum 1. Oktober 1986 eingeführt – entwickelte sich zum erfolgreichsten Fahrausweis in der Geschichte der BSAG. Mausolf

21.5 Umweltticket: Von der „Blauen Karte" zur „Bremer Karte"

Doch nicht nur neue Strecken sind von großer Bedeutung wenn es um die Förderung des ÖPNV geht. Attraktive Tarifgestaltungen sind ebenso wichtig, um Kundenzufriedenheit sicherzustellen und eine Nutzungssteigerung zu erreichen. Das Jahr 1984 markiert einen Meilenstein auf dem Weg zu einem Tarifsystem, das hierfür Voraussetzungen schaffen konnte. Die ersten Diskussionen über die Einführung einer „Umweltkarte" nach Freiburger Vorbild waren von Heftigkeit gekennzeichnet, denn das Tarifsystem der BSAG war gerade in die umgekehrte Richtung verändert worden. Doch Beharrlichkeit und gute Argumente setzten sich durch und so konnte nach einer mit Sperrklausel versehenen „Blauen Karte", die sich 1985 jedoch nicht erfolgreich platzieren ließ, am 1. Oktober 1986 Bremens Version einer Umweltkarte, die „Bremer Karte", eingeführt werden. Sie bewirkte binnen kurzer Zeit einen Neukundenzuwachs von über 20%! Ganz nebenbei entwickelte sie sich darüber hinaus zu einem regelrechten Kult- und Sammelobjekt mit teilweise erheblichem Wert. Kunst- und Hologrammversionen erzielten unerwartete Erlöse bei speziellen „Bremer Karte-Börsen".

21.6 Schlüsseljahr 1989

Anfang 1989 erschien als Ergebnis der nicht zuletzt durch die Einführung der „Bremer Karte" in Schwung gekommene Diskussion über die Notwendigkeit, das ÖPNV-Angebot in Bremen auszuweiten, die erste Auflage eines „Menschen- und umweltverträglichen Verkehrskonzeptes", das federführend der BUND in Zusammenarbeit mit dem VCD und dem ADFC erstellt hatte. Dabei wurden nicht nur konkrete Vorschläge zur Verlängerung des Bremer Tramnetzes unterbreitet, sondern auch grundsätzliche Übel in der bremischen

Verwaltung angesprochen, die bisher eher zu einer Stagnation denn zu einer Weiterentwicklung des ÖPNV geführt hatten. Zwar wurden Kompetenzen in der Folgezeit gebündelt, das im Gutachten geforderte „Ökologische Verkehrsamt" jedoch kam nicht zustande. Und auch der Stopp weiteren Straßenbaus ließ sich nicht durchsetzen. Doch viele der Vorschläge zur Verbesserung des ÖPNV durch Ausbau und verkehrslenkende Maßnahmen wurden vom noch im selben Jahr herausgebrachten Senatskonzept für den ÖPNV übernommen. Es war Bewegung in die Materie gekommen!

Vorrang für den ÖPNV wurde nun nicht mehr nur diskutiert, sondern auch umgesetzt. Nachdem im Februar 1963 die erste sog. „Grüne Welle" für den ÖPNV in Bremen eingerichtet worden war, hatte sich nichts Wesentliches mehr getan. Fahrzeitverkürzungen durch Ampelschaltungen „pro Bahn" in der Innenstadt waren seinerzeit nicht mehr als eine Beruhigungsmaßnahme in einem sich zum Chaos ausweitenden Durcheinander der Innenstadt. Nun – ein Vierteljahrhundert später – sollte es ernst werden.

Das „Schraffierungsgespenst" machte die Runde unter den Autofahrern. Tramtrassen erhielten ihren freischraffierten Bereich mit dem mittelfristigen Ziel von baulichen Hochlegungen. Bereits die Schraffuren führten zu einer deutlichen Beschleunigung des ÖPNV. Eine Vorrangschaltung an den Lichtsignalanlagen – die sog. „Phasen-Ansteuerung" – sollte in Ergänzung hierzu eine weitere Attraktivitätssteigerung bewirken.

Die wesentlichen Maßnahmen des von den Umweltverbänden erarbeiteten und im Februar 1989 vorgelegten Konzeptes für die Ausweitung des Tramnetzes in drei Stufen waren im Einzelnen:

Stufe 1:
- Verlängerung der Ost-West-Achse der Tram sowohl im Westen als auch im Osten, und damit für insgesamt über 30 000 Einwohner eine umsteigefreie Direktanbindung durch eine Tramlinie (zzgl. Verbesserung der Anbindung für Beschäftigte des Bremer Ostens und des Hafenreviers)
- Anbindung der Universität und des Technologieparks an das Tramnetz
- Anbindung der Stadtteile Horn, Borgfeld und des niedersächsichen Lilienthals bis Falkenberg und damit eine deutliche Verbesserung des Angebotes für fast 30 000 Einwohner alleine auf bremischem Gebiet
- Anbindung des wachsenden Stadtteils Findorff an das Tramnetz
- Anbindung der Bremen vorgelagerten Orte Brinkum und Leeste durch Verlängerung der Stadtbahnstrecke über Kirchhuchting hinaus

Stufe 2:
- Ersatz der stark frequentierten Buslinie 24 von der Neuen Vahr Nord nach Rablinghausen durch eine Straßenbahnlinie

Stufe 3:
- Anbindung von Hemelingen, Burg und Kirchweyhe (Niedersachsen) sowie Bau einer Tram-Querverbindung von Arsten zur Vahr

Das Busliniennetz sollte einer Neuorganisation unterzogen werden, die gleichzeitig eine Neudefinition des Busses als Zubringer zu den neuen bzw. erweiterten Tramlinien vorsah. An den neuen Endstellen waren der Nachfrage entsprechend anzupassende Park&Ride-Plätze vorgesehen, um durch attraktive Verkehrsangebote bereits frühzeitig die Umlandverkehre vom Pkw auf die Tram zu verlagern.[59]

Ein Beauftragter des Senats für den ÖPNV wurde eingesetzt und in einer Vielzahl von Beratungen wuchs die Erkenntnis, dass viele Argumente für eine Ausweitung des Tramnetzes sprachen. Im Juli 1989 legte der Senat ein eigenes ÖPNV-Konzept im Entwurf vor, das wesentliche Teile der vorausgegangenen Diskussion beinhaltete. Naturgemäß ergaben die folgenden Verhandlungen vielfältigen Klärungsbedarf. Einzelhandel und Gewerbe vertraten anfangs häufig eine ablehnende Haltung gegenüber Maßnahmen zur Lenkung und Eindämmung des MIV, doch wandelte sich auch hier mit den Jahren vieles. Die ersten Beschlüsse der Stadtbürgerschaft vom Februar 1990 blieben bezogen auf die Vorschläge zum Ausbau des Tramnetzes zwar hinter den Erwartungen zurück, brachten jedoch in einem Fall Klarheit: Die Linie 4 sollte neu erstehen! Bis 1991 – so der Auftrag des Parlaments – sollten die Voraussetzungen für den Baubeginn geschaffen sein. Ganz so schnell ging es dann doch nicht.

Die weitere Entwicklung sollte viele der in die Debatte geworfenen Vorschläge und Projektierungen zu neuen Programmen zusammenfassen, so dass nach anfangs noch vorhandenem Klärungsbedarf nicht nur die Linie 4, sondern auch weitere Maßnahmen konkrete Gestalt annahmen.

Doch erst einmal gab es weitreichende Veränderungen auf dem Fahrzeugsektor. Eine Weltpremiere stand in Aussicht!

22. Weltneuheit, Abschiede und endlich neue Strecken

22.1 Bremens Tram wird niederflurig

Auch auf dem Fahrzeugsektor brachten die 90er Jahre weitreichende Veränderungen. Durch Anfügen eines Beiwagenteils waren 1986 „Wegmann"-Stadtbahnwagen 561 und 1989 Triebwagen 560 zu Sechsachsern umgebaut worden, um das Fahrverhalten von sechsachsigen Straßenbahnwagen zu erproben. Nach erfolgreich verlaufenen Testfahrten erfolgte die Auftragsvergabe für ein Fahrzeug, das Bremen für einige Tage in den Mittelpunkt der Verkehrs-Fachwelt rückte: Ein sechsachsiger Niederflurwagen mit durchgehend niederflurigem Boden wurde bei MAN bestellt und am 10. Januar 1990 auf dem Schienenwege am Flughafendamm ab-

Im Rahmen der ersten vorsichtigen Vorstöße für den Vorrang des ÖPNV vor dem motorisierten Individualverkehr griff man auf einfache Lösungen zurück. Und da die Auswirkungen weitreichend waren, gingen auch diesen Maßnahmen erhebliche Diskussionen voraus: Die Schraffur von Gleisbereichen zur Freihaltung für die öffentlichen Verkehrsmittel beherrschte die ausgehenden 80er und die beginnenden 90er Jahre. Selbst die Großraumwagen kamen in ihren letzten Einsatzmonaten noch in den Genuss „freier Bahn“: Hier am Handelsmuseum Tw 486 (ex 816) im Jahre 1989. Mausolf

Das Ziel war deutlich vorgegeben: Wo immer durchführbar, sollten Tram und Bus ihren eigenen Fahrweg erhalten. Das bedeutete Kosten und politische Diskussionen, die nur mit äußerster Geduld geführt werden konnten. In der Hermann-Böse-Straße ist es im Juni 1992 soweit: Die Linien 5 und 6 fahren auf eigenem Gleiskörper. Mausolf

Zur Erprobung des Laufverhaltens sechsachsiger Fahrzeuge entschied sich die BSAG zu einem ungewöhnlichen Schritt: Der letzte Stadtbahnwagen mit der Nummer 561 wurde unter Zuhilfenahme eines entsprechenden Beiwagenteiles zum Sechsachser umgebaut. Am Dobben, 1986. Mausolf

Links: Die Erfahrungen waren positiv, 1989 erfolgte noch der Umbau des Tw 560 unter Zuhilfenahme des noch vorhandenen Teiles vom Bw 758, das beim Umbau des 561 übriggeblieben war. Was dann aber am 10. Januar 1990 frühmorgens auf dem Schienenwege die Hansestadt erreichte, hatte mit einer konventionellen Straßenbahn nichts mehr gemein: Der weltweit erste Trambahnwagen mit durchgehend niederflurigem Wagenboden sollte nicht nur in Bremen den ÖPNV revolutionieren. Mausolf

Der Neuling wurde ausgiebigen Probefahrten unterzogen und zahlreichen Delegationen aus interessierten Städten mit Tramnetzen präsentiert. Zunächst durften die Bremer nur von außen staunen: Präsentationsfahrt im Frühjahr 1990 vor dem Bremer Rathaus. Mausolf

Präsentation am 9. Februar 1990 für die Fachwelt: Auf einer Fahrt vom Flughafendamm zum Flughafen konnte das Fahrverhalten bei „Voll-Last" erlebt werden. Mausolf

801 in naturnaher Umgebung auf „seiner" Linie 5 am Flughafendamm im Juli 1990 in unmittelbarer Nähe der Hauptverwaltung der BSAG. Mausolf

Im Ostertor in der Nähe des Goethe-Theaters begegnet uns 3801 – alle Bremer Trambahnen haben zwischenzeitlich eine „3" vor die bekannte Nummer gesetzt bekommen – am 18. Juni 1994 auf einer Sonderfahrt. Mausolf

geliefert. Bereits am 9. Februar erfolgte die Präsentation des mit der Nummer 801 versehenen Fahrzeuges vor internationalem Publikum und nach ausgiebigen Probefahrten konnten Bremerinnen und Bremer den Triebwagen ab dem 2. Juli 1990 auf der Linie 5 auf Herz und Nieren testen. Es blieb die einzige Linie, auf der dieser Sonderling planmäßig verkehrte.

Auch 487 war bis zum letzten Tag noch aktiv dabei: Wir sehen den Veteran in der Falkenstraße. Mausolf

22.2 Die letzten Großraumwagen gehen aus dem Dienst

Obwohl die erste Serie Großraumwagen bereits 1977 nach Eintreffen der letzten Stadtbahnwagen aus dem Einsatz genommen werden konnte, stand die markante „Bremer Zigarre“ noch 13 weitere Jahre tagtäglich im Einsatz. Von der zweiten Serie – mit 25 Exemplaren bedeutend größer als die erste, die lediglich aus fünf Einheiten bestand – waren allerdings 1990 nur noch zwei Züge vorhanden. Am 30. März 1990 verkehrten sie zum letzten Mal auf der Linie 10. Anschließend wurden Triebwagen 481 und Beiwagen 696 offiziell dem neugegründeten Verein „Freunde der Bremer Straßenbahn“ als Museumsfahrzeuge übergeben.

22.3 Die „Elektrische“ wird 100 Jahre alt

Am 23. Juni 1990 feierte Bremen mit seiner Straßenbahn ein Ereignis, das vor 100 Jahren für ganz Europa erhebliche Bedeutung hatte. Aus Anlass der „Nordwestdeutschen Gewerbe- und Industrieausstellung“ verkehrte in Bremen europaweit erstmals eine „Elektrische“ mit Stromaufnahme über Stange und Rolle, wie es schon bald überall Routine werden sollte. Dem Anlass angemessen beging man das Jubiläum mit ungewöhnlichen „Gästen“: Aus Bremens Partnerstadt Rostock war der Museumswagen 26 („Waggonfabrik Wismar“, 1926) an die Weser gekommen und durfte auf dem Bremer Netz sogar einige Runden drehen. Aus Kassel war Museumswagen 144 („van der Zypen“, 1909) angereist. Die „Freunde der Bremer Straßenbahn“ setzten in einer ersten großen Bewährungsprobe den neuen Museumszug 481/696 als Zubringer zwischen dem Bürgerpark und dem „Festgelände“ am Flughafendamm ein. Die Veranstaltung auf dem BSAG-Gelände wurde mit über 250 000 Gästen zu einem gewaltigen Erfolg, bei dem neben den Oldtimern eine aufsehenerregende Attraktion zu bestaunen war: Der Niederflurwagen 801 war sogar eine Weltneuheit, wogegen die „Elektrische“ vor 100 Jahren „lediglich“ eine Neuheit für Europa bedeutete! Noch stand er nicht im Linieneinsatz und so nutzten unzählige Bremerinnen, Bremer und Gäste die Gelegenheit, den Neuling in Augenschein zu nehmen. Zehn Tage später begann der planmäßige Einsatz dieses Fahrzeuges.

Die „Elektrische“ in Bremen wird 100: Am 23. Juni 1990 wurde mit besonderen Gästen gefeiert. Der aus der Partnerstadt Rostock angereiste Museumswagen der dortigen Verkehrsbetriebe durfte sogar auf Bremer Gleisen vor dem Fest einen kleinen „Ausflug“ unternehmen. Am 21. Juni war er in der Innenstadt unterwegs. Mausolf

Ein für Bremen wichtiges Ereignis fand gewissermaßen „am Rande“ der Veranstaltung statt: 481, der Großraumwagen, der am 30. März 1990 seine letzten Planrunden gedreht hatte, kehrte als Museumswagen zum großen Tram-Fest zurück: Am 17. Juni hatte er Probefahrten unternommen. Hier am Hulsberg. Mausolf

Aus Anlass des Jubiläums wurde eine spezielle „Bremer Karte“ herausgegeben, auf der eine historische Straßenbahn-Aktie abgebildet war.

22.4 Niederflur: Die erste Serie geht an den Start

Ausgiebige Erfahrungen mit dem Niederflur-Prototyp – sowohl aus den ersten Monaten bei Probefahrten als auch aus dem ersten Einsatzjahr im Personenverkehr – waren ausgewertet und in das Lastenheft für die Serienfertigung eingearbeitet worden. Die Serienfertigung ist gegenüber dem Prototypen durch mehrere Veränderungen gekennzeichnet: Durch die vierteilige Ausführung wurde eine deutlich erhöhte Fahrgastkapazität möglich. Ein Hublift gelangte an der vorderen Tür zum Einbau, und der Fahrerplatz wurde optimiert. Herstellerfirma war nun nicht mehr MAN, sondern „AEG Schienenfahrzeuge“, die das Nürnberger Werk zwischenzeitlich übernommen hatten. Am 9. Oktober 1993 erfolgte die Anlieferung des ersten Wagens der Niederflurserie und bereits am 15. Oktober präsentierte die BSAG im Rahmen eines Roll-Outs das Fahrzeug der Öffentlichkeit. Auch bei den Serienfahrzeugen wurden Einstellungs- und Probefahrten erforderlich, so dass erst am 2. Februar des folgenden Jahres auf der Linie 2 erste Einsätze im Fahrgastbetrieb stattfanden. Bis Mai 1997 waren sämtliche 78 Fahrzeuge dieses Typs abgeliefert.

Roll-Out der neuen Generation am 15. Oktober 1993 am Flughafendamm. Mausolf

Tw 3004 auf Fahrerschulung in der Ostertorstraße. Mausolf

1994 begann der Abschied von den markanten „Hansa"-Kurzgelenkwagen in Bremen. Die Triebwagen der A-Serie gingen in den Schrott. Der B- und C-Serie erging es besser: Im Rahmen der von Günter H. Köhler initiierten Rumänien-Hilfsaktion konnten die meisten Einheiten zusammen mit den verbliebenen Beiwagen der A-Serie nach Timişoara/Temesvar in West-Rumänien abgegeben werden. Im August 1995 gingen die ersten Fahrzeuge auf den langen Weg. Die endgültige Verabschiedung dieser Fahrzeugtype aus Bremen erfolgte im Rahmen eines letztmaligen Einsatzes über das Bremer Netz am 29. November 1997. Am 18. August 1995 ging u.a. Tw 3432 auf den Weg nach Rumänien. Hier im Bahnhof Bremen-Neustadt. Mausolf

22.5 Die altgedienten Kurzgelenkwagen verlassen Bremen gen Rumänien

Durch die zunehmende Auslieferung der neuen Niederflurgeneration konnten nach und nach die „Hansa"-Kurzgelenkzüge aus dem Verkehr gezogen werden. Ab 1994 schieden die Triebwagen der ersten Serie aus dem Dienst und wurden verschrottet. Die verbliebenen Fahrzeuge erwartete ein neues Einsatzgebiet. Zwischen 1995 und 1998 wurden insgesamt 42 Trieb- und 39 Beiwagen auf die Reise nach Timişoara im rumänischen Banat geschickt, wo sie bis heute einen unverzichtbaren Bestandteil des ÖPNV darstellen. Am 29. November 1997 wurde nach 37 Jahren im Dienste des ÖPNV in Bremen dem „Hansa"-Kurzgelenkwagen mit einem angemessenen Festakt offiziell „Ade" gesagt. Das „Bremer Gesicht" verschwand jedoch nicht vollständig aus der Hansestadt. Für Sonderverkehre und Werkstattzwecke verblieben zunächst fünf Triebwagen und ein Beiwagen an der Weser.

Aus Anlass des 15. Jahrestages der Einstellung der Tram in Bremens Schwesterstadt Bremerhaven erhielt – auf seine letzten Tage als Bremer 3478 – der ehemalige VGB-Triebwagen den Namenszug „Bremerhaven". Am Tage der „Taufe", dem 19. Juli 1997, pausiert er am Waller Friedhof, der alten Endstelle der Linie 10. Mit wenigen Ausnahmen steht die Kurzgelenkflotte noch immer in Timişoara im Einsatz. Mausolf

22.6 Freie Bahn für 17 Tage – Keine Chance für den Ostertorsteinweg

Nach langen, teilweise erhitzt geführten Diskussionen und politischen Verhandlungen schien Ende 1995 Optimismus angesagt, was die Beseitigung eines Nadelöhrs auf der so bedeutenden Ost-West-Achse der Tram in Bremen betraf. Der innenstadtnahe Ostertorsteinweg sollte endlich vom Pkw-Verkehr befreit werden. Doch diese bedeutende Maßnahme – von Fachleuten zur Gewährleistung eines pünktlichen Betriebes der Tram und damit als Voraussetzung für eine Steigerung der Leistungsfähigkeit dieser Achse als unverzichtbar erachtet – wurde, kaum realisiert, nach massivem Druck von Gewerbetreibenden ohne jede Chance auf Bewährung zurückgenommen. Die Sperrung des Ostertorsteinwegs für den motorisierten Individualverkehr dauerte 17 Tage. Vom 2. Januar 1996 bis zum 19. Januar 1996 hatten die Straßenbahnen hier wirklich „freie Fahrt" – dann war alles wieder beim Alten! Die attraktive Meile erhielt keine Gelegenheit, sich zu einem Flanierboulevard zu entwickeln! Noch heute befinden sich die Fahrzeuge der BSAG hier bei der geringsten Störung auf anderen Straßen oder bei Großveranstaltungen sofort im Stau. Nach der „Niederlage" von 1996 scheint sich niemand mehr an die Problematik heranzutrauen – zum Leidwesen und Nachteil aller Beteiligten!

Verkehrspolitik ist eine sensible Angelegenheit. Äußerst sensibel sind jene Punkte, an denen sich Fronten zwischen Anwohnern und Geschäftsleuten bilden. Der Ostertorsteinweg war immer schon eine solche Front. Für wenige Tage durfte er so etwas wie eine Fußgängerzone sein, bis auf massiven Druck die Anordnung im Januar 1996 zurückgenommen wurde. In den „friedvollen" Tagen des Boulevards entstand diese Aufnahme vom Triebwagen 3517 auf der Linie 3 zum Weserwehr. Mausolf

22.7 Die neue Linie 4 – „Die neue Straßenbahn für Bremens Bürger" – Flughafen nun direkt am Netz

Vielen BremerInnen war es seinerzeit bei den Beschlüssen rund um das „ÖPNV-Konzept" noch nicht richtig vorstellbar, dass es wieder eine Linie 4 geben sollte. Schließlich war ihre Einstellung 1972 als zukunftsweisend und zeitgemäß verkauft worden. Erstmals hatte im Rahmen der Diskussion um die Zukunft des ÖPNV ein Bremer Senator diesen Schritt in der Stadtbürgerschaft 1990 als Fehler bezeichnet! Die neue Linie 4 sollte nicht die alte sein. Ihre Führung weit über Horn hinaus stand von Anfang an außer Frage und so bedurfte es zwar noch einiger Klärungen, die den ursprünglichen Zeitplan noch einmal durcheinander brachten. Am 13. April 1994 unterzeichneten schließlich Vertreter der BSAG und der Gemeinde Lilienthal einen Vertrag über die Aufnahme konkreter Planungen für eine Weiterführung der Linie über die bremische Landesgrenze bei Borgfeld hinaus bis Lilienthal. Der letzte, bisher geäußerte Absichten und gefasste Willensbekundungen bekräftigende Beschluss wurde, nachdem neue politische Kräfteverhältnisse in Bremen entstanden waren, vom sog. „Koalitionsausschuss" am 16. Februar 1996 formuliert. Der Weg war endgültig frei!

Am 23. September 1996 führte Bremens damaliger Bürgermeister **Henning Scherf** persönlich an der Kirchbachstraße den ersten Spatenstich für das richtungsweisende Projekt der BSAG kurz vor der Jahrtausendwende durch.

Der Neubau der Linie 4 setzte in mehrfacher Hinsicht Maßstäbe: Zum einen stellte er die erste Netzerweiterung nach über 20 Jahren in Bremen dar. Im Jahre 1976 war die stadtbahnmäßig ausgeführte Verlängerung der Linie 6 nach

Bremens Museums-Triebwagen 49 kurz vor der Endstelle an der Horner Mühle: Soweit reichte die alte Linie 4 nicht! Diese 1972 endgültig eingestellte Linie 4 endete bereits an der Horner Kirche! Mausolf

Huchting dem Betrieb übergeben worden, bevor das Thema „ÖPNV-Förderung" zunehmend in nachrangige Dimensionen abglitt. Zum anderen gelang beim Bau der Linie 4 erstmals in Deutschland überhaupt ein Umgang mit der Bevölkerung, der seinesgleichen suchte. Anliegern und Anwohnern wurde in den unterschiedlichen Bauphasen zwar viel Geduld abverlangt. Das mit der Bauabwicklung beauftragte Unternehmen „Consult Team Bremen – Gesellschaft für Verkehrsplanung und Bau mbH" (CTB), eine 100-prozentige Tochtergesellschaft der BSAG, setzte jedoch von Anfang an auf eine umfassende Information und Einbeziehung der Betroffenen, wodurch es erstmals bei einer Großbaumaßnahme dieses Ausmaßes gelang, im Dialog mit den Bürgerinnen und Bürgern Verständnis und eine Vertrauensbasis zu schaffen. Die unvermeidbaren Unannehmlichkeiten wurden nach unzähligen Ortsterminen und Gesprächen auf ein Minimum verringert. Baumaßnahmen erfolgten umfassend koordiniert und wurden im Rahmen zahlreicher sog. „Powerbaustellen" durch Rund-um-die-Uhr-Arbeit beschleunigt abgewickelt. Gleichzeitig erfolgte durch offensive Öffentlichkeitsarbeit, in die auch engagierte Privatpersonen einbezogen wurden, die Herstellung eines Klimas, das viele Widerstände, die anfangs im Zusammenhang mit der neuen Linie 4 noch spürbar waren, glättete und schließlich zu be-

Der 23. Mai 1998 war ein großer Tag für Bremen und seine Bürgerinnen und Bürger: Die neue Linie 4 ging an den Start! Tw 3047 erreicht mit Ehrengästen die Haltestelle „Kirchbachstraße", an der die neue Strecke beginnt. Der erste Bauabschnitt endete an der Horner Mühle.
Mausolf

Triebwagen 3060 und 3047 nebeneinander an der Endstelle Horn-Lehe. Seit Inbetriebnahme des zweiten Bauabschnittes der Linie 4 bis Borgfeld im Dezember 2002 endet hier nur noch die Linie 5, die der Verstärkung der Linie 4 dient.
Mausolf

Noch immer nicht komplett, aber ein gehöriges Stück länger: Am 6. Dezember 2002 ging der zweite Bauabschnitt bis Borgfeld in Betrieb. Der Eröffnungszug 3054 begegnet uns an der Haltestelle „Daniel-Jacobs-Allee". Der dritte Bauabschnitt bis Falkenberg wird voraussichtlich 2012 in Betrieb gehen können.
Mausolf

seitigen half. Als am 23. Mai 1998 der Verkehr auf dem ersten Bauabschnitt der neuen Linie 4 – der bereits über den Endpunkt Horn der bis 1972 verkehrenden Linie 4 hinaus ging – mit modernen Niederflur-Gelenkzügen aufgenommen wurde, war es eine Linie **für** Bremens Bürger, die erstmals **mit** ihnen gebaut worden war. Gleichzeitig mit der Eröffnung des ersten Bauabschnittes der Linie 4 wurde die direkte Anbindung des Flughafens mit seinem im Entstehen begriffenen Technologie- und Gewerbepark in Betrieb genommen.

22.8 Ein Neues Liniennetz

Am 23. Mai 1998 erfolgte mit der Inbetriebnahme des ersten Bauabschnittes der Linie 4 und der Direktanbindung des Flughafens durch eine Neubaustrecke als Ersatz für die idyllische Tramstrecke entlang der Neustädter Wasserlöse auch eine Neuordnung des Tramliniennetzes, bei dem nur die Ost-West-Achse mit den Linien 2, 3 und 10 unverändert blieb:

Linie 1: Osterholz–Huchting (17,6 km)
Linie 2: Gröpelingen–Sebaldsbrück (unverändert, 13,6 km)
Linie 3: Gröpelingen–Weserwehr (unverändert, 11,2 km)
Linie 4: Horn/Mühle–Arsten (13,6 km)
Linie 5: Kulenkampffallee–Huckelriede (7,3 km)
Linie 6: Riensberg–Flughafen (9,0 km)
Linie 8: Kulenkampffallee–Huchting (9,4 km)
Linie 10: Gröpelingen–Hbf.–Sebaldsbrück (unverändert, 13,6 km)

Mit Anbindung der Universität im Oktober 1998 änderte sich der Linienweg der Linie 6 entsprechend. Seither verkehrt sie zwischen der Universität und dem Flughafen.

22.9 Die Verlängerung der Linie 6: Universität am Netz und auch die Linie 4 wächst

Es schien, als mühte sich Bremen im Jahre 1998, vieles aufzuholen, was über die Jahre nicht zustande gekommen war. Nicht nur der erste Bauabschnitt der Linie 4 ging in diesem Jahr in Betrieb, sondern auch eine ebenso bedeutende Erweiterung einer bestehenden Linie wurde endlich realisiert. Als zum Wintersemester 1971/72 die Bremer Universität ihren Lehrbetrieb aufnahm, wurde sie zunächst über eine Buslinie angebunden. Mit stetigem Wachstum der Universität und des sie umgebenden Technologieparks stellte sich jedoch zunehmend heraus, dass der Bus auf Dauer keine Lösung sein konnte. Doch erst über drei Jahrzehnte nach Eröffnung des Lehrbetriebes wurde wahr, was sich Generationen von Studenten gewünscht hatten: Durch die Verlängerung der Linie 6 über Riensberg hinaus zur Universität erhielt diese eine attraktive Anbindung an die Innenstadt. Am 3. März 1997 hatte der erste Spatenstich stattgefunden und am 10. Oktober 1998 verkehrten die ersten Trambahnen

Die Bremer Universität – zum Wintersemester 1971 eröffnet – erhielt erst zum Wintersemester 1998 eine Tramanbindung: Am 10. Oktober 1998 erfolgte die Eröffnung der Strecke von Riensberg zum Technologiepark und zur Universität. Fahrschulwagen 3402 ist kurz nach Eröffnung im Zentralbereich der Uni unterwegs. Mausolf

auf dem Campus. Die Linie 6 avancierte nun zur leistungsfähigen „Technologie-Linie“: Ihr südliches Ende befand sich bereits seit Mai des Jahres direkt vor dem Flughafen, wo ebenfalls ein neues Gewerbe- und Technologiegebiet im Entstehen begriffen war. In den letzten Tagen des Jahres wurde schließlich noch ein Akzent in Bremens Süden gesetzt: Die kurze aber effektive Verlängerung der Linie 4 in das neu entstehende Wohngebiet Arsten/Süd ging am 7. Dezember 1998 in Betrieb. Bremens Tramnetz hatte einen erheblichen Wachstumsschub erhalten!

22.10 Auch der Niederflur-Prototyp verlässt Bremen

Spektakulär war im Jahre 1998 ein weiterer Aspekt im ÖPNV-Geschehen, der ein Fahrzeug betraf, das die Hansestadt 1990 kurzzeitig in den Mittelpunkt des Weltinteresses gerückt hatte: Der Niederflur-Prototyp 801 hatte seither zahlreiche Aufenthalte zwecks Präsentation und Erprobung im In- und Ausland hinter sich gebracht. Amsterdam, Berlin, Bonn, Göteborg, Krakau, Magdeburg, Posen, Prag, Schwerin, Stockholm und Warschau hatten die Gelegenheit genutzt, den Neuling teils in länger andauernden Einsätzen zu testen. Zurück von all diesen Reisen war in Bremen kein unbedingter Bedarf an dem Sonderling mehr gegeben. Nachdem die schwedische Tramstadt Norrköping Interesse angemeldet hatte, war sein Schicksal besiegelt: Am 16. Juni 1998 verließ der vielbeachtete Prototyp Bremen endgültig und steht seither mit den bei der „Bremer Straßenbahn“ 1999 entsprechend hergerichteten Münchner Prototypen an der schwedischen Ostküste im Einsatz.

VI. 2001 bis Heute

23. Seit 125 Jahren Straßenbahnen in Bremen – Erste Stadtbahnwagen verzichtbar

23.1 Zum Jubiläum: Eine Neubaustrecke auf Tram-historischem Boden

Am 25. März 2001 feierte die BSAG mit einer vielbeachteten Fahrzeugparade ihr 125-jähriges Jubiläum. Was 1976 zum 100-jährigen Jubiläum noch nicht möglich war, begeisterte nun die Bremerinnen und Bremer: Eine ganze Flotte von professionell aufgearbeiteten Museumswagen repräsentierte die unterschiedlichen Entwicklungsstufen des Tramverkehrs der Hansestadt. Am Tag zuvor hatte sich die BSAG ein nützliches Geschenk überreichen lassen: Die neue Tramstrecke durch die Westerstraße und die obere Osterstraße war dem Verkehr übergeben worden. Allerdings handelt es sich bei dieser neuen Trasse im eigentlichen Sinn um Ersatz für die Aufgabe der Betriebsstrecke durch die Pappelstraße, deren „Aufwertung" der Ortspolitik mit Straßenbahn unmöglich erschien.

Durch die Westerstraße fuhren zunächst die Linie 8 von Huchting zur Kulenkampffallee und bis Anfang Dezember 2002 die Linie 5 zwischen Kulenkampffallee und Huckelriede über Am Brill gemeinsam. Danach blieb nur noch die Linie 8 in der Westerstraße: Die Linie 5 wurde mit Eröffnung des zweiten Bauabschnittes der Linie 4 zu deren Verstärkungslinie ausgebaut und erhielt ihren Linienweg nun zwischen Horn und Arsten über Domsheide.

23.2 Noch einmal: Die Linie 4 wächst

Die Wiedereinführung des Tramverkehrs nach Horn im Mai 1998 hatte zu einem erheblichen Fahrgastzuwachs geführt und die Bremer Innenstadt von belastendem Busverkehr befreit. Von Anfang an war beabsichtigt, die Neubaustrecke nicht in Horn enden zu lassen, sondern sie bis Lilienthal in Niedersachsen weiterzuführen. Die deshalb in drei Bauabschnitte unterteilte Planung wurde nach Inbetriebnahme des ersten Bauabschnittes zügig weiter beraten, so dass am 6. Dezember 2002 unter dem Motto „Wegen der großen Nachfrage verlängert" der zweite Bauabschnitt bis Borgfeld, wo große Neubaugebiete entstanden waren und weitere sich in Planung befanden, eröffnet wurde. Auch in Borgfeld wird die Linie 4 nur vorübergehend ihren Endpunkt finden: Die Verkehrsübergabe des dritten Bauabschnitts bis Lilienthal/ Falkenberg kann voraussichtlich bis 2012 erfolgen.

23.3 Die ersten Stadtbahnwagen verlassen Bremen – „Restrukturierung" beginnt

Im Jahre 2002 konnten die ersten „Wegmann"-Züge in Bremen aus dem aktiven Dienst genommen und verkauft werden. Inzwischen verkehren 28 Züge im rumänischen Timişoara. Die beiden in eigenen Werkstätten zu Sechsachsern umgebauten Einzelgänger 560 und 561 ereilte unterschiedliches Schicksal. Während 560 kurzzeitig als Kulturtram im Einsatz stand und anschließend verschrottet wurde, trat 561 im Dezember 2004 die Nachfolge des inzwischen arg beanspruchten Partywagens 442 an.

Vor dem Hintergrund europaweiter Wettbewerbsstrukturen und der Maßgabe einer Verringerung des sog. „Verlustausgleichs", also des öffentlichen Zuschussbedarfs der BSAG, geriet ab 2004 der Begriff „Restrukturierung" verstärkt in den Mittelpunkt der ÖPNV-Politik.

Oberstes Ziel stellt dabei die Vorgabe dar, bis zum Jahr 2010 das jährliche Defizit des Unternehmens bezogen auf das Jahr 1999 zu halbieren. Dies bedeutet eine Verringerung des Verlustausgleichs bis 2010 auf jährlich 43 Millionen Euro. Betriebliche Rationalisierung, ein abgesenktes Lohnniveau sowie bis auf Weiteres keine Wiederbesetzung durch natürliche Fluktuation freiwerdender Stellen verbunden mit der Garantie, bis 2013 auf betriebsbedingte Kündigungen zu verzichten, tragen ebenso zum Erreichen dieses Ziels bei wie eine gleichzeitige Verbesserung der Angebotsstrukturen.

24. Ziel: Netzerweiterung und große „Breitenwirkung"

24.1. „Zielnetz 2010"

Im September 1998 legte die BSAG ein „Konzept für ein Stadtbahn-/Straßenbahnnetz in Bremen und der Region" vor, um den Ausbaubedarf des Netzes zu verdeutlichen. Nach eingehenden Diskussionen und Weiterentwicklungen, bei denen sich vor allem ehrgeizige Ziele im Bremer Umlandverkehr in der ursprünglich vorgesehenen Form nicht realisieren ließen, wurde eine angepasste Variante Anfang April 2005 von der zuständigen Deputation der Bremischen Bürgerschaft beschlossen. Die Konzeption „Zielnetz 2010" beinhaltet im Wesentlichen die folgenden Erweiterungsmaßnahmen für das Tramnetz:

* *Linie 1*:
Die derzeit zwischen Huchting („Roland-Center") und Osterholz verkehrende Linie wird im Süden bis nach Mittelshuchting, Brüsseler Straße, und im Osten bis zum Bahn-

hof Mahndorf verlängert. Damit wächst sie um 8,4 km und bietet für über 30 000 Einwohner im Einzugsbereich eine attraktive Tramanbindung. Mit der Eröffnung ist 2012 zu rechnen.

** Linie 2:*
Die derzeit zwischen Gröpelingen und Sebaldsbrück verkehrende Linie wird im Osten über Sebaldsbrück hinaus bis zur Osterholzer Landstraße/Osterholzer Heerstraße um ca. 2 km verlängert. Weitere 8000 BremerInnen erhalten hierdurch eine direkte Tramanbindung. Die Eröffnung soll Ende 2017 erfolgen.

** Linie 3:*
Die neue knapp 2 km lange Führung durch die noch in der Entwicklung befindliche „Überseestadt" ist seit Dezember 2006 in Betrieb. Als Besonderheit ist sie auf einem Teilstück in stadteinwärtiger Richtung als Vierschienengleis ausgeführt, um der „Hafeneisenbahn" die Mitbenutzung der Trasse zu ermöglichen.

** Linie 4:*
Weiterbau im Rahmen des 3. Bauabschnittes mit einer Länge von 5,6 km bis Lilienthal/Falkenberg. Die Inbetriebnahme ist für 2012 vorgesehen.

** Linie 8:*
Die derzeit zwischen der Kulenkampffallee und Huchting („Roland-Center") verkehrende Linie wird über Huchting hinaus um ca. 10 km in das niedersächsische Umland bis Weyhe/Leeste verlängert, wodurch über 10 000 Menschen eine direkte Tramanbindung erhalten. Die Führung erfolgt im Wesentlichen über die vorhandene Trasse der Bremen-Thedinghauser-Eisenbahn. Für 2012 ist die Inbetriebnahme geplant. Es besteht eine Option auf Weiterführung der Strecke bis Kirchweyhe/Sudweyhe.

** Linie 10:*
Die derzeit zwischen Gröpelingen und Sebaldsbrück (über Hauptbahnhof) verkehrende Linie wird im Osten über Sebaldsbrück hinaus in die Hermann-Koenen-Straße bis zum „Daimler-Chrysler"-Werk um ca. 2 km verlängert, wodurch eine erheblich verbesserte ÖPNV-Anbindung für die dort Beschäftigten entsteht. Die Verlängerung soll 2017 eröffnet werden.

** Linie 11:*
Diese vollständig neue Linie soll als Regional-Stadtbahn mit 17 km Länge unter Mitbenutzung von Vollbahntrassen die Bremen vorgelagerte Stadt Delmenhorst mit Bremen-Oberneuland verbinden. Aufgrund weiteren Klärungsbedarfes ist derzeit nicht abschließend einzuordnen, welchen weiteren zeitlichen Vorlauf eine Realisierung benötigen wird.

** Bremen-Vegesack–Bremen-Farge*
Als bedeutende Maßnahme im Bremer Norden ist die Wiederaufnahme des Ende Oktober 1961 beendeten Personenverkehres auf der 10 km langen, normalspurigen Farge-Vegesacker Eisenbahn anzusehen, die heute zum „Veolia"-Konzern gehört. Die „Nord-West-Bahn" führt hier im sog. „Vorlaufbetrieb" zunächst mit Diesel-Triebwagen seit Dezember 2007 den Betrieb durch. Die Strecke schließt in Bremen-Vegesack direkt an die Strecke vom Bremer Hauptbahnhof an. Derzeit fahren die Züge die Relation Verden–Bremen/Hbf.–Bremen-Vegesack, ab 2011 ist im Zusammenhang mit der Regio-S-Bahn für Bremen eine Durchbindung der Leistungen bis Farge unter dem Fahrdraht vorgesehen.

Bei allen Maßnahmen stellen Park-, Bike&Ride-Anlagen sowie Haltestellenbereiche nach modernsten Kriterien mit Rollstuhl-Schutzgittern in Höhe der Hublifte und taktilen Leitlinien inzwischen den Normalstandard dar. Nach Umsetzung der aufgeführten Positionen ist vorgesehen, in einem weiteren Ausbauschritt noch ausstehende Erweiterungen und Verknüpfungen im Tramnetz vorzunehmen, die aufgrund neu enstandener Siedlungsschwerpunkte erforderlich sind.

24.2 Die neue Breite

Noch bevor der „Wegmann"-Stadtbahnwagen 2003 in sein viertes Einsatz-Jahrzehnt ging, stand bereits der Nachfolger der ersten Niederflurgeneration fest. Im Dezember 2002 war der „GT8N-1 Flexity-Class" in einer ersten Lieferung von 20 Exemplaren bei „Bombardier" bestellt worden. Die ersten „Wegmann"-Züge standen bereits in Rumänien im Einsatz, als die „Flexity-Class" in Bremen an den Start ging. Wiederum durch erhebliche Änderungen im Vergleich zum Vorgängertyp gekennzeichnet, veränderte der „Neue" vor allem ein Maß, das die Fahrzeuggenerationen an der Weser über Jahrzehnte geprägt hatte: Die neue Niederflurgeneration weist erstmals eine Breite von 2,65 m gegenüber den in Bremen gewohnten 2,3 m auf. Wieder mit klassischer Fahrwerkstechnik ausgerüstet und daher lediglich zu 73% niederflurig, bietet das Fahrzeug gegenüber der ersten Niederflur-Serie ein erheblich höheres Platzangebot. Aufgrund bewährter Modulbautechnik ist Bremens neue Tramgeneration deutlich kostengünstiger als ihre Vorgängerin. Der erste Triebwagen mit der Nummer 3101 erreichte Bremen am 21. September 2005. In einer Präsentation wurde er am 4. Dezember 2005 intern und am 6. Dezember als Nikolaus-Geschenk der Öffentlichkeit vorgestellt. Zur Jahreswende ging der Wagen in den Linieneinsatz auf der Linie 6. Für den Einsatz auf allen Bremer Linien war er allerdings zu diesem Zeitpunkt noch nicht geeignet. Aufgrund des noch nicht überall angepassten Gleismittenabstandes ist ein freizügiger

Eine neue Breite war zunächst gewöhnungsbedürftig: Die zweite Generation von niederflurigen Trambahnen weist nicht mehr die gewohnte Bremer Breite von 2,3 m auf, sondern misst 2,65 m! Der erste Wagen erreichte Bremen Ende September 2005. 3110 fungiert als einer der offiziellen Eröffnungszüge der am 2. Dezember 2006 in Betrieb gegangenen neuen Linienführung der Linie 3 durch die alten Hafenquartiere, die inzwischen eine Umnutzung erfahren haben. Bemerkenswert: Die stadteinwärtige Strecke (re.) weist parallel verlaufendes Doppelgleis für eine platzsparende Mitbenutzung durch die „Bremische Hafeneisenbahn" auf. Mausolf

Einsatz erst nach entsprechenden Veränderungen, die im Rahmen kontinuierlicher Ersatzmaßnahmen erfolgen, möglich. Nachdem noch 2006 eine Option auf einen zweiten Lieferschritt in eine Bestellung umgewandelt worden war, wurden weitere „Wegmann"-Züge nach Timişoara verkauft. Im Jahre 2009 sind 34 Fahrzeuge der Serie 3100 vorhanden.

24.3 Tram nach Übersee

Längst haben die klassischen Hafenanlagen auf dem rechten Weserufer erheblich an Bedeutung verloren. Neue Containerhäfen auf dem linken Weserufer und in Bremerhaven haben ihre Aufgaben weitestgehend übernommen. Im Jahre 1998 wurde Bremens Überseehafen zugeschüttet, um eine Neuordnung der nicht mehr benötigten Areale zu ermöglichen. Die „Überseestadt" wurde geplant und umgesetzt, wobei u.a. Speicher und Schuppen zu attraktiven Gewerbe- und Dienstleistungsflächen umgestaltet und durch neue Gebäude ergänzt wurden. Zur verkehrlichen Anbindung dieser großflächigen Neuordnung wurde die bestehende Tramlinie 3 auf ihrem westlichen Ast umgeplant und mitten durch das neue Gelände geführt. Auf einem 800 m langen Streckenstück verkehrt sie dabei gemeinsam mit der „Bremischen Hafeneisenbahn", welche in beide Richtungen die stadteinwärtige Tramtrasse auf einem Vierschienengleis mitbenutzt. Diese Praxis ermöglichte eine äußerst platzsparende Lösung, wobei weiteres Gelände für gewerbliche Nutzung freiblieb. Am 6. September 2006 fuhr die erste „Hafeneisenbahn" über die neue Strecke, seit dem 2. Dezember 2006 verkehrt die Linie 3 über die Trasse. Bis 1962 nahmen die Tramlinien 2 und 3 schon einmal eine ähnliche Führung durch dieses Gelände. Durch großräumige Umgestaltungen erhielt die Tram seinerzeit eine neue Strecke über die Doventorscontrescarpe und die Hans-Böckler-Straße bzw. Haferkamp. Die veränderte Führung der Linie 3 ist ein Beispiel dafür, wie das Tramnetz rechtzeitig neuen Entwicklungen angepasst werden kann. Bremen beweist, dass aus Fehlern der Vergangenheit gelernt wurde.

Der Museumszug mit Tw 445 und Bw 1458 am Eröffnungstag auf der Neubaustrecke. Die Spätfolgen des Zweiten Weltkrieges waren beim Bau der neuen Strecke noch immer zu spüren. Zahlreiche Blindgänger mussten aufwendig entschärft werden. Mausolf

VII. Die Linien im Überblick

Liniennummern finden seit 1908 Verwendung, die weiter eingesetzten Farbtafeln wurden bis 1945 verwendet, das Horn der Linie 4 bis 1947. Auf kurzzeitige Abweichungen wird an dieser Stelle nicht eingegangen, durch Kriegszerstörungen bedingte Führungen nach 1945 werden nur grundsätzlich erwähnt. Zur frühen Nachkriegsentwicklung enthält der Kasten in Kapitel 9.3 Detailangaben.

Der Verkehr der „Bremer Straßenbahn“ wird hauptsächlich in zwei Grundachsen durchgeführt, auf denen sich die Linien konzentrieren. Die Ost-West-Achse schrumpfte sowohl was die Zahl der auf ihr eingesetzten Linien als auch was die Länge insgesamt anbelangt. Waren hier zu Zeiten der größten Ausdehnung mit der 2, 3, 8, 10, 11 und 12 sechs Linien zwischen Burg und Sebaldsbrücker Friedhof unterwegs, so verkehren heute zwischen Gröpelingen (Depot) und Sebaldsbrück (Depot) mit den Linien 2, 3 und 10 auf teilweise identischen Wegen noch drei Linien parallel zur Weser. Im Bremer Osten bestehen im Rahmen des „Zielnetzes 2010“ konkrete Ausbauabsichten, die eine Verlängerung der Achse zum „Daimler-Chrysler“-Werk (Linie 10) sowie bis Osterholz (Linie 2) mit einer Inbetriebnahme bis 2011 vorsehen.

Aktuell verkehren in ost-westlicher Richtung die Linien

2 Sebaldsbrück (Depot)–Hastedt–St. Jürgen-Straße–Sielwall–Domsheide–Am Brill–Lloydstraße–Utbremen–Waller Friedhof– Gröpelingen (Depot)

3* Weserwehr–Auf der Hohwisch–Weserstadion–St. Jürgen-Straße–Sielwall–Domsheide–Überseestadt/Europahafen–Gröpelingen (Depot)

10 Sebaldsbrück (Depot) bis Sielwall wie Linie 2, dann weiter: Am Dobben–Hauptbahnhof–Doventor–Utbremen– Waller Friedhof–Gröpelingen (Depot)

Die übrigen Linien im Bremer Netz können grob als Nord-Süd-Achse bezeichnet werden, auch wenn es für einige der historischen Linien nur im Innenstadtbereich zutrifft. Diese Achse hat – betrachten wir die Anzahl der Linien – lediglich eine verloren. Längenmäßig ist sie im Vergleich zur früheren Situation gewachsen. In der Vergangenheit verkehrten hier die alte Linie 4 auf gegenüber heute verkürzter Streckenführung sowie die alten Linien 5 und 6, die mit den heutigen Linien gleicher Nummer nichts gemein hatten. Hinzu kam die 1965 eingestellte Tramlinie 7 sowie schließlich die Linien 15 und 16, die in ihrer letzten Führung Grundlage für die neuen Linien 5 und 6 wurden. Heute überqueren alle Linien die Weser entweder auf der 1960 neu errichteten Großen Weserbrücke, heute Wilhelm-Kaisen-Brücke, (Linien 4, 5, 6 und 8) oder auf der 1952 neu errichteten Bürgermeister-Smidt-Brücke (Linie 1). Die 1939 gebaute und 1945 zerstörte sog. „Westbrücke“, auf der die seinerzeitige Linie 15 verkehrte, erhielt mit der neu errichteten Stephanibrücke Ersatz, auf der allerdings keine Tramlinie mehr verkehrt.

Aktuell verkehren in nord-südlicher Richtung die Linien

1 (*) Osterholz–Neue Vahr Süd–Schwachhausen–Am Dobben–Hauptbahnhof–Am Brill–Grolland–Kirchhuchting

4 (*) Borgfeld–Horn-Lehe–Horn–Schwachhausen–Am Dobben–Hauptbahnhof–Domsheide–Buntentor–Huckelriede–Arsten

5 Horn-Lehe (weiter wie Linie 4)–Arsten

6 Universität–Riensberg/Neu-Schwachhausen–Am Stern – Hauptbahnhof–Domsheide–Flughafendamm–Flughafen

8 Kulenkampffallee–Am Stern–Hauptbahnhof–Domsheide–Westerstraße–Grolland–Huchting (**)

(*) Linie mit Schnellverkehr zur Hauptverkehrszeit
(**) im Spätverkehr seit 2006 nur noch Kulenkampffallee–Innenstadt

Sonderfälle, die nicht mehr oder weniger eindeutig den beiden Achsen zuzuordnen sind, stellen die Ringline 1 (bis 1942) sowie die Linie 9 (bis 1927) dar. Die größte Anzahl Linien wies das Netz der BSAG vor Beginn des Zweiten Weltkrieges auf, als noch die Ringbahnlinie 1 verkehrte.

Im Jahre 1990 erfolgte die Einführung eines Nacht-Liniennetzes.

Eine Linie 1 gab es bereits lange, bevor die Stadtbahnlinie 1 im Juni 1967 an den Start ging. Doch sie war auch lange vorher schon wieder Geschichte: Als 1908 Liniennummern eingeführt wurden, ging die Nr. 1 an die ab September 1901 als vollständige Ringbahn verkehrende Linie, welche einen erweiterten Altstadtkern bis nach Utbremen bediente. Auf dem Marktplatz stehen vor dem Haus Schütting um 1903 die Triebwagen 90 und 91 mit der Kennzeichnung „Ringbahn" und darüber „Freihafen". Zu diesem Zeitpunkt wurde noch in beide Richtungen durch die im Hintergrund sichtbare Langenstraße gefahren. Slg. Beckmann/Archiv Esmann

Die Führung durch die schmale Langenstraße wurde schrittweise zugunsten der Obern- und Hutfilterstraße aufgegeben: Zunächst wurde 1906 in eine Richtung über diesen Straßenzug gefahren, ab September 1916 dann in beide und die Strecke in der Langenstraße eingestellt. Anfang der 30er Jahre kommt uns Triebwagen 136 in der Hutfilterstraße vor der Kreuzung Am Brill entgegen. Im Hintergrund die Ansgariikirche. Slg. Mausolf

25. Die Linie 1

Der „Grundstein" für die **alte** Linie 1 (Ringbahn) wurde im April des Jahres 1881 mit der Inbetriebnahme einer Ringlinie seitens der „Großen Bremer Pferdebahn" gelegt. Im Dezember 1900 erfolgte die Elektrifizierung der inzwischen gewachsenen Strecke. Die Linie führte nun die Farbkennung Rot. Ab September 1901 war sie als Ringbahn zwischen Am Markt über Langenstraße (bis 1906 in beide Richtungen, ab 1906 eine Richtung über Obernstraße/Hutfilterstraße), Stephanitor, Freihafen, Hansastraße, den Bahnhof, Am Dobben und Sielwall wieder zum Markt unterwegs. Im Rahmen der Nummernzuordnung 1908 erhielt sie die Linienkennung „1". Die Streckenführung der Ringbahn erfuhr nach vorherigen kleineren Anpassungen ab September 1916 eine wesentliche Änderung: Nun wurde die Richtungsstrecke durch die Langenstraße stillgelegt und in beide Richtungen über die Obernstraße/Hutfilterstraße gefahren. Ende März 1942 erfolgte die Einstellung aufgrund fehlenden Personals. In dieser Form wurde die Linie 1 nach dem Krieg nicht wieder in Betrieb genommen.

Die Geschichte der **neuen** Linie 1 beginnt am 18. Juni 1967 mit der Eröffnung der Neubaustrecke von der Schwachhauser Heerstraße/Kirchbachstraße über die spätere Konrad-Adenauer-Allee, die Julius-Brecht- und Kurt-Schumacher-Allee bis Blockdiek (Gelderner Straße) und der Linienführung Arsterdamm–Buntentor–Domsheide–Hauptbahnhof–Neue Vahr–Blockdiek. Schon am 6. Oktober

1968 erfolgte die Einweihung der Verlängerung von Blockdiek bis Osterholz und am 7. Oktober 1973 konnte die Neubaustrecke Huckelriede (in der Nähe des Arsterdammes) bis Arsten in Betrieb gehen. Dieser Ast wurde mit der kurzen, aber bedeutenden Verlängerung bis Arsten/Süd im Dezember 1998 noch einmal erweitert.

Zu diesem Zeitpunkt war aus der hierher verkehrenden Linie bereits im Rahmen der Netzumstrukturierung vom Mai 1998 die Linie 4 von Horn nach Arsten geworden. Die Linie 1 hatte den Linienweg von Osterholz über Neue Vahr–Am Dobben–Hauptbahnhof–Am Brill–Grolland nach Kirchhuchting erhalten. In dieser Form wird sie aktuell betrieben. Verlängerungen an beiden Endstellen sind Teil des „Zielnetzes 2010“ und sollen bis zum Jahre 2012 erfolgen.

Zusätzlich zum Angebot der Linie 1 verkehrt eine Linie „1 S“ montags bis freitags von 5.00 bis 8.00 Uhr morgens zwischen Osterholz und Hauptbahnhof als Schnellbahn.

Triebwagen 96 im Jahre 1938 oder 1939 am Hauptbahnhof. Nur noch kurze Zeit sollte die Ringbahn verkehren. Ende März 1942 machte Personalmangel ihre Einstellung erforderlich. Sie ging nach Kriegsende in dieser Form nicht wieder in Betrieb. FdBS/BSAG

Links: In der Mitte der 30er Jahre entstand dieser Blick aus dem „Deutschen Haus“ am Markt: Tw 132 und 166 treffen sich auf der Linie 1 am Roland: Vorne links sehen wir einen „Hansa“-Zug auf der Linie 2. Archiv Focke-Museum

1967 geht eine neue Linie 1 an den Start: Triebwagen 466 kommt aus Osterholz und erreicht den Hochbahnsteig an der Osterholzer Landstraße im Jahre 1969. Das östliche Ende die Linie 1 ist vollständig eigentrassiert. Hans Oerlemans

Die Anfang Oktober 1973 eröffnete stadtbahnmäßige Verlängerung der Linie 1 in Bremens Süden auf dem Abschnitt Huckelriede–Arsten/West umfasst 3,5 km. Eine 740 m lange Spannbetonbrücke mit gewichtsparendem, schotterlosen Oberbau der „Bauart Bremen“ führt die Tram über einen Autobahnzubringer hinweg. Auch diese Verlängerung ist vollständig eigentrassiert. Die Aufnahmen entstanden kurz vor der Eröffnung der neuen Strecke. Archiv ASV

Unser „Linienspaziergang“ über die Linie 1 führt uns 1980 auf den Hochgleis-Abschnitt von der Kurt-Huber-Straße nach Osterholz. Triebwagen 472 galt für viele als der schönste Vollwerbungswagen, der jemals Bremer Gleise befuhr. Mit seiner Backsteinoptik warb er für den Besuch der Bremer Böttcherstraße. Im Herbst 1980 fährt er die Rampe an der Düsseldorfer Straße hinab in Richtung Arsten. Mausolf

Nur selten präsentiert sich die Schwachhauser Heerstraße so überschaubar: Im Juli 1991 kommt uns Stadtbahnwagen 553 in Richtung Osterholz entgegen. Mausolf

476 – ein ehemaliger Bremerhavener – ist vor den ansprechenden Gebäuden der Schwachhauser Heerstraße in die Gegenrichtung unterwegs. Mausolf

Der Concordia-Tunnel am unteren Ende der Schwachhauser Heerstraße: Der ewig beklagte Lkw-Verkehr durch diesen Straßenzug führte immer wieder dazu, dass die Oberleitung im Tunnel abgerissen wurde: Die Höhenbeschränkung wurde einfach nicht wahrgenommen. „Wegmann"-Zug 550 ist im Sommer 1984 auf dem Weg nach Arsten. Mausolf

„Wegmann"-Zug 558 an der Haltestelle „Am Dobben": Die lange Zeit getrennten Haltestellen der Linien 1 und 10 wurden inzwischen durch eine gemeinsame Haltestelle ersetzt, die auch von den neuen Linien 4 und 5 mit benutzt wird. Davon war 1984 allerdings noch nicht die Rede! Mausolf

Tw 551 hält auf seiner Fahrt nach Arsten im Januar 1991 an der Haltestelle Kirchweg. Mausolf

„Wegmann"-Triebwagen 553 biegt vom Niedersachsendamm kommend in die Huckelriede ein. Geradeaus führen die Gleise zur Betriebsschleife. Mausolf

Bevor wir die aktuelle Führung der Linie 1 vorstellen noch ein seltenes Bild aus dem betrieblichen Alltag: Nur kurze Zeit verkehrte die Linie 1 im Spätverkehr ohne Beiwagen. Tw 545 im Sommer 1982 im Buntentorsteinweg. Mausolf

Seit der Einführung eines neuen Liniennetzes im Mai 1998 ist für die Linie 1 nur im Osten alles so geblieben, wie es war. Auf der Julius-Brecht-Allee am Beginn der Neuen Vahr ist nach wie vor die Linie 1 unterwegs. Nur ihr Ziel in Bremens Süden hat sich geändert. Aus Arsten wurde Huchting. Triebwagen 3036 auf der Julius-Brecht-Allee. Ingo Teschke

Planmäßig wird dieser Abbieger nicht befahren: Ein Einrücker zum Betriebshof Kurt-Huber-Straße 3061 kommt von der Linie 4 und fährt ins Depot. Schwachhauser Heerstraße /Kirchbachstraße. Mausolf

Fuhr sie bisher von Osterholz ab Hauptbahnhof über Domsheide, Buntentor und Huckelriede nach Arsten, so hat mit der Neuordnung die neue Linie 4 diesen Ast übernommen. Die Linie 1 fährt seither ab Hauptbahnhof über Am Brill und Grolland nach Huchting, von wo aus sie ab 2012 weiter bis nach Mittelshuchting geführt werden wird. Unser Bild zeigt den Niederflur-Tw 3120 im Frühjahr 2008 an der Haltestelle „Am Brill".

26. Die Linie 2

Der „Grundstein“ für die Linie 2 wurde durch die „Große Bremer Pferdebahn“ im November des Jahres 1879 mit Aufnahme des Betriebes zwischen Walle und Hastedt gelegt. Ab Januar 1880 stand die Verlängerung von Hastedt bis nach Sebaldsbrück in Betrieb. Als die Ost-West-Achse im Jahre 1900 elektrifiziert wurde, verkehrten auf ihr zwei Linien: Von Walle zur „Weserlust“, einem Ausflugsrestaurant am Osterdeich in Höhe des Hastedter Ringes (der späteren Georg-Bitter-Straße), verkehrte eine mit grüner Scheibe gekennzeichnete Linie, die im Oktober 1901 bis zur Lindenhofstraße in Gröpelingen verlängert und ab 1908 als Linie 2 bezeichnet wurde. Auf der Strecke vom Holzhafen nach Hastedt war eine mit gelber Scheibe gekennzeichnete Linie in Verkehr, die 1908 die Liniennummer 3 erhielt. Die Strecke hinter der Eisenbahnquerung zum Sebaldsbrücker Bahnhof versorgte weiterhin eine Pferdebahn, da die Staatsbahn eine niveaugleiche Überfahrt durch die „Elektrische“ nicht zuließ.

Anfang November 1911 kam es zum Tausch der Linienäste untereinander. Die Linie 2 erhielt die Strecke Gröpelingen (Lindenhofstraße)–Hastedt, die Linie 3 war vom Holzhafen zur „Weserlust“ unterwegs (vgl. Kap. 27). Zum November 1911 erfolgte die Einstellung des Pferdebahnbetriebs hinter der Staatsbahnkreuzung. Ab Juli 1913 konnte mit Fertigstellung einer Untertunnelung die „Elektrische“ schließlich bis Sebaldsbrück weiterfahren.

Seit Ende März 1926 bilden die neuen Depots in Sebaldsbrück und Gröpelingen gleichzeitig die Endstellen der Linie 2. Dies stellte eine Verlängerung des Linienweges an beiden Enden dar.

Aufgrund der starken Kriegszerstörungen im Bremer Westen verkehrte die Linie 2 ab Dezember 1945 dort zunächst über den Linienweg der Linie 3 nach Gröpelingen, bevor sie im März 1946 die Bedienung ihrer Stammstrecke von Gröpelingen auf dem Heerstraßenzug über Utbremen nach Sebaldsbrück wieder aufnehmen konnte. Im Zuge größerer Strukturveränderungen in Utbremen und am Doven-

Bei der Linie 2 ist im Wesentlichen ab 1911 alles so geblieben, wie es war: Auf der Ost-West-Achse verbindet sie Gröpelingen, Walle und Utbremen über die Innenstadt mit der östlichen Vorstadt, Hastedt und Sebaldsbrück. 1901 erreichte die spätere Linie 2 den Stadtteil Gröpelingen, allerdings noch nicht dort, wo sie ihren endgültigen Endpunkt haben sollte. Zunächst befand sich die Endstelle in der Lindenhofstraße. Triebwagen 220 steht hier Anfang der 20er Jahre abfahrbereit nach Sebaldsbrück. Erst mit Bau des Gröpelinger und des Sebaldsbrücker Depots 1926 erhielt die Linie 2 ihre bis heute angefahrenen Endpunkte. Slg. W. Esmann und Geschichtswerkstatt Gröpelingen

Die Waller Heerstraße in Höhe Gustavstraße in den 20er Jahren: Triebwagen 228 ist auf dem Weg nach Sebaldsbrück. Geschichtskontor Brodelpott

tor/Stephaniquartier erhielt die Linie 2 im Dezember des Jahres 1962 eine Neubaustrecke über die Doventorscontrescarpe, die Hans-Böckler-, Bürgermeister-Hildebrandt- und Landwehr-Straße, wodurch ihre störanfällige Nachkriegsführung über Korffsdeich und Neptunstraße bis Hansator/Hansestraße entfallen konnte. Im Oktober 1971 erfuhr die Strecke nochmals eine Veränderung, als die St. Magnus- und Wartburgstraße statt Utbremer- und untere Hansestraße befahren wurden.

Im Rahmen des „Zielnetzes 2010" ist bis 2017 die Verlängerung der Linie 2 über Sebaldsbrück hinaus bis zur Osterholzer Landstraße geplant.

Das langgestreckte Stadtgefüge Bremens benötigte als schnell wachsendes Wirtschafts- und Handelszentrum sowohl Verbindungen von West nach Ost als auch Verbindungen von beiden Enden der Stadt in deren Innenstadtbreich. 1908 sehen wir einen Zug auf der Ost-West-Achse, der gerade die Brill-Kreuzung überquert und damit in den inneren Bereich der Altstadt einfährt. Im Hintergrund der 1906 eröffnete Neubau der Sparkasse. Geschichtskontor Brodelpott

Im inneren Bereich der Altstadt waren Kontor- und Handelshäuser in großer Verdichtung vorhanden. „Hansa"-Wagen 207 mit zwei Beiwagen verlässt 1938 die Hutfilterstraße – die Verlängerung der Obernstraße in westlicher Richtung –, um weiter nach Gröpelingen zu fahren. Beachtenswert ist der kleine Lkw, der rechts zu sehen ist: Mit ihm wurde u.a. der 45-prozentige Schnaps „Heini Holtenbeen" ausgeliefert, benannt nach dem für seine deftigen Aussprüche bekannten Bremer Dienstmann und Original, der 1909 verstarb. Er ist als lebensgroße Figur am Lkw angebracht! Später verkehrte auch ein Stadtbahnzug der BSAG mit seinem Namen. Slg. VDVA

Offensichtlich herrscht vor Abfahrt vom Markt noch Klärungsbedarf: Ein Verkehrsmeister unterhält sich mit dem Fahrer an den Rathausarkaden. „Hansa"-Zug mit Tw 212 im Jahre 1936 vor der Weiterfahrt nach Gröpelingen. Im Hintergrund ein Triebwagen der Linie 15 vor der Kreuzung der Ost-West-Achse. Grünwald/Slg. VDVA

Kurz vor dem – durch seine bei Starkregen heute noch immer wieder eintretende Überflutung bekannten – Sebaldsbrücker Tunnel kommt uns im August 1952 „Hansa"-Tw 230 auf seiner Fahrt nach Gröpelingen entgegen. Archiv: ASV

Haltestelle „Sebaldsbrücker Bahnhof" mit „Hansa"-Tw 222 und zwei „Bremer-Dock"-Beiwagen im Oktober 1952. Archiv ASV

Im Juni 1960 ist Triebwagen 180 als Werkstattzug zum Sebaldsbrücker Depot unterwegs und hat auf der Hastedter Heerstraße gerade die Fährstraße erreicht. Dr. Ruempler

Im September 1956 verlässt der dreiachsige Prototyp-Gelenkzug 901/1901 das Gröpelinger Depot und fährt auf die Gröpelinger Heerstraße aus. Im Hintergrund nähert sich ein Obus. Dr. Ruempler

Auf der Gröpelinger Heerstraße präsentiert sich Tw 3009 im Jahre 2008 bereits im aktuellen Farbschema der BSAG, das sich durch die dezente Grauleiste am Fahrzeugboden auszeichnet. Mausolf

Gröpelinger Heerstraße kurz vor der Lindenhofstraße: 3010 auf dem Weg nach Sebaldsbrück, Frühjahr 2008. Mausolf

3545 im Jahre 2008 an der Haltestelle „Altenescher Straße“: Die Arbeitersiedlung vom Ende der 20er Jahre bildet einen beeindruckenden Hintergrund. Mausolf

Tw 403 fährt 1985 auf der Waller Heerstraße am hier querab verlaufenden Waller Ring vorbei. Rechts vor der Eckhauszeile befand sich bis 1963 die Endstelle der Linie 10 am Waller Bahnhof. Mausolf

Tw 3006 im Jahre 1994 in der Wartburgstraße, durch die die Tram seit 1971 verkehrt. Vorher fuhr sie seit 1962 von der Landwehrstraße kommend durch die Hansestraße. Mausolf

Tw 3454 in der schmalen Bürgermeister-Hildebrand-Straße, die alleinig von der Linie 2 befahren wird. Unser Blick geht exakt in jene Richtung, in der sich rechterhand das alte Depot Haferkamp befand. Mausolf

Im März 1957 war an eine Fußgängerzone in der Obern- und Hutfilterstraße noch nicht zu denken! Der dreiachsige Gelenkwagen 911 fährt vor architektonischen Kontrasten nach Sebaldsbrück. Dr. Ruempler

Links: Die Bahn- und Hochstraßenunterführung an der Doventorscontrescarpe – freigegeben Ende 1962 und zwischenzeitlich weiter verändert – gestattet der Tram freie Fahrt. Hier ein Großraumzug, der sich in den 60er Jahren auf dem Weg in die Innenstadt befindet. Städtebaulich lässt es den Betrachter eher erschauern. Archiv ASV

Als diese Gleistrasse eingerichtet wurde, war das vielbeachtete Berufsbildungszentrum der Architektengruppe um Krajewski und Commichau bereits seit über acht Jahren in Betrieb. Nun erhielten endlich seine Nutzer eine vernünftige ÖPNV-Anbindung. Einst Trasse für die Linien 2 und 3 fährt hier heute nur noch die Linie 2, seit die Linie 3 neue Wege durch die „Überseestadt“ nimmt. Bild vom Frühjahr 2008 mit Triebwagen 3011. Mausolf

An der Domsheide sehen wir 1984 Tw 502 noch in seinen originalen Farben auf der Linie 2 auf die Abfahrt nach Gröpelingen wartend. Mausolf

Im Februar 1958 standen die alten Häuser an der Südseite der Ostertorstraße noch! Ein Justizbau von erdrückender Nüchternheit entstand hier als Kontrast zum damals hier noch rechts befindlichen Polizeipräsidium. Großraumwagen 819 ist auf dem Weg nach Sebaldsbrück. Ostertorstraße/Kreuzung Am Wall. Archiv ASV

27. Die Linie 3

Der Grundstein für die Linie 3 wurde – wenn auch nur im Ansatz – bereits im Oktober des Jahres 1888 gelegt, als die „Bremer Pferdebahn“ eine Linie von der Faulenstraße zur Anbindung des neu eröffneten Freihafens – zunächst provisorisch – eröffnete und im folgenden Jahr bis zur Börse und kurz darauf weiter bis zum neuen Hauptbahnhof (zuvor noch kurzzeitig bis zum Venloer Bahnhof) verlängerte. Die Elektrifizierung zwischen Freihafen/Zolltor und Hauptbahnhof erfolgte 1893, im Freihafen fuhr links und rechts des Hafenbeckens entlang allerdings bis 1909 weiter die Pferdebahn, bis diese Strecke ersatzlos gestrichen wurde.

Als im Jahre 1900 die Ost-West-Achse elektrifiziert wurde, verkehrten hier zwei Linien: Die „grüne“ Linie von Walle über Am Markt zur „Weserlust“ wurde 1908 zur Linie 2 (vgl. Kapitel 26), die „gelbe“ Linie vom Holzhafen (Nordstraße in Höhe Bogen-/Columbusstraße) über Am Markt nach Hastedt erhielt 1908 die Liniennummer 3. Wie im Falle der Linie 2 entstand auch bei der Linie 3 vom Grundsatz her die bis heute übliche Linienführung erst 1911 durch Tausch der Äste der ursprünglichen Linien 2 und 3 untereinander. Fortan verkehrte die Linie 3 auf der Strecke Emder Straße/Holzhafen–Am Markt–„Weserlust“ und wurde 1912 im Bremer Osten bis Auf der Hohwisch verlängert. Erst 1921 erfolgte die Fertigstellung der bereits 1914 begonnenen, durch die Kriegsereignisse jedoch mehrfach unterbrochenen Verlängerung über die Emder Straße hinaus bis zur Werft A.G. „Weser“. Diese Strecke befuhr zuerst die Linie 11 (vgl. Kap. 35), ab 10. März 1924 dann die Linie 3. Am 2. November 1939 erfolgte auf dem östlichen Ast die Verlängerung von Auf der Hohwisch bis zum Weserwehr. Mit Einstellung der Linie 1 am 27. März 1942 (vgl. Kap. 25) verkehrte die Linie 3 auf deren Streckenabschnitt ab Hansator über die Neptunstraße und Korffsdeich zur Faulenstraße.

Im März 1949 erhielt die Linie 3 über die A.G. „Weser“ hinaus im Bremer Westen eine Anbindung an das Gröpelinger Depot. Die Strecke über den Europahafen (Korffsdeich/Neptunstraße) entfiel durch die Eröffnung der eigentrassierten Neubaustrecke Doventorscontrescarpe/Hans-Böckler-Straße Ende 1962. Schrittweise wurde seither die Strecke der Linie 3 von teils Seitenlage und teils richtungsmäßig getrennter Führung im Zuge des Weiterbaus der sog. „Hafenrandstraße“ (Straßenzug ehemalige Werftstraße, Bremerhavener Straße und Nordstraße) in deren Mitte eigentrassiert verlegt. Der Charakter dieser Strecke hat sich dadurch grundlegend verändert. Seit 2. Dezember 2006 verkehrt die Linie 3 auf einer Neubaustrecke durch das Europahafenquartier („Überseestadt“), allerdings in veränderter Führung im Vergleich zu der 1962 hier aufgegebenen Strecke. In dieser Form steht sie aktuell in Betrieb.

Zusätzlich zum Angebot der Linie 3 verkehrt eine Linie „3 S“ montags bis freitags von 6.00 bis 9.00 Uhr morgens zwischen Gröpelingen und Hauptbahnhof über die Häfen und Domsheide als Schnellbahn.

Bei der Linie 3 wurde die endgültige Linienausbreitung später erreicht als bei der Linie 2. Zwar verkehrte auch sie schon immer auf der Ost-West-Achse, doch wurde die Ausdehnung auf die heute befahrene Strecke erst 1949 mit der Verlegung des Endpunktes von der A.G. „Weser“ bis zum Gröpelinger Depot erzielt. Zwischen Dom und Börse sehen wir Tw 33 zur „Weserlust“ und Tw 36 zum Holzhafen fahren. Erst ab 1911 verband die ab 1908 als Linie 3 bezeichnete Linie diese beiden Endstellen. Davor war sie zwischen Sebaldsbrück bzw. Hastedt und dem Holzhafen unterwegs. Aufnahmedatum ca. 1903.
Slg. Karl Möller

Auf der Nordstraße am Jute-Gebäude sehen wir die Tram zum Holzhafen – wahrscheinlich Triebwagen 36. Die Aufnahme dürfte von 1903 datieren. Sehr viel weiter fuhr die „gelbe“ Linie zu diesem Zeitpunkt noch nicht.
Slg. Karl Möller

Die Torhäuser am Doventor – alles längst Vergangenheit – bilden eine herrliche Kulisse für den offenen Zweiachser zum Holzhafen, dem damaligen Ende der Linie, das sich in der Nordstraße auf Höhe der Bogenstraße befand. Zum Zeitpunkt dieser Aufnahme kam die „gelbe Linie“ – Liniennummern gab es noch nicht – noch aus Sebaldsbrück. Erst 1911 erfolgte der Linientausch. Vermutlich entstand die Aufnahme um 1905.
Geschichtskontor Brodelpott

Links: Hier ist es schon die Linie 3, die Am Brill auf dem Weg zum Holzhafen pausiert. Man beachte links die prunkvolle Fassade des Einrichtungshauses Wührmann! Wir blicken geradeaus in die Faulenstraße mit prächtigen Wohn- und Geschäftshäusern. Vermutliches Aufnahmedatum: um 1910.
Archiv Focke-Museum

1938 entstand diese Aufnahme vom „Hansa"-Triebwagen 202 mit seinem Beiwagen 486 vor der „Roland-Mühle" in der Nordstraße/Höhe Emder Straße. FdBS/BSAG

In den 50er und 60er Jahren wurden in den Hauptverkehrszeiten Züge der Linie 3 über Gröpelingen hinaus weiter auf der Linie 11 zur „Hütte" gefahren. Hier befährt 651 – ein Eigenbau-Triebwagen der BSAG in bekanntem Design von 1954 – im Jahre 1955 gerade die Verbindung von der Linie 3 zur Linie 11 am Tunnel Debstedter Straße. Als Eingleisungswagen existiert dieses Fahrzeug noch heute im aktiven Dienst der BSAG. Dieter Höltge

Auf der schließlich 1921 fertiggestellten eigenen Gleistrasse im Zuge der Bremerhavener Straße sehen wir „Hansa"-Wagen 233 um das Jahr 1938 mit zwei Beiwagen. Die Endstelle der Linie 3 im Bremer Osten befand sich bis Ende 1939 Auf der Hohwisch. FdBS/BSAG

GT 3 914 fährt 1965 vom Depot Gröpelingen auf die Debstedter Straße aus. Heute ist die Ausfahrt in das Depotgelände integriert. Hans Oerlemans

Vor dem imposanten Bau der Getreideanlage, der zwischen 1913 und 1917 entstand, als größter Backsteinbau Europas gilt und inzwischen als schutzwürdig eingestuft ist, kommt im März 1970 Kurzgelenkwagen 405 mit einem zweiachsigen Beiwagen auf dem Weg zum Weserwehr die Werftstraße heraufgefahren. Reinhard Todt

Das Ende der naturnahen Führung zwischen Depot Gröpelingen und der A.G. „Weser" und auch das Ende der eingleisigen Abschnitte, die sich anschlossen, kam nahezu zeitgleich mit dem Ende der Werft selbst. Sie wurde Ende 1983 vom Eigentümer geschlossen. Der Bremer Westen war ratlos, fühlte sich im Stich gelassen. Im Herbst 1982 wurde im Zuge des Weiterbaus der Hafenrandstraße zunächst das stadtauswärtige Streckenstück durch die Ort- und Gohgräfenstraße stillgelegt. Wir blicken noch einmal darauf zurück: An der Einmündung der Liegnitzstraße in die Werftstraße befand sich die Gaststätte „Zur Werft" – Treffpunkt nach Schichtende und „auch so": 401 hält an der alten Haltestelle A.G. „Weser" irgendwann im Winter 1980. Mausolf

Blick in die Liegnitzstraße mit Arbeitswagen AT 4, 1981. Mausolf

Triebwagen 440 vor den Hinterhöfen der Gohgräfenstraße im Jahre 1981.
Mausolf

Tw 417 in Höhe des Werfttores im Jahre 1980. Wegen oft lange geschlossener Schranken gab es einen „Abgang“ zur Werft. Schule und Gebäude wurden nach Stilllegung dieses Abschnittes umgehend beseitigt. Die Hafenrandstraße verläuft nun wo einst die Schule Kirchenallee stand.
Mausolf

Triebwagen 410 in den letzten Tagen der Strecke durch Ort- und Gohgräfenstraße: Die Bohlen für die neue Strecke liegen schon bereit.
Mausolf

Nur kurz überlebte die eingleisige Strecke in Richtung Innenstadt/Weserwehr die stadtauswärtige. In den letzten Tagen fährt 411 Richtung Stadt – die Gaststätte „Zur Werft" ist bereits beseitigt. Mausolf

3005 zwischen Waller Ring und Elisabethstraße: „Überseestadt" heißt das Motto für das neue Zeitalter, das auf den alten Hafenarealen angebrochen ist! Im Jahre 2008 wurden an vielen Orten der klassischen Hafengebiete deren alte Speicher und Schuppen zu attraktiven Büro- und Gewerbeliegenschaften umgestaltet. Mausolf

3521 auf Probefahrt auf ganz speziellem Gleis: Im Zuge der Neuordnung der alten, ausgedienten und teilweise zugeschütteten Häfen erhielt auch die Linie 3 eine neue Führung: Die „Überseestadt" wächst und ausnahmsweise ist die Tram schon vorhanden und stellt einen Entwicklungsmotor dar! Anfang Dezember 2006 ging die neue Führung der Linie 3 zwischen Nord-/Hansestraße und Am Wall/Doventor in Betrieb. Das stadteinwärtige Gleis ist dabei zur Platzersparnis als Vierschienengleis ausgeführt und wird von der „Bremischen Hafenbahn" mitbenutzt. Mausolf

Am 2. Dezember 2006 eröffnet Triebwagen 3022 die neue Strecke. Mausolf

560 vor den Rathaus-Arkaden: Der zweite Umbausechsachser der BSAG ist seit 2006 bereits Geschichte. Hier sehen wir ihn kurz nach seiner Fertigstellung im letzten Abendlicht auf der Linie 3. Mausolf

3009 fährt in den Knotenpunkt Domsheide ein, September 1999. Mausolf

Tw 412 im Ostertorsteinweg vor der historischen „Engel-Apotheke" im Jahre 1980. Heute befindet sich hinter klassischer Fassade ein Caféhaus.
Mausolf

An der St. Jürgen-Straße zweigt die Linie 3 von der Strecke der Linien 2 und 10 geradeaus zum Weserstadion und Weserwehr ab. Tw 3077, Herbst 2007.
Mausolf

Die Hamburger Straße mit Tw 464 im Jahre 1985. Der Straßenzug bietet eine herrliche Vielfalt alter und ansprechend restaurierter Bremer Häuser ebenso wie Vor- und Nachkriegs-Siedlungsbauten.
Mausolf

3445 – der spätere Museumstriebwagen – in den letzten Tagen seines regulären Einsatzes – als E-Wagen anlässlich eines Fußballspieles in der Hamburger Straße/Höhe Verdener Straße. Mausolf

Die Anwohner des Ortsteils Peterswerder sind seit jeher Großeinsätze gewohnt. Viele haben sich arrangiert, viele flüchten an den Tagen der Heimspiele des SV Werder: Auch 1956 war es Normalität, dass zu sportlichen Veranstaltungen Menschenmengen mit der Straßenbahn zum Stadion kamen und auch mit ihnen wieder abfuhren: Die Triebwagen wurden in der Georg-Bitter-Straße – welche die Tramlinien 2 und 3 untereinander verbindet – und an vielen anderen Orten abgestellt. Im Mai 1956 stehen an der Spitze in der Georg-Bitter-Straße links Tw 79 und rechts Tw 150. Dr. Ruempler

„Hansa"-Wagen 209 im Mai 1956 an der Einmündung der Hamburger Straße in die St. Jürgen-Straße als E-Wagen für die Linie 7 nach Spielende. Dr. Ruempler

Die Linie 3 fährt auf der Strecke der Linie 2 mit Eigenbau Tw 651, rechts auf der Strecke der Linie 3 steht im Mai 1956 Triebwagen 199 als E-Wagen für die Linie 7.
Dr. Ruempler

Depot Gröpelingen, Frühjahr 2008: Triebwagen 3527 neben 3029 als „3 S“ exemplarisch für die Schnellbahneinsätze auf den Linien 1, 3 und 4: Mit Halt an nur wenigen Haltestellen wird zur morgentlichen HVZ – bei der Linie 4 erweitert – ein besonders schneller Service geboten.
Mausolf

Tw 462 fährt 1985 als Linie 2 in der Hamburger Straße, der Strecke der Linie 3, auf Umleitung. Hier an der abzweigenden Georg-Bitter-Straße – damals noch eine eingleisige Verbindungsstrecke, auf der bis 1975 die Linie 10 geendet hatte – kann er wieder auf seine angestammte Strecke nach Sebaldsbrück zurück.
Mausolf

28. Die Linie 4

Im Mai 1876 wurde von der „Bremer Pferdebahn“ zwischen der Vahrster Brücke und dem Herdentor Bremens erste Pferdebahnlinie eröffnet, deren Verlängerung bis Horn Ende 1877 erfolgte. Erst nach langwierigen Verhandlungen konnte 1883 die stadtseitige Verlängerung bis zur Börse durch den engen Schüsselkorb eröffnet werden. Am 1. Mai 1892 wurde – nach den positiven Erfahrungen mit der Ausstellungsbahn von 1890 – die Strecke Horn–Börse über Horner- und Schwachhauser Heerstraße, den Hauptbahnhof und das Herdentor als erste reguläre elektrifizierte Verbindung in Betrieb genommen. Ein gelbes Horn kennzeichnete die Linie, die 1908 die Nummer 4 erhielt. Am 3. August 1914 erfolgte die Weiterführung über Börse/Markt und die Große Weserbrücke durch das Buntentor zum Arsterdamm. Die Nachkriegssituation mit zerstörten Weserbrücken bedingte einen Inselbetrieb der Linie 4 auf Altstadt- und Neustadtseite, der schon vor der Wiederherstellung der alten Großen Weserbrücke Ende November 1947 ein Ende fand.

Der Linienverlauf in der vorderen Neustadt im Richtungsverkehr über Leibnizplatz zum Arsterdamm und über die Osterstraße in Gegenrichtung wurde 1960 zugunsten einer neuen gemeinsamen Streckenführung über Friedrich-Ebert-Straße und den Leibnizplatz und den vorderen Buntentorsteinweg (ehem. Leibnizstraße) aufgegeben. Die ebenfalls 1960 eröffnete neue Große Weserbrücke änderte auch die Führung in Bremens Altstadt: Statt bisher über die schmale Wachtstraße fuhr die Linie 4 nun durch die neue Balgebrückstraße und die provisorische Verbindung durch die Marktstraße zum Markt und ab Oktober 1965 über den neuen Knotenpunkt Domsheide. Im Juni 1967 erfolgte mit Einführung der neuen Linie 1 die Verkürzung der Linie 4 auf den Abschnitt Domshof–Horn, der nur noch zur Hauptverkehrszeit bedient wurde. Am 29. April 1972 verkehrte die „alte“ Linie 4 letztmalig auf dieser Strecke.

Ein gutes Vierteljahrhundert später erfolgte die Wiederbelebung der Linie 4. Am 23. Mai 1998 fand die Eröffnung der „neuen“ Linie 4 zwischen Horn (Kreisel) und Arsten statt, wo sie noch Anfang Dezember 1998 bis Arsten/Süd verlängert wurde. In einem zweiten Bauabschnitt konnte im Dezember 2002 die Strecke zwischen Horn und Borgfeld dem Verkehr übergeben werden und bis 2012 ist die Fertigstellung des dritten Bauabschnittes nach Lilienthal/Falkenberg (Niedersachsen) zu erwarten.

Zusätzlich zum Angebot der Linie 4 verkehrt eine Linie „4 S“ montags bis freitags von 5.00 Uhr bis 8.00 Uhr und von 12.00 bis 18.00 Uhr zwischen Borgfeld und Kirchbachstraße als Schnellbahn.

1948 trägt der bei den BMD gebaute Triebwagen 719 mit Bw 1714 und einem weiteren Bw noch die Hinweisbeschriftung für die amerikanischen Streikräfte. Endstelle Horn. Slg. Esmann

Links: Die alte Linie 4 ist gleichzeitig auch Bremens älteste Straßenbahnlinie: 1876 als Pferdebahn entstanden, wurde die „Keimzelle“ des bremischen Netzes allerdings schon 1972 – seit 1967 bereits eines Astes beraubt – eingestellt. Die elektrische Linie 4 war mit einem gelben Horn gekennzeichnet. An der Endstelle im Stadtteil Horn sehen wir „Hansa“-Tw 247 im Jahre 1933. FdBS/BSAG

Von den fünf Dreiachs-Triebwagen der Baujahre 1937 bis 1939 überstanden nur zwei den Krieg: Ab 1946 als Tw 500 und 501 geführt, waren beide linienungebunden bis in die 60er Jahre im Einsatz. Tw 501 – ex 269 – hier im September 1956 als Linie 4 in Horn.
Dr. Ruempler

Einfahrt in die Endstelle Horn, im Hintergrund die Horner Kirche: Großraumwagen 814 im November 1968.
Dieter Höltge

Tw 901 fährt im Juli 1960 in die Horner Schleife ein.
Dieter Waltking

Bw 1700 am Schluss eines Zuges der Linie 4 in der Schwachhauser Heerstraße. Der Beiwagen ist ein echter „Lindner"-Wagen von 1941, der den Krieg brauchbar überstand und bei den BMD wieder aufgerüstet werden konnte. Archiv ASV

Bei den Fahrleitungsmontagen war 1958 noch historisches Turmwagenmaterial im Einsatz: Daran vorbei fährt 904 nach Horn. Beachtenswert die Drehleiter! Dr. Ruempler

Triebwagen 910 am Herdentor/Am Wall auf der Linie 4 zum Arsterdamm im August 1957: Ein Postwagen, ein „Opel" und ein „Hansa-Lloyd" fallen auf. Archiv ASV

Tw 500 ist der zweite Dreiachser, der den Krieg überstand: Wir sehen ihn Ende Juni 1955 Am Markt vor Dom und Börsenruine als Linie 4 nach Horn. Dieter Höltge

Sieben Jahre später sieht alles ganz anders aus: Allerdings fährt wieder ein GT – hier 919 – zum Arsterdamm. Haltestelle Rotes Kreuz Krankenhaus, etwa in Höhe des rechts sichtbaren Baumes zweigte bis Ende 1960 die eingleisige Strecke durch die Osterstraße in Richtung Innenstadt ab. Reinhard Todt

Mit Fertigstellung der neuen Großen Weserbrücke Ende 1960 verschwand die eingleisige, richtungsmäßig getrennte Führung der Linie 4 in der Neustadt um den Leibnizplatz. Im Jahre 1955 entstand die Aufnahme von einem Zug der Linie 4 mit Beiwagen 1722 am Ende, der gerade aus der Osterstraße in die Auffahrt zur alten Kleinen Weserbrücke (St. Pauli-Brücke) fährt. „Hansa"-Wagen 257 ist auf der Linie 15 zum Flughafen unterwegs und wird geradeaus weiterfahren, ebenso wie die Linie 4 in Richtung Arsterdamm. Zwischen Leibnizplatz und der zum Buntentor gelegenen Einmündung der Osterstraße fuhr sie eingleisig. Dieter Höltge

Im September 1959 entstand diese rare Aufnahme von einer Tram der Linie 4, die vom Leibnizplatz kommend in den kurzen eingleisigen Streckenabschnitt in der Leibnizstraße einbiegt. Triebwagen 905 auf dem Weg zum Arsterdamm. Archiv ASV

Endstelle in Bremens Süden an der Kattenturmer Heerstraße: Tw 921 ist im September 1966 an der Endschleife Arsterdamm angekommen, so benannt nach der kurz hinter der Schleife abgehenden Straße. Nur bis Juni 1967 fuhr die Linie 4 bis zum Arsterdamm, dann übernahm die neue Linie 1 die Bedienung von Bremens Süden. Reinhard Todt

Die neue Linie 4: 3530 am Eröffnungstage – dem 23. Mai 1998 – in Horn: Bremens Bürgerinnen und Bürger feierten das freudige Ereignis mit der Sicherheit, dass es nur der Anfang einer „Renaissance“ der Tram im Stadtbahngewande sein würde. Mausolf

Fahrschule für die neue Strecke: 3402 auf der Schwachhauser Heerstraße. Mausolf

3076 fährt in den Schüsselkorb ein: Am unteren Ende der Sögestraße steht die 1974 vom Bildhauer Peter Lehmann geschaffene Plastik, die an die Entstehung des Namens der seither als Fußgängerzone gestalteten Straße erinnert: Von hier wurden über das Herdentor die Schweine auf die der Stadt vorgelagerten Weideflächen getrieben. Lang, lang ist's her… Ingo Teschke

Ende März 2005 war es vorbei mit Treffen dieser Art: Der „InBev"-Konzern – inzwischen Eigentümer der „Becks"-Brauerei – beschloss, die Bierauslieferung für Gaststätten im erweiterten Bereich der Innenstadt per Fuhrwerk einzustellen. Ein Jahr zuvor war daran noch nicht zu denken: Eines der Gespanne darf an der Domsheide Tw 3558 „Timişoara" auf dem Weg nach Borgfeld vorauseilen.
Die Bezeichnung „Falkenberg" bezieht sich auf den Busanschluss in Borgfeld.
Mausolf

Fahrleitungskontrolle: Der Turmwagen pausiert, 3072 fährt vorbei Richtung Arsten. Vor der Haltestelle „Kirchweg". Mausolf

Haltestelle „Kirchweg" im Buntentorsteinweg – auch hier inzwischen moderner und sicherer Fahrgastwechsel. Tw 3054, Frühjahr 2008. Mausolf

29. Linie 5

Die Geschichte der **alten** Linie 5 – mit ihrer Elektrifizierung durch eine blaue Scheibe gekennzeichnet – begann mit der Eröffnung der „Großen Bremer Pferdebahn"-Strecke Am Markt–Kirchweg im August des Jahres 1880. Vier Jahre später wurde die Verlängerung bis zum Arsterdamm in Betrieb genommen. Ende November 1900 verkehrte sie zwischen Arsterdamm–Buntentor–Am Markt–Hauptbahnhof und dem Bürgerpark elektrisch. Vom Oktober 1905 liegen Fahrpläne vor, welche den Linienweg zu diesem Zeitpunkt mit Arsterdamm–Bürgerpark–Gastfeldstraße, ergänzt durch direkte Fahrten unter Umgehung des Bürgerparks angeben. Diese Regelung war jedoch nicht von Dauer.

Eineinhalb Jahre vor der Aufgabe der Linie in dieser Führung zum August 1914 erfolgte wegen der starken Siedlungsentwicklung im vorderen Schwachhausen die Verlegung ihrer Endstelle, die nun wieder Bürgerpark lautete, in die Wachmannstraße. Als am 3. August 1914 die Verlängerung der Linie 4 über ihren bis dahin angefahrenen Endpunkt in der Innenstadt bis zum Arsterdamm erfolgte, erhielt die Linie 5 eine neue Streckenführung: Ab 24. Oktober 1914 verkehrte sie von der Gastfeldstraße über die Brückenstraße (heute Friedrich-Ebert-Straße) und Am Markt sowie Hauptbahnhof durch die Wachmannstraße zur Hartwigstraße bis zum Schwachhauser Ring, ab Ende Februar 1918 wurde sie auf die Strecke von der Neustadt über Am Markt bis zum Hauptbahnhof eingekürzt. Von Oktober 1923 bis Juli 1927 lautete ihr Linienweg (sog. „Neustadtring") Pappelstraße/Gastfeldstraße – Am Markt – Hauptbahnhof – Am Brill – Pappelstraße, zwischen Juli 1927 und Oktober 1930 verlief die Führung – in bis Findorff erweiterter Form – im Rahmen des „Nord-Süd-Rings" Bürgerpark – Hauptbahnhof – Am Brill – Pappelstraße – Am Markt–Hauptbahnhof – Findorffstraße/Admiralstraße – Hemmstraße – Bürgerpark. Ab November 1930 fuhr die Linie 5 zwischen Pappelstraße und Hemmstraße über Markt, Hauptbahnhof und Findorffstraße/Admiralstraße, wurde im Juni 1932 auf der Neustadtseite zunächst bis zur Neuenlander Straße, im Januar 1934 bis zum Flughafen und 1938 bis zu den „Focke-Wulf Flugzeugwerken" verlängert. Ab 1943 endete sie bereits an der Pappelstraße, verkehrte nach Kriegsende jedoch wieder zum Flughafen. Durch die zerstörten Weserbrücken kam es zum Inselbetrieb der Linie 5 auf Neustadts- und Altstadtseite, der mit der Wiedereröffnung der alten Großen Weserbrücke Ende November 1947 sein Ende fand. Ab diesem Datum verkehrte die Linie 5 wieder zwischen dem Flughafen und der Hemmstraße über Am Markt, Hauptbahnhof und Bürgerpark, ab Juli 1950 in Schleifenfahrt durch Findorff.

Als Ende Juni 1952 die Linie 15 zum Flughafen geführt wurde (vgl. Kap. 37), erhielt die Linie 5 die Streckenführung Hohentor (Neustadtsbahnhof)–Pappelstraße–Am Markt–Hauptbahnhof–Bürgerpark–Hemmstraße–Admiralstraße/Findorffstraße–Hauptbahnhof–Hohentor (Neustadtsbahnhof) zugewiesen. Die letzten drei Jahre bis zu ihrer Einstellung am 1. Mai 1964 verkehrte sie nur noch ab Pappelstraße.

Die erste Linie 5 fuhr bis August 1914 vom Arsterdamm über das Buntentor und die Weserbrücken an den Rand Schwachhausens. Als 1914 die Linie 4 über die Innenstadt hinaus zum Arsterdamm verlängert wurde, erhielt die Linie 5 einen neuen Linienweg. Fortan war sie von der Gastfeldstraße über Markt und Hauptbahnhof nach Schwachhausen unterwegs. Unser schwer datierbares Bild zeigt die Linie 5 in ihrer ersten Führung in der Osterstraße nahe den Torhäusern, um 1910. Archiv Focke-Museum

Der spektakulärste Punkt der Linie 5 befand sich in Bremens Stadtteil Findorff: Hier kreuzte sie gemeinsam mit der alten Linie 6 und der Linie 7 die Gleise der Kleinbahn „Jan Reiners“ nach Tarmstedt. Unser Bild zeigt Tram-Triebwagen 205 neben „Jan Reiners“-Triebwagen und Beiwagen im Oktober 1953 auf der Eickedorfer Straße. Peter Boehm/Slg. Axel Reuther

An der Ecke Hemmstraße/Eickedorfer Straße steht im September 1957 „Hansa“-Wagen 241 zur Abfahrt in die Neustadt bereit. Dr. Ruempler

Zwei „Hansa“-Wagen treffen sich im Februar 1958 an der Kreuzung Herdentor/Am Wall: links 204 auf dem Weg zur Hemmstraße in Findorff und rechts 231 auf dem Weg in die Neustadt. Archiv ASV

Im April 1963 pausiert die Mannschaft von Tw 352 in der Pappelstraße, dem Endpunkt der Linie 5 in ihren letzten Jahren: In der Auslage des Klempner-Fachgeschäftes gibt es Neuigkeiten! W. R. Reimann

Tw 206 im Jahre 1959 auf der alten Großen Weserbrücke, Richtung Altstadt fahrend. Archiv ASV

Der Leibnizplatz in seinem alten Zustand: Im September 1959 ist die Linie 5 noch zum Neustadtsbahnhof unterwegs, ab Mai 1961 wird die Pappelstraße ihr Endpunkt sein. Ein „Hansa"-Wagen befährt gerade jene Stelle, an der die eingleisige Strecke der Linie 4 in Richtung Arsterdamm abzweigt. Im Zuge der grundlegenden Neugestaltung beim Anschluss der neuen Weserbrücken wird auch der gesamte Gebäudekomplex mit der Weinbrand-Werbung verschwinden. Archiv ASV

Abschied von der Linie 5: Am Bürgerpark ist Tw 353 am 30. April 1964 zum letzten Mal zur Hemmstraße unterwegs. W. Esmann

Die **neue** Linie 5 begann ihre Geschichte am 18. Juni 1967, als die Linie 15 aufgehoben und auf deren Strecke fortan die neue Linie 5 verkehrte. Sie verband nun den Flughafen in der Neustadt mit der Kulenkampffallee im Stadtteil Schwachhausen auf der Altstadtseite. Diese Linienführung bestand bis zur Umstrukturierung des Liniennetzes im Mai 1998. Danach verkehrte die Linie 5 zunächst zwischen der Kulenkampffallee und Huckelriede über die Domsheide, ab Ende März 2001 zwischen Kulenkampffallee und Huckelriede über Am Brill und seit Dezember 2002 zwischen Horn-Lehe und Arsten über Domsheide. In dieser Führung wird sie aktuell bedient.

Es dauerte drei Jahre, dann war erneut eine Linie 5 Bestandteil des Netzes: Im Juni 1967 übernahm sie den Linienweg der Linie 15 vom Flughafen zur Kulenkampffallee. Tw 441 am Flughafendamm, 1980: Mehr Natur geht nicht. Heute befindet sich hier die aufgeständerte Autobahn 281 und die Tram fährt andere Wege! Mausolf

Anfang der 80er Jahre mussten die „Wegmann"-Züge zur Waggonbaufirma „Linke-Hofmann-Busch" in Salzgitter: Probleme mit der Gelenk-Steuerung erforderten Nachbesserungen. Triebwagen 434 fährt an einem aufgeladenen Beiwagen vorbei, der auf den Gleisen vor der Hauptwerkstatt steht. Mausolf

3053 kurz vor dem Flughafen, bis zu dessen Empfangsgebäude noch ein kleiner Fußmarsch zurückgelegt werden musste. Mausolf

Im April 1991 steht die Hermann-Böse-Straße vor dem Umbau: Noch gibt es keine Hochpflasterung. Tw 427 wird gleich die Unterführung am Hauptbahnhof passieren. Mausolf

Triebwagen 433 im April 1991 in der Hermann-Böse-Straße mit der imposanten Halle des Bremer Hauptbahnhofes im Hintergrund. Mausolf

3801 im Juni 1993: Die Umgestaltung des Straßenzuges hat neue Haltestellenbereiche und endlich die eigene Trasse für die Tram gebracht! Mausolf

An der dort befindlichen Haltestelle „Brahmsstraße“ Tw 438, 1984. Mausolf

Tw 3033 auf der Linie 5 zum Flughafen in der Violenstraße: Die Dokumentation der Linie 5 zum Flughafen wäre nicht vollständig ohne einen Niederflur-Serienwagen, der in ihren letzten Jahren natürlich auch hier im Einsatz stand. Unser Bild entstand kurz bevor die Linie nicht mehr den Flughafen bediente. Mausolf

Im Rahmen der Netz-Neustrukturierung vom Mai 1998 erhielt die Linie 5 zunächst die Führung Kulenkampffallee–Huckelriede und fährt seit Dezember 2002 – dem Datum der Eröffnung des zweiten Bauabschnittes der neuen Linie 4 zwischen Horn-Lehe und Borgfeld – zwischen Horn-Lehe und Arsten. Diesen Zustand dokumentiert dieses Bild von der Linie 5 mit Triebwagen 3054 an der Domsheide. Mausolf

„Wegmann"-Zug mit Triebwagen 3536 an der Haltestelle „Am Dobben" auf dem Weg nach Arsten. Ingo Teschke

30. Die Linie 6

Auch bei dieser Linie blicken wir zunächst auf eine **alte** Führung. Anfangs mit weiß/roter, ab 1905 mit weißer Scheibe gekennzeichnet, verband sie Neustadt und Altstadt miteinander. Ab Oktober 1900 war sie zwischen Schützenhof (Pappelstraße) über Kaiserstraße (später Bürgermeister-Smidt-Straße)/Am Brill zum Hauptbahnhof, ab Mai 1902 weiter bis zum Bürgerpark unterwegs. Ab Februar 1913 fuhr sie vom Hauptbahnhof kommend die Parkallee/Ecke Holleralle an und erhielt im April 1915 in der Wachmannstraße ihren neuen Endpunkt. Von Februar 1918 bis zur Einstellung im Oktober des Jahres 1923 pendelte sie erneut nur zwischen der Pappelstraße und dem Hauptbahnhof über Am Brill. Für knapp vier Jahre existierte keine Linie 6 im Bremer Netz. Erst mit der Einrichtung des Nord-Süd-Ringverkehres ab Juli 1927 tauchte diese Liniennummer wieder auf. Im Gegenlauf zur Linie 5 (vgl. Kap. 29) bediente sie die Strecke Pappelstraße – Am Brill – Hauptbahnhof – Bürgerpark – Hemmstraße – Admiral-/ Findorffstraße – Breitenweg – Hauptbahnhof – Am Markt – Pappelstraße. Ab November 1930 verkehrte die Linie 6 zwischen Pappelstraße über Am Brill und Hauptbahnhof/Bürgerpark zur Hemmstraße und wurde zwei Jahre später in der Neustadt zur Vulkanstraße geführt. Diese Verlängerung blieb jedoch nur bis Oktober 1943 in Kraft.

Nach durch die Kriegsfolgen bedingten abweichenden Linienwegen – zunächst auf Alt- und Neustadtseite getrennt und erst ab Ende 1950 über die bereits Ende 1947 wiederhergerichtete Große Weserbrücke beide Stadthälften wieder verbindend – hieß ab Juni 1952 die Endstelle in der Neustadt Gastfeldstraße, ab Januar 1958 über eine hierher verlängerte Strecke Kirchweg, von wo aus über Pappelstraße, Am Brill,

Die alte Linie 6 hat mit der heutigen Linie 6 nichts gemein. Sie verband zwar von jeher Bremens Neustadt mit der Altstadt, jedoch in ganz anderer Form als ihre moderne Nachfolgerin, die 1967 die letzte Führung der zu diesem Zeitpunkt eingestellten Linie 16 übernahm. In der Mitte der 30er Jahre entstand die Aufnahme vom Triebwagen 154, der am damaligen Verwaltungsgebäude der BSAG Am Wall vorbeifährt und in wenigen Augenblicken den Kreuzungspunkt Am Brill mit der Ost-West-Achse erreicht haben wird. Slg. Esmann

Die Linie 6 auf der Kaiserbrücke, Anfang der 30er Jahre: Rechts die Einfahrt zum Teerhof, links der Turm von St. Ansgarii, daneben der des Lloydgebäudes, ganz rechts der Dom. Slg. Stadtteilarchiv Neustadt

Oktober 1953: Der Wohnungsbau schreitet voran. Die Eickedorfer Straße – wir blicken von der Kreuzung mit der Hemmstraße in sie hinein – ist noch nicht ausgebaut und noch immer fährt „Jan Reiners", die Kleinbahn, ins Bremer Umland – so benannt nach dem Ökonomierat, der sich vehement für den Bau der Bahn eingesetzt hatte –, zwischen den Trambahnen hindurch. Tw 121 muss warten! Signale gab es nicht, man fuhr mit äußerster Vorsicht! Im Stadtgebiet fuhr sie im Mai 1954 letztmalig, eine Gnadenfrist erhielt sie noch für zwei Jahre auf einem außerhalb des Stadtgebiets gelegenen Streckenteilstück. Peter Boehm/Slg. Axel Reuther

Wir bleiben nahezu exakt am selben Punkte stehen: Sieben Jahre sind vergangen, die Kleinbahn ist längst Geschichte – die Eickedorfer Straße ist ausgebaut ! Die Linie 6 ist – noch – im Revier! Archiv ASV

Unser Bild von vor dem Umbau verdeutlicht noch einmal die Veränderungen: Wir blicken auf die Eickedorfer Straße in Richtung Kreuzung Hemmstraße: Ein „Hansa"-Wagen ist auf der Linie 6 kurz vor Umbaubeginn im September 1959 Richtung Hemmstraße unterwegs. Archiv ASV

Markanter Punkt der Strecke der alten Linie 6: Das sog. „Schaffnerhaus" am Bürgerpark. Im Juni 1956 passiert Tw 127 auf der Linie 6 den Ort. Das Schaffnerhaus ist längst Vergangenheit, eine Wendeschleife für Umleitungs- und Sonderverkehre liegt hier noch immer. Hans Zimehl

Wir „springen“ über die Weser und noch einmal zurück in der Zeit: Triebwagen 92 steht im Juli 1952 am Grünenkamp, an der Kreuzung Westerstraße/Langemarckstraße: Noch sind gewaltige Lücken in der Bebauung vorhanden! Der Wagen fährt zur Pappelstraße. Archiv ASV

Im Oktober 1954 blicken wir in die Pappelstraße, Blickrichtung Gastfeldstraße: Tw 109 ist auf dem Weg zur Hemmstraße. Archiv ASV

Anfang Januar 1958 ging die gut einen Kilometer lange Neubaustrecke in der Gastfeldstraße bis Kirchweg zur Erschließung der Gartenstadt Süd in Betrieb. Genützt hat es im Blick auf eine Perspektive für die Linie 6 nicht: Sowohl die Linie 6 als auch die Neubaustrecke gingen im Juni 1967 außer Dienst! Kurz nach der Eröffnung der Strecke zum Kirchweg fährt „Hansa“-Wagen 224 in Richtung Hemmstraße. Man beachte die umfangreichen Neubausiedlungen, welche Grund für die Verlängerung waren. Dr. Ruempler

Links: An der 1960 errichteten Martin-Luther-Kirche im Kreuzungsbereich von Hemmstraße und Eickedorfer Straße (Vordergrund) steht Triebwagen 700 mit Bw 1726 – einem ehemaligen Triebwagen, der seine Elektrik für den Fortschritt im Fahrzeugbau (GT3) opfern musste. Ende März 1967 sollte die alte Linie 6 noch genau zehn Wochen verkehren – mit ihrer Einstellung verlor nicht nur das Neubaugebiet um die Gastfeldstraße in der Neustadt seine Tram. Für den wachsenden Stadtteil Findorff bedeutete der 18. Juni 1967 das Abkoppeln vom Bremer Tramnetz! Peter Boehm/Slg. Axel Reuther

Hauptbahnhof und Bürgerpark die Hemmstraße angefahren wurde. Zwischen Kirchweg und Hemmstraße verkehrte die Linie 6 noch neun Jahre, im letzten Jahr der Linie 7 mit dieser kombiniert, bevor am 17. Juni 1967 die Einstellung der alten Linie 6 erfolgte. Die Gleise in der Gastfeldstraße dienten kurzzeitig noch einer Tramline „26 E", die in der morgendlichen Hauptverkehrszeit zwischen hier und Am Wall auf der Altstadtseite pendelte, bevor sie Anfang 1971 endgültig nicht mehr befahren wurden.

Anders als beim Übergang von der alten zur neuen Linie 5 verlief die Umstellung bei der Linie 6 nahtlos: Die bis dahin als Linie 16 zwischen Grolland und Riensberg verkehrende Linie wurde am 18. Juni 1967 zur **neuen** Linie 6. Am 26. September 1976 konnte die stadtbahnmäßige Verlängerung von Grolland nach Huchting in Betrieb gehen. Und noch einmal sollte sich alles ändern: Mit Inbetriebnahme der Anbindung der Universität im Oktober 1998 an das Straßenbahnnetz durch eine Verlängerung über die bisherige Endstelle in Riensberg hinaus wurde die „Technologie-Linie 6" aus der Taufe gehoben: Ihre neue Führung verbindet seither die Universität und den Technologiepark über Riensberg, den Hauptbahnhof und die Domsheide mit dem Flughafen und dem dortigen neuen Gewerbe-, Technologie- und Dienstleistungsareal. Den bis 1998 von der Linie 6 bedienten Streckenast vom Hauptbahnhof über Am Brill nach Huchting übernahm mit dieser Neuordnung die Linie 1.

Es sollte nach Übernahme der Linie 16 durch die Linie 6 noch weitere neun Jahre dauern, bis der stadtbahnmäßige Ausbau an den Rand des Stadtteils Huchting in Betrieb gehen konnte. Triebwagen 525 „Adam von Bremen" fährt auf dem stadtbahnmäßig augebauten Teilstück zwischen der ehemaligen Endstelle Grolland und Huchting, 1984. Mausolf

„Wegmann"-Triebwagen 515 im Jahre 1980 kurz vor der Endschleife Huchting. Mausolf

Ein „Hansa"-Kurzgelenkzug erreicht 1985 über eine langgestreckte Kurve den Bereich der Endstelle am Rande von Huchting. Mausolf

Die Langemarckstraße in Höhe der Neustadtscontrescarpe: 560 vor seinem Umbau zum zweiten Sechsachser in Bremen im Jahre 1989. Mausolf

528 auf der Bürgermeister-Smidt-Brücke in Höhe der Einfahrt zum Teerhof. Die ÖPNV-Trasse ist bereits hochgepflastert. Ende der 80er Jahre. Mausolf

Haltestelle „Joseph-Haydn-Straße“ in der Wachmannstraße: Triebwagen 464 ist im Winter 1987 in Richtung Huchting unterwegs. Mausolf

Im Frühjahr 1980 standen in der Wachmannstraße noch die alten Bogenmasten. Sie passten vorzüglich zum gesamten Umfeld. Mausolf

Und schon sind wir am Ende der Stadtbahnlinie 6, so wie sie sich bis Oktober 1998 darstellte. Tw 518, 1980 in Riensberg – die Endschleife befand sich am Riensberger Friedhof. Die Universität war in Sichtweite. Diskutiert wurde lange über die Notwendigkeit einer Anbindung... Mausolf

Der 10. Oktober 1998 veränderte mit einem Schlag alles: Endlich ging die Verlängerung von Riensberg zur Universität durch den Technologiepark in Betrieb und seither führt die Linie 6 den Titel „Technologie-Linie“, denn am anderen Ende erschließt sie seit Mai 1998 den Flughafen direkt und das darumliegende Technologie- und Gewerbegebiet. Tw 3077, Uni Bremen, Zentralbereich 1998. Mausolf

Tw 3111 im Jahre 2007 zwischen der Unterführung der Hamburger Bahn und Riensberg: Naturnahe Tramstrecke ohne parallele Straßen! Mausolf

Tw 3102 im Jahre 2007 in der Wachmannstraße am Beginn des eigenen Bahnkörpers. Der Wagen fährt zur Universität. Mausolf

3036 in der Hermann-Böse-Straße im Sommer 2008 auf dem Weg zur Universität. Mausolf

Triebwagen 3128 Ende 2007 am neugestalteten Leibnizplatz auf dem Weg zum Flughafen. Mausolf

Am Flughafen sind nun keine Fußwege mehr erforderlich: Die Tramlinie 6 hält direkt an der Abfertigung: Triebwagen 3107. Mausolf

Ein bisschen weiter – am Ende der Strecke an der Hünefeldstraße – kommt es mit Glück (das war hier allerdings nicht im Spiel) schon mal zu solchen Kompositionen: Der Sonderzug wurde extra rangiert, um ein Bild mit dem „Anschlussflieger“ zu ermöglichen. Ingo Teschke

31. Linie 7

Der Beginn der Linie 7 geht zurück auf das Jahr 1901, als das vordere Woltmershausen am 26. Mai in Verlängerung der seit Oktober 1900 elektrifizierten „rot/grünen" Linie vom Bahnhof über die Kaiserbrücke zum Hohentor durch deren Verlängerung Anschluss an das Tramnetz erhielt. Im Oktober 1905 wechselte der Linienweg in der Innenstadt und die Kennung der Linie wurde in weiß/rot geändert: Nun wurde über die Westerstraße, die sog. „Brautbrücke", die Straße Herrlichkeit auf der Ostspitze des Teerhofes und die Große Weserbrücke über Markt und Hauptbahnhof zur Parkallee gefahren. Das in der einschlägigen Literatur immer wieder angeführte Datum vom Dezember 1912, als die Strecke der Linie 7 schließlich über die bereits 1903 fertiggestellte neue St. Pauli Brücke – benannt nach der dort befindlichen Kirche – geführt worden sein soll, wird von einigen Chronisten angezweifelt.[60] Zwischen 1903 und 1911 waren an beiden Enden der Linie 7 Verlängerungen in Betrieb gegangen. Am 23. Februar 1918 wurde in Schwachhausen in der Hartwigstraße der Schwachhauser Ring erreicht und am 1. September 1933 ging die Verlängerung am anderen Ende bis Rablinghausen in Betrieb. Die Linie 7 befuhr nun die Strecke von Rablinghausen über Woltmershausen, Hohentor, Westerstraße, Am Markt und Hauptbahnhof zur Hartwigstraße/Schwachhauser Ring.

Bis zur Wiederherstellung der alten Großen Weserbrücke am 29. November 1947 fuhr die Linie 7 auf Altstadt- und Neustadtseite getrennte Wege. Von Dezember 1947 bis Dezember 1949 verlief ihr Linienweg in der Neustadt über die Pappelstraße. Ab Ende Juni 1952 tauschte sie ihre Endstelle in der Hartwigstraße in Schwachhausen ein gegen eine Schleifenfahrt durch das Findorffviertel vom Hauptbahnhof über Breitenweg, Findorff- und Admiralstraße zur Hemmstraße und retour über Bürgerpark zum Hauptbahnhof. Ein Jahr vor ihrer Stilllegung wurde sie nur noch bis zur Hemmstraße geführt, von wo die Wagen als Linie 6 weiterfuhren (Linienkombination). Wegen umfangreicher Straßenbauprojekte – v.a. durch den Bau einer Hochstraße am Breitenweg – schien der Weiterbetrieb nicht mehr vertretbar und die Linie 7 wurde am 31. Mai 1965 eingestellt.

„Pusdorf" – wie Woltmershausen in Bremen gerne genannt wird – gelangte ab 1901 – zunächst bis zur Rose-Mühle – an das Tramnetz . Schrittweise ging es dann bis 1933 nach Rablinghausen weiter. Am anderen Ende der Linie wurde das vordere Schwachhausen angefahren. 1952 erhielt die Linie zunächst ihre „Findorffer Schleife", im letzten Jahr ihres Bestehens war sie nur noch bis zur Hemmstraße unterwegs. Unser Bild vom Triebwagen 119, das zum Ende der 20er Jahre entstand, wurde in der Woltmershauser Straße in Höhe der Stromer Straße aufgenommen. Archiv ASV

Triebwagen 198 ist im Dezember 1955 in Rablinghausen – wiederum in Höhe der Stromer Straße (abzweigend im Hintergrund) zur Hemmstraße unterwegs. Archiv ASV

Wagen 260 (ex 400) im April 1964 vor der Kleinen Weserbrücke in der Friedrich-Ebert-Straße. Die schöne Bebauung im Hintergrund ist noch immer vorhanden. Slg. W. Esmann

Die enge Wachtstraße wurde mit der Eröffnung der neuen Großen Weserbrücke am 1. Dezember 1960 „tramlos". Sie stellte die Zufahrt zur alten Großen Weserbrücke her, die Zufahrt zur neuen Brücke erfolgt über die parallel verlaufende Balgebrückstraße. Zum 1. Mai gab es üblicherweise aufgrund zahlreicher Veranstaltungen in der Innenstadt für die Tram kein Durchkommen mehr. So auch im Jahre 1957: Die Linie 7 wendet aufwendig in der Wachtstraße am Rande des Marktplatzes. Ein „Hansa"-Zug auf der Linie 7– an der Spitze Tw 225 – setzt gerade um. Im Hintergrund ist die alte Große Weserbrücke zu sehen. Dr. Ruempler

Sensible Kreuzung der beiden Hauptachsen des Bremer Tramnetzes Am Markt: „Hansa"-Wagen 217 ist im Mai 1956 auf der Linie 7 in Richtung Rablinghausen unterwegs, die Linie 4 fährt nach Horn. Der Verkehrsmeister behält die Übersicht! Dr. Ruempler

Triebwagen 351 und Bw 1312 warten im April 1960 auf das Ende des Fahrgastwechsels, um nach Rablinghausen weiterfahren zu können.
Dr. Ruempler

Aus der Admiralstraße biegt Tw 708 in die Hemmstraße ein. Die Aufnahme entstand im April 1965.
Hans Zimehl

Die Eickedorfer Straße ist 1960 schon ausgebaut, die Bebauung dagegen noch nicht „endgültig“: Die zweigeschossigen Wohnhäuser mussten noch in den 60er Jahren weichen und wurden durch Anlagen – ähnlich dem mittig sichtbaren Gebäude – ersetzt. Die Linie 7 – hier mit Triebwagen 653 – gehört noch selbstverständlich zum Stadtbild dazu. Sie fährt weiter über die Hollerallee, die Gustav-Deetjen-Allee, Hauptbahnhof und Markt nach Rablinghausen.
Archiv ASV

Und so naturbelassen ging es weiter am Bürgerpark vorbei: „Hansa“-Wagen 226 und Bw 1227 Ende April 1957 auf dem Weg nach Rablinghausen.
Dr. Ruempler

An der Einmündung der Gustav-Deetjen-Allee in die Hollerallee muss noch einmal die Straße gekreuzt werden: 354 im Dezember 1957 im Schnee.
Hans Zimehl

Straßenbaumaßnahmen in bisher nicht gekanntem Ausmaß sollten in Kürze beginnen. Die Hochstraße Breitenweg war einer der „Sargnägel“ der Linie 7. Sie kommt hier gerade aus dem Findorff-Tunnel und befährt den Breitenweg vor den Umbaumaßnahmen im Jahre 1964. Inzwischen wird offen darüber diskutiert, die Hochstraße wieder zu beseitigen!
Archiv ASV

Kurvenreiche Fahrt auf der Woltmershauser Straße: Zwischen den Haltestellen „Ochtumstraße“ und „Dötlinger Straße“ ist die Linie 7 im April 1965 noch wenige Wochen zur Hemmstraße unterwegs.
Slg. W. Esmann

Die letzten Runden der Linie 7: Triebwagen 711 verlässt den Findorff-Tunnel am 30. Mai 1965.
W. Esmann

„ab morgen fährt auch hier der Bus...“ Geschmückter Abschiedszug mit Triebwagen 706 in der Eickedorfer Straße am 31. Mai 1965: Das Ende einer der wohl volkstümlichsten Linien im Bremer Netz!
Dieter Höltge

32. Linie 8

Bei ihrer Eröffnung am 22. Juli 1903 verkehrte die Linie 8 – ihre Farbkennung war weiß/grün – noch ab der Lindenhofstraße in Gröpelingen. Die Strecke verlief auf dem Heerstraßenzug über Oslebshausen und Grambke bis Burg und endete dort zunächst an der Burger Dorfstraße, von wo aus sie 1924 ein kurzes Stück in die Grambkermoorer Landstraße am Lesumdeich verlängert wurde. Da die Linie im Wesentlichen für den Ausflugsverkehr in die bei Burg beginnende „Bremer Schweiz“ Bedeutung hatte, wurde sie zwischen 1911 und 1914 zeitweise über Gröpelingen hinaus bis in die Innenstadt geführt. Als im März 1926 der neue Betriebshof in Gröpelingen fertiggestellt war, erhielt auch die Linie 8 hier ihren neuen Endpunkt und sogar einen zweigleisigen Ausbau bis zur damaligen Farger Straße. Nach dem Zweiten Weltkrieg wurde sie zwar ab Juli 1946 in Abschnitten wieder in Betrieb genommen, doch ihr Ende stand bereits fest: Den Alliierten als Hindernis auf einer ihrer wichtigsten Versorgungsstraßen ein Dorn im Auge, war an die Wiederinbetriebnahme die Bedingung der schnellstmöglichen Umstellung der Tram auf den flexiblen Trolleybus geknüpft worden. Am 8. Oktober 1949 verkehrte die letzte Tram auf der Linie 8. Nach ihrer Einstellung übernahmen für zwölf Jahre Trolleybusse die Linie, bevor sie dann im November 1961 auf Dieselbusse umgestellt wurde.

Tw 120 kurz nach der Eröffnung der Linie in Burg. Slg. W. Esmann

„Gärdes Hotel und Burgkeller“ mit offenem Trambahnwagen: Am Beginn der „Bremer Schweiz“ endete die Linie 8 – ideal für den Ausflugsverkehr! Slg. W. Esmann

Gaststätte und Hotel sind erweitert worden: „Zur Bremer Schweiz“ heißt das Haus nun! Triebwagen 94 um 1912 an der seinerzeitigen Endstelle. FdBS/BSAG

Burger Heerstraße mit abzweigender Dunger Straße vor der Lesumbrücke, Anfang der 30er Jahre. Slg. W. Esmann

Gaststätte und Ballsaal „Zum Grünen Jäger“ waren eine Legende in Oslebshausen und von der älteren Generation wird der Name noch heute gerne als Ortsbezeichnung genutzt: Aus Gröpelingen kommt um 1912 ein Wagen der Linie 8 auf dem Weg nach Burg die Oslebshauser Heerstraße entlanggefahren. Slg. W. Esmann

Umsteigestelle Gröpelingen: Am Ende der Linie 8 bestand direkte Umsteigemöglichkeit zur Weiterfahrt in Richtung Innenstadt. Wagen 40 wird in wenigen Augenblicken die Schleifenfahrt über das Depotgelände vollführen und sich in Richtung Burg begeben. Links ein Zug der Linie 2, 1937. Grünwald/Slg. VDVA

Auf völlig anderem Linienwege ging die Liniennummer 8 mit der Neuordnung des Liniennetzes im Mai 1998 noch einmal an den Start. Zunächst zwischen der Kulenkampffallee und Huchting über den Hauptbahnhof und Am Brill unterwegs, wechselte sie ihren Weg unter beibehaltenen Endstellen Ende März 2001 und verkehrt seither statt über Am Brill über die Domsheide und die Neubaustrecke in der Westerstraße. In dieser Form steht sie aktuell im Einsatz und wird voraussichtlich 2012 bis Stuhr/Weyhe verlängert worden sein.

Lange nach dem Ende der Tramlinie 8, die zunächst von der Obuslinie 8 abgelöst wurde (bis 1961), wurde diese Kennung erneut im Bremer Netz eingeführt. Seit Mai 1998 ist sie zwischen Kulenkampffallee und Huchting unterwegs. Triebwagen 3558 befährt Anfang 2008 die schmale Hartwigstraße in Richtung Huchting. Mausolf

Aus der Osterstraße biegt 3057 im Frühjahr 2008 in die Friedrich-Ebert-Straße ein. Mausolf

Tw 3027 ist im Frühjahr 2008 kurz vor Erreichen der Endstelle Huchting schon für die Rückfahrt beschildert. Mausolf

33. Linie 9

Ein kurzes Intermezzo gab die Linie 9 – ihre Farbkennung stellte ein schwarzer Punkt auf weißem Untergrund dar – im Bremer Netz. Am 6. August 1913 von der St. Jürgen-Straße über Sielwall, Hauptbahnhof und Breitenweg, Findorff- und Admiralstraße zur Hemmstraße eröffnet, wurde diese Verbindung am 17. Juli 1927 bereits wieder eingestellt. Die Linie 10 übernahm den östlichen Ast der Linie 9 vom Hauptbahnhof zur St. Jürgen-Straße, der nun bis Hastedter Ring verlängert wurde und der Stadtteil Findorff erhielt nach Fertigstellung der Gleisverbindung zwischen Bürgerpark und Hemmstraße beginnend mit demselben Datum die Versorgung mit dem Verkehrsangebot auf dem Nord-Süd-Ring.

Ein kurzes Kapitel in der Geschichte des ÖPNV in Bremen lieferte die Linie 9: Eröffnet im August 1913, erfolgte ihre Einstellung bereits im Juli 1927, als die Linie 10 über die bisherige Endstelle der Linie 9 in Bremens Osten hinaus bis zum Hastedter Ring/Kirchbachstraße verlängert wurde. Der im Juli 1927 eingerichtete Nord-Süd-Ring der alten Linien 5 und 6 sorgte für die Anbindung Findorffs. Bilddokumente der Linie 9 sind rar. Triebwagen 135 am Hauptbahnhof auf dem Weg zur Hemmstraße. Rechts ein Triebwagen der Linie 4 nach Horn. Anfang der 20er Jahre. Archiv FdBS/BSAG

Die Linie 9 in der Hemmstraße vor den Mißler-Hallen, benannt nach ihrem Erbauer, dem Bremer Kaufmann Friedrich Mißler. Er baute sie 1906 als vorübergehende Unterbringungsmöglichkeit für Auswanderungswillige. Das später als Lloyd-Hallen bekannte Gebäude diente nach dem Krieg bis 1984 als Krankenhaus und wurde 1987 beseitigt. Von den meisten Menschen vergessen ist die wohl furchtbarste denkbare Nutzung des Gebäudes: 1933 war hier Bremens erstes Konzentrationslager untergebracht. Wagen 41 auf der Fahrt zur St. Jürgen-Straße vor den Mißler-Hallen um 1920.
Archiv FdBS/BSAG

34. Linie 10

Der 2. November 1919 markiert den Betriebsbeginn der Linie 10 – mit der Linienkennung eines roten Kreuzes in X-Form auf weißem Untergrund – zwischen der Elisabethstraße in Walle und dem Hauptbahnhof über Hansa-/Utbremer Straße, den „Panzenberg“ an der Düsternstraße im Doventorviertel und den Breitenweg. Im Mai 1924 noch bis zum Bürgerpark verlängert, begann sich ab 17. Juli 1927 jener Verlauf herauszubilden, der im Ansatz noch heute besteht: Die Linie 10 wurde mit Einstellung der Linie 9 auf dem östlichen Ast nun ab Hauptbahnhof über Am Dobben, Sielwall bis zum Hastedter Ring – der späteren Georg-Bitter-Straße – geführt und zum Ende desselben Jahres auf ihrem westlichen Ast bis zum Waller Ring/Waller Bahnhof verlängert. Ab Januar 1936 war die Kreuzung Friedrich-Karl-Straße/Schlageterstraße (später Bismarckstraße) hinter den „Großen Krankenanstalten“ östlicher Endpunkt der Linie 10, der ab Dezember 1943 von hier nach verheerenden Luftangriffen vor die Krankenanstalten zurückverlegt werden musste. Bis Ende 1963 befand sich hier die Endstelle. Ab November 1963 konnte am Waller Friedhof die neue Endstelle an der ehemaligen Weichenwerkstatt Walle angefahren werden. Gleichzeitig wurde der Linienweg im Bremer Osten geändert: Die alte Führung direkt zu den „Großen Krankenanstalten“ entfiel, die Linie 10 verkehrte stattdessen von der nahegelegenen St. Jürgen-Straße über Am Hulsberg zur Georg-Bitter-Straße und von dort über die Hamburger Straße zurück zur St. Jürgen-Straße, um über den Hauptbahnhof wieder retour zum Waller Friedhof zu gelangen. Zwischen 1964 und 1971 erfolgten im Doventorviertel und in Utbremen Streckenanpassungen und im Jahre 1975 erhielt die Linie 10 schließlich ihre heutige Linienführung durch Verlängerung sowohl im Bremer Osten (ab Oktober bis Depot Sebaldsbrück) als auch im Bremer Westen (ab November bis Depot Gröpelingen). In dieser Form steht sie aktuell im Einsatz und wird im Rahmen der „Zielnetz 2010“-Erweiterung im Osten bis 2017 zum „Daimler“-Werk verlängert.

Die Linie 10 ist seit Ende 1919 Bestandteil des Tramnetzes in Bremen, fährt jedoch erst seit 1927 jene Route, die sie – wenn auch mehrfach verlängert – noch heute bedient. Noch 1927, dem Jahr ab dem anstelle des Bürgerparks der Bremer Osten angesteuert wurde, ging statt der Elisabethstraße, an der sie bisher in Walle endete, die Endstelle am Waller Bahnhof in Betrieb. An dieser Endstelle steht im Oktober 1957 „Hansa“-Wagen 243 mit Bw 1329 abfahrbereit zur St. Jürgen-Straße. Hans Zimehl

Triebwagen 715 vor den Städtischen Krankenanstalten in der St. Jürgen-Straße im April 1963. Es war das letzte Jahr, in dem die Linie 10 in die St. Jürgen-Straße hineinfuhr. Im November 1963 folgte sie schließlich weiter der Linie 2 auf der Strecke in Richtung Sebaldsbrück und fuhr nur noch an der St. Jürgen-Straße vorbei. W. R. Reimann

Als schon längst „Hansa"-Kurzgelenkwagen in Bremen im Einsatz standen, ging auf der Linie 10 noch einmal eine große Änderung vonstatten: Im Bereich Utbremen/Bahnhofsvorstadt fiel der Straßenzug Düsternstraße/Breitenweg einer gravierenden Baumaßnahme zum Opfer. Die Hochstraße Breitenweg sollte gebaut werden und damit waren erhebliche Veränderungen für alle Verkehrsteilnehmer verbunden. Kurz vor Beginn der Maßnahmen – auch für die Einstellung der Linie 7 spielte das Projekt eine nicht unerhebliche Rolle – ist Triebwagen 430 Anfang 1964 auf dem alten Breitenweg zur Georg-Bitter-Straße unterwegs. Ab Mai 1965 war die neue Trassenführung der Linie 10 in diesem Bereich über Doventor und die Falkenstraße komplett. Archiv ASV

An der Einmündung der Neubaustrecke Falkenstraße in die Bürgermeister-Smidt-Straße steht Ende 1983 Triebwagen 808 auf dem Weg nach Sebaldsbrück. Nächste Haltestelle: Hauptbahnhof! Mausolf

Ende November 1975 erhielt die Linie ihre bis heute gültige Führung und wurde an beiden Endpunkten verlängert. Im Osten fuhr sie ab der Georg-Bitter-Straße nun weiter bis Sebaldsbrück und im Bremer Westen war nicht mehr an der Schleife Waller Friedhof – die seit Ende 1963 den Endpunkt am Waller Bahnhof ersetzt hatte – Schluss, sondern die Linie 10 fuhr nun auch bis zum Gröpelinger Depot. Beide bisherigen Endschleifen blieben bestehen: Die Georg-Bitter-Straße als Umleitungsstrecke und Sondergleis für das Aufstellen der Trambahnen für Fußballeinsätze und der Waller Friedhof als reine „Notfall-Schleife". Im Juni 1988 sehen wir anlässlich einer Sonderfahrt den ehemals Bremerhavener Triebwagen 475 hier pausieren. Die im Hintergrund sichtbaren Gebäude gehören zur ehemaligen Weichenwerkstatt Walle, deren Räumlichkeiten inzwischen von einer Kultur-Initiative genutzt werden. Mausolf

Seit Ende 1975 befährt die Linie 10 die gesamte Ost-West-Achse. Unterschied zur Linie 2: Statt über die Innenstadt, verkehrt die Linie 10 über den Hauptbahnhof. Ausfahrt Betriebshof Gröpelingen mit Großraumwagen 812, mit dem wir einen Linienspaziergang beginnen. Mausolf

Großraumwagen 814 in der Havemannstraße vor dem kleinen Gröpelinger Friedhof im Mai 1981. Mausolf

Im Mai 1984 war die Linie 10 noch von den Großraumwagen dominiert. Der gerade grundüberholte 827 auf der Gröpelinger Heerstraße auf jenem Stück, das die Linien 2 und 10 zu diesem Zeitpunkt nur stadteinwärts befuhren. Stadtauswärts wurde über die Havemannstraße gefahren. Mausolf

Niederflurwagen 3001 im Frühsommer 2008 auf der Gröpelinger Heerstraße in Höhe der Altenescher Straße: Diese Generation prägt das aktuelle Erscheinungsbild der „Bahnhofslinie“ 10. Mausolf

Großraumwagen 808 fährt in die Haltestelle „Gustavstraße" ein. Herbst 1980. Mausolf

Großraumwagen 812 am Doventor vor der Unterführung unter der Bahnstrecke Bremen–Oldenburg(-Groningen) im Jahre 1981. Mausolf

Untrennbar mit dem Hauptbahnhof verbunden ist die Linie 10; untrennbar mit der Linie 10 verbunden sind die Großraumwagen, die ihr letztes gutes Jahrzehnt auf dieser Linie verbrachten: 809 im Herbst 1981 vor der eindrucksvollen Kulisse des nach Plänen von Prof. Hubert Stier erbauten und im Oktober 1889 eröffneten Bremer Hauptbahnhofs. Großraumwagen 809 wurde bereits 1982 nach einem schweren Unfall ausgemustert. Mausolf

Großraumwagen 824 Am Dobben zwischen Dobbenweg und Rembertistraße auf dem Weg nach Gröpelingen, 1980. Mausolf

Triebwagen 408 Am Dobben im Juli 1991 auf dem Weg nach Gröpelingen. Mausolf

Einmündung Am Dobben/Vor dem Steintor: 481 am 29. März 1990, dem vorletzten Einsatztag. Mausolf

Tw 809 fährt im sonntäglichen Frühverkehr solo nach Gröpelingen. Am Dobben im Herbst 1980. Mausolf

3020 an der Haltestelle „Sielwall“ in Bremens belebtem Kneipen- und Veranstaltungsviertel, dem Steintor, im Frühjahr 2008. Mausolf

Tw 827 verlässt den Straßenzug Am Schwarzen Meer, 1981. Mausolf

Niederflurwagen 3008 im Herbst 2007 Am Hulsberg, an jener Stelle, an der als letztes ein Begegnungsverbot für Bremens Trambahnen besteht. Mausolf

Kann passieren: Starkregen müssen Tram und Fahrgäste aushalten können, Haltestelle „Am Hulsberg“ mit 3023. Ingo Teschke

Triebwagen 820 hat gleich die Endstelle Sebaldsbrück erreicht, die Sebaldsbrücker Heerstraße mit „Altem Dorfkrug“ noch im Hintergrund. Mausolf

819 und 820 an den Abfahrbahnsteigen in Sebaldsbrück. Die Automobilindustrie sorgt in diesem Bremer Stadtteil von jeher für hohes Fahrgastaufkommen zu Schichtwechselzeiten. Mausolf

Ihre alte Endstelle wurde ab und an für Umleitungen der Linie 10 genutzt: Triebwagen 404 Mitte der 80er Jahre an der Haltestelle „St. Jürgen-Straße“ der Linie 3. Über die Hamburger Straße und Georg-Bitter-Straße kann – ohne Sebaldsbrück anzulaufen – wieder Richtung Gröpelingen gefahren werden. An der Bebauung im Hintergrund stört nicht ein einziger „Fehlgriff“... Mausolf

35. Linie 11

Zwar nicht als Linie 11, sondern seinerzeit als Linie „H" („Hafenbahn" mit der Farbkennung eines gelben H) geführt, diente diese am 15. September 1911 eröffnete Linie demselben Zweck wie ihre Nachfolgelinie 11 ab 1926. Die wachsenden Industriehäfen mussten eine effektive Anbindung an das Tramnetz erhalten, um eine Versorgung mit Arbeitskräften sicherzustellen. Die Linie H verkehrte von der Lindenhofstraße in Gröpelingen über den Heerstraßenzug und die Rekumer Straße zu den Industriehäfen bis Unterführung IV. Kriegsbedingt wurde sie bereits fünf Jahre nach ihrer Eröffnung am 2. Oktober 1916 eingestellt. Zwar wurde am 1. Oktober 1921 erstmals eine Linie 11 eröffnet, mit der späteren Linie 11 hatte sie jedoch nichts gemein: Ihre Linienführung verlief von Auf der Hohwisch zum Holzhafen und weiter über die gerade eröffnete Neubaustrecke zur Großwerft A.G. „Weser". Am 10. März 1924 übernahm die Linie 3 diesen Linienweg. Der zweite Anlauf für eine Tram in die Industriehäfen begann am 15. Februar 1926: Die Linie 11 nahm ihren Betrieb auf jener klassischen Strecke auf, die sie mit einer Änderung bis 1970 befahren sollte: A.G. „Weser"–Rekumer Straße (später Debstedter Straße)–Industriehäfen–„Norddeutsche Hütte" (später „Klöckner-Werke"). Ab März 1949 begann die Linie nicht mehr an der A.G. „Weser", sondern am Depot Gröpelingen. Am 4. Mai 1970 wurde die Linie 11 auf Busbetrieb umgestellt.

Auf der Strecke der Linie 11 erfolgten zahlreiche Probefahrten von „Hansa-Waggonbau". Aufgrund langer Geraden und geringer Störanfälligkeit eignete sich diese Strecke hierfür besonders. Sie wurde deshalb auch verstärkt als Schulungsstrecke genutzt.

Die Linie 11 startete – wenn auch wenig erfolgreich – als Linie H. Diese steht hier an der damaligen Endstelle Lindenhofstraße. Vom September 1911 bis Oktober 1916 verkehrte sie zwischen der Lindenhofstraße und den Industriehäfen. Wagen 89 im Eröffnungsjahr. Archiv FdBS/BSAG

Links: Wagen 36 – ebenfalls in den 30er Jahren – bei den Industriehäfen. Man beachte linkerhand den historischen Güterwagen auf der „Bremischen Hafeneisenbahn". Slg. Esmann

Links: Hier kommt das gelbe H über dem Richtungsanzeiger besonders zur Geltung: Wagen 33 an der A.G. „Weser“, im Hintergrund eine der Elektrolokomotiven der Getreideanlage, die hier einen Anschluss zur „Bremischen Hafenbahn“ hatte. Rechts im Bild Tw 199 auf der Linie 3, die hier ebenfalls ihren Endpunkt hatte. Im Hintergrund das Hauptverwaltungsgebäude der Werft. Um 1938. Archiv FdBS/BSAG

Die Hüttenstraße mit den klassischen Arbeiterhäusern von Hugo Wagner: Triebwagen 716 im August 1967. Dieter Höltge

Tw 716 kreuzt die „Hafenbahn“ im August 1967. Diese Gleiskreuzung hätte erneuert werden müssen. Kostenersparnis war ein Hauptargument für die Einstellung der Linie 11 im Jahre 1970. Dieter Höltge

Triebwagen 701 im Jahre 1968 im letzten Teil der eingleisigen Strecke zwischen Oslebshauser Landstraße und „Hütte“ – der Rest zwischen der Oslebshauser Landstraße und dem Gröpelinger Depot war doppelgleisig ausgebaut. Hans Oerlemans

36. Linie 12

Am 1. Mai 1920 zwischen der Esmarchstraße in Sebaldsbrück und dem Osterholzer Friedhof eröffnet, erhielt die Linie 12 – mit der Farbkennung grün/weiß – am neuen Betriebshof Sebaldsbrück Ende März 1926 einen neuen, die Strecke allerdings verkürzenden Endpunkt. Am 22. Mai 1926 wurde sie jedoch am anderen Ende über den Osterholzer Friedhof hinaus bis zur Osterholzer Landstraße verlängert. Im September 1939 erfolgte die Zurücknahme der Trambedienung auf den Abschnitt zwischen dem Sebaldsbrücker Betriebshof und dem Osterholzer Friedhof. Bevor die Linie am 18. Juni 1952 letztmalig verkehrte, wurde sie ab Januar 1950 zunächst in den Abendstunden, später auch in weiteren Tagesrandlagen durch Busse ersetzt.

Ähnlich wie bei der Linie 9 verhält es sich auch bei der Linie 12: Es existieren nur wenige brauchbare Aufnahmen. Am 1. Mai 1920 ging sie auf dem Abschnitt von der Esmarchstraße in Sebaldsbrück – nicht zu verwechseln mit dem 1926 eröffneten Depot Sebaldsbrück – bis zum Osterholzer Friedhof, für dessen Besucher sie eine große Bedeutung hatte, in Betrieb. Nahezu gleichzeitig mit der Rücknahme der Streckenführung zum neuen Depot 1926 ging am anderen Ende eine Verlängerung bis zur Osterholzer Landstraße in Betrieb. Wagen 195 am Café und Restaurant „Blankenese" am Ende der so erweiterten Linie an der B 75. Slg. Esmann

Triebwagen 194 am selben Ort um 1939. Stetza/Slg. VDVA

Tw 243 im April 1952 auf der Sebaldsbrücker Heerstraße zum Osterholzer Friedhof. Am 19. Juni dieses Jahres fuhr sie letztmalig. Archiv ASV

37. Linie 15

Am 17. Juli 1927 ging die Linie 15 – Farbkennung blau/weiß/blau, längs gedrittelt – mit der Führung Rathenaustraße (später Friedrich-Ebert-Straße)/Höhe Gastfeldstraße über Am Markt–Hauptbahnhof–Breitenweg zur Hemmstraße als Teil des sog. „Nord-Süd-Ringes" mit der Funktion einer Verstärkung der Linie 5 in Betrieb, wobei der Ausgangspunkt bereits einen Monat nach Betriebsaufnahme in die Pappelstraße verlegt wurde. Am 1. Juli 1939 erfuhr die Linie 15 eine Verlängerung, die sich von der Neustadt bis weit in die Hafenquartiere auf dem rechten Weserufer erstreckte: Nun wurde durch die Pappelstraße zum Hohentor/Neustadtsbahnhof, weiter über die neu eröffnete „Westbrücke" zum Europahafen und bis zur Hansa-/Nordstraße bzw. ab 24. Juli sogar bis zur Emder Straße gefahren. Ende Oktober 1943 erhielt die Linie einen neuen Endpunkt am Flughafen, von wo aus sie über Pappelstraße, Hohentor und „Westbrücke" bis zur Hansa-/Nordstraße verkehrte.

Am 29. November 1947 begann ein neues Kapitel für die Linie 15: Zunächst zwischen Am Deich, direkt am Brückenkopf der kriegszerstörten „Westbrücke"–Neustadtsbahnhof und Hemmstraße (über Pappelstraße, die gerade wieder eröffnete Große Weserbrücke–Am Markt und Hauptbahnhof) unterwegs, begann der Linienweg ab Juli 1950 an der Vulkanstraße, von wo aus über Pappelstraße, Friedrich-Ebert-Straße und Am Markt weiter über Hauptbahnhof und Bürgerpark zur Hemmstraße und von dort zurück über Admiral-/Findorffstraße, Breitenweg und Hauptbahnhof wieder die Vulkanstraße angesteuert wurde. Ab Ende Juni 1952 verkehrte die Linie 15 zunächst vom Flughafen über Am Markt zum Schwachhauser Ring über die Wachmannstraße. Im November 1959 wurde sie zur Hartwigstraße/Höhe Schwachhauser Ring statt über Wachmannstraße zum Schwachhauser Ring geführt. Die am 7. November des Jahres 1960 eröffnete Verlängerung vom Schwachhauser Ring zur Kulenkampffallee in Neu-Schwachhausen markiert jenen Linienweg, den nach Einstellung der Linie 15 am 18. Juni 1967 die neue Linie 5 übernahm. Die Liniennummer 15 wurde ersatzlos gestrichen.

Die Linien 15 und 16 eint eine Tatsache: In ihrer letzten Führung verschwanden sie nur als Liniennummer, nicht als Strecke: Am 18. Juni 1967 wurde aus der Linie 15 die neue Linie 5 und aus der Linie 16 die neue Linie 6. Bevor die Linie 15 im Oktober 1943 von der Linie 5 die Anbindung des Flughafens übernahm, befand sich ihre Endstelle seit Eröffnung der Linie im Juli 1927 in der Pappelstraße in der Neustadt bzw. zweitweise sogar im Bremer Westen, den sie ab Mitte 1939 über die Stephanibrücke erreichte. Zwei Triebwagen der 100er Reihe auf der 1939 eröffneten „Westbrücke" (Stephanibrücke). Noch hängen Eröffnungsgirlanden. Nur die Linie 15 fuhr hier planmäßig. In dieser Form entstand die Brücke nach dem Krieg nicht wieder.
Slg. Stadtteilarchiv Neustadt

Winterliche Idylle am Hauptbahnhof mit Kabinenroller und „Hansa“-Wagen 250 auf der Linie 15 zur Wachmannstraße im Februar 1958: Nach kurzem Gastspiel in Findorff ist die Linie nun wieder nach Schwachhausen unterwegs. Ihr Endpunkt befindet sich in der Wachmannstraße am Schwachhauser Ring. Dr. Ruempler

An diesem Endpunkt sehen wir am 13. November 1959 „Hansa“-Wagen 256 als Solowagen hinter einem abfahrbereiten Zug mit Tw 194 und Bw 1232. Dr. Ruempler

Eröffnungsfahrt zur neuen Endstelle der Linie 15 an der Kulenkampffallee: Triebwagen 712 ist am 4. November 1960 im Neubaugebiet „Neu-Schwachhausen“ angekommen. Dr. Ruempler

Die Linie 15 trifft im April 1963 Am Markt auf die Linie 5. Auf der Linie 15 fährt „Hansa"-Wagen 246 und auf der Linie 5 ist ein 300er Triebwagen unterwegs. W. R. Reimann

Der Schüsselkorb vor dem Ausbau: Im April 1963 ist „Hansa"-Wagen 246 in Richtung Flughafen unterwegs, rechts Bus 163 auf der Linie 23. W. R. Reimann

„Hansa"-Wagen an der Endstelle Hünefeldstraße, im Hintergrund ein Einsatzzug. Hans Oerlemans

Nachdem an der Hünefeldstraße eine Wendeschleife eingerichtet worden war, gelangte modernes Material auf die Linie 15: Großraumwagen 817 in der Hartwigstraße. Am 18. Juni 1967 übernahm die neue Linie 5 die Linie 15 in ihrer letzten Führung. Hans Oerlemans

38. Linie 16

Am 17. Juli 1927 ging neben der Linie 15 auch die Linie 16 als Teil des Nord-Süd-Ringes mit der Farbkennung weiß/blau/weiß, längs gedrittelt in Betrieb. Als Ergänzung der Linie 6 führte ihr ursprünglicher Linienweg – wie bei der Linie 15 in Verstärkung der Linie 5 – von der Pappelstraße über Am Brill und den Hauptbahnhof in den unteren Teil der Wachmannstraße und wurde von hier noch im Dezember desselben Jahres bis zum Schwachhauser Ring verlängert. Anfang November 1928 erfolgte in der Neustadt die Verlängerung bis zur Vulkanstraße, die 1932 zurückgenommen und Ende 1943 erneut eingerichtet wurde. Nach Kriegsende verkehrte die 16 in Neustadt und Altstadt getrennt.

Bis zur Eröffnung der zweiten Weserquerung, der neuen Bürgermeister-Smidt-Brücke am 28. Juni 1952, pendelte die Linie 16 ab Dezember 1947 auf der Altstadtseite zwischen der Wachmannstraße und Am Brill über den Hauptbahnhof. Mit dem 28. Juni 1952 übernahm sie auf der Neustadtseite den Endpunkt Vulkanstraße und auch im Stadtteil Schwachhausen trat eine Änderung des Linienweges in Kraft: Zwar war immer noch der Schwachhauser Ring Endpunkt, nun jedoch nicht mehr in der Wachmann-, sondern in der Hartwigstraße. Den Ast in der Wachmannstraße übernahm zum selben Zeitpunkt die Linie 15 (vgl. Kap. 37). Beide Straßen trennen sich V-förmig und laufen so auf den Schwachhauser Ring zu. Am 17. Dezember 1955 konnte auf der Neustadtseite die Verlängerung von der Vulkanstraße bis nach Grolland in Betrieb gehen. Am 16. November 1959 erfolgte noch einmal ein „Straßentausch" in Schwachhausen: Die Linie 16 verkehrte nun nicht mehr zwischen Grolland und der Hartwigstraße sondern befuhr von Grolland über Am Brill in der Innenstadt wieder die Wachmannstraße zum Schwachhauser Ring (hier verkehrte bisher die Linie 15), um anschließend über die Neubaustrecke in der H.-H.-Meier-Allee den Riensberger Friedhof zu erreichen. In dieser Form wurde die Linie 16 am 18. Juni 1967 von der neuen Linie 6 übernommen. Die Liniennummer 16 verschwand ersatzlos.

Wir vermissen in der numerischen Abfolge die Linien 13 und 14. Sie wurden in den 30er Jahren im Rahmen größerer Netzumstrukturierungsabsichten zwar geplant, jedoch ebenso wie diese aufgrund der allgemeinen wirtschaftlichen Situation nicht umgesetzt.

Die Linie 16 mit Tw 121 im Jahre 1941 am Hauptbahnhof, Stetza/Slg. VDVA

Im Februar 1958 ist Triebwagen 37 auf dem Weg zur Hartwigstraße und hat in der Bürgermeister-Smidt-Straße gerade die Falkenstraße passiert, in der ab 1964 die Linie 10 verkehren wird. Archiv ASV

Im September desselben Jahres passiert Tw 40 mit Bw 1600 auf der Linie 16 den Hauptbahnhof in Richtung Grolland fahrend, wo sich seit Dezember 1955 das links der Weser liegende Ende der Linie befindet. Dr. Ruempler

Triebwagen 50 mit zwei Beiwagen kreuzt im Februar 1962 den Breitenweg, der zu diesem Zeitpunkt noch nicht „in zwei Etagen“ verläuft. Die Hochstraße liegt noch in weiter Ferne... Hans Zimehl

Links: Am 13. November 1959 eröffnet Triebwagen 500 – ein „Westwaggon“-Dreiachser – die Neubaustrecke in der H.-H.-Meier-Allee zum Riensberger Friedhof. Dr. Ruempler

Die Linie 16 Am Brill im Februar 1962: Triebwagen 50 mit Beiwagen der 1600er Serie hat soeben die Gleise der Ost-West-Achse überquert und ist auf dem Weg nach Grolland.
W. Esmann

Am 29. April 1962 verkehrten letztmalig Zweiachser auf der Linie 16: Im Bild die Kreuzung Langemarckstraße/Westerstraße.
Hans Zimehl

Exemplarisch für Einsatzwagen, die in den HVZ den regulären Linienbetrieb unterstützen: „Wegmann"-Triebwagen 3530 Am Dobben /Höhe Humboldtstraße fährt als 2E Verstärkerdienste im nachmittäglichen Hauptverkehr, 2008.
Mausolf

VIII. Der Wagenpark der „Elektrischen"

39. Straßenbahnwagen – Typen und Hersteller

Nachdem die ersten Pferdebahnwagen Bremens bei der „Eisenbahn-Wagenbau-Anstalt zu Rothenburgsort" bei Hamburg (Nr. 1–8) und in New York bei der Firma „John Stephenson & Co." (Nr. 9–12) gebaut worden waren, wobei der Wagenpark in den folgenden Jahren sukzessive aufgestockt wurde, kamen für die zweite Gesellschaft 15 Wagen von „Brill" aus Philadelphia und obwohl die gleiche Anzahl von der Firma „Herbrand" aus Köln vorgesehen war, gelangte letztlich eine geringere Stückzahl nach Bremen.[61] Im Mai 1882 wurde der erste Wagen in den betriebseigenen Werkstätten der „Großen Bremer Pferdebahn" in Walle fertiggestellt. Diese Werkstatt baute fortan nicht nur für Betriebe in ganz Europa Fahrzeuge[62], sondern auch Wagen für die eigene Konkurrenz und reparierte deren Wagenpark. Der Eigenbau von Fahrzeugen sollte noch lange in Bremen aufrechterhalten werden.

Die Wagenkästen der sechs Triebwagen für die elektrische Ausstellungsbahn des Jahres 1890 („Nordwestdeutsche Gewerbe- und Industrieausstellung") wurden in den Werkstätten der „Großen Bremer Pferdebahn" hergestellt, Fahrgestell und elektrische Ausrüstung lieferte die „Thomson-Houston Company" in Lynn, Mass./USA.

Ab 1905 wurden in der Hauptwerkstatt Hansastraße Straßenbahnwagen hergestellt, die in den folgenden Jahrzehnten zahlreichen Umbauten und Modernisierungen unterzogen wurden. So wurden die Fahrzeuge u.a. nach und nach mit geschlossenen Plattformen versehen (zwischen 1911 und 1928) und erhielten verbesserte Motoren und Fahrgestelle.

Wagen 20 der „Bremer Pferdebahn" ist bereits für die 1883 erfolgte Verlängerung vom Herdentor bis zur Börse beschildert. Archiv FdBS/BSAG

Wagen 30 der „Großen Bremer Pferdebahn" in der Werkstatt Walle, die ab 1882 ihre Wagen selber baute und ab 1885 auch für die Konkurrenz fertigte: Man beachte die Klapphocker! Einer der ersten Wagen aus dem Jahre 1882. Archiv FdBS/BSAG

Triebwagen 124 (Bj. 1903) – hier mit Raucher-Beiwagen 380 – steht stellvertretend für die offenen Triebwagen der Baujahre von 1900 bis 1907, die im Eigenbau in der Hansestadt entstanden. Erst ab 1911 wurden nach und nach die Plattformen geschlossen. Die Aufnahme zeigt den Wagen mit Beschilderung für die Linie 6 am Bürgerpark um 1910.
Slg. W. Esmann

Triebwagen 75 (Bj. 1900) – nun mit geschlossenen Plattformen, aber noch immer ohne Frontlaterne – 1935 am Waller Bahnhof/Waller Ring. Noch tragen die Wagen einen Stangenstromabnehmer, Ende 1937 wird die Umstellung auf den Scherenabnehmer abgeschlossen sein.
E. Konrad/Slg. VDVA

„Hansa"-Triebwagen 244 am Bürgerpark, Bj. 1925. Von 1913 bis 1929 fertigte „Nordwaggon" in fünf Serien diesen legendären und richtungsweisenden Wagentyp.
Archiv FdBS/BSAG

Die 1907 gegründete „Norddeutsche Waggonfabrik" („Nordwaggon") lieferte ab 1909 Fahrzeuge für die „Bremer Straßenbahn", die jedoch weiter auch Eigenbauten fertigte. In Zusammenarbeit zwischen „Nordwaggon" und BSAG entstand der „Hansa"-Wagen, den „Nordwaggon" ab 1913 lieferte. Die ersten Beiwagen dieses Typs verließen 1921 die Werkhallen. Insgesamt erfolgte die Fertigung von 75 Trieb- und 180 Beiwagen für Bremen.

Die Waggonbaufirmen „Uerdingen" und „Westwaggon" waren in Bremen mit fünf Triebwagen vertreten, wovon „Uerdingen" nur einen fertigte. Lediglich zwei „Westwaggon"-Dreiachser überstanden den Krieg. 1940 baute die „Bremer Straßenbahn" in eigenen Werkstätten neun Triebwagen um und neun neue Triebwagen bis 1941 (271–279), gefolgt von sechs Beiwagen (351–356), die ursprünglich als Triebwagen geplant waren.

1941 lieferte die Firma „Lindner" in Ammendorf fünf Trieb- und 25 Beiwagen (Tw 280–284). Nach Vorbild dieses Typs wurden ab 1947 insgesamt 25 Trieb- und 25 Beiwagen bei den „Bremer Maschinenbau- und Dockbetrieben" gefertigt, die überwiegend bis 1970 im regulären, danach im Werkstatt-Einsatz standen (Ursprünglich: Tw 700–724, Bw 1700–1724).

Die Nachkriegsfertigung wurde vom Nachfolger der „Nordwaggon", der „Hansa-Waggonbau", dominiert. Zuvor lieferte „Linke-Hofmann-Busch" 1952/1953 die erste Serie

Der „Hansa"-Wagen der „Norddeutschen Waggonfabrik" Bremen revolutionierte in vielfacher Hinsicht den ÖPNV in Bremen: Leistungsstark und elegant galt er lange Zeit als richtungsweisend im Waggonbau. Seine letzten Exemplare gingen in Bremen erst 1967 aus dem Verkehr. Erhalten geblieben ist trotzdem leider kein Fahrzeug. Tw 264 ist der letztgebaute Wagen dieses Typs von 1929. Er zieht Bw 532, ebenfalls einen „Hansa"-Wagen, der 1926 erbaut wurde. Im Hintergrund Tw 164 auf der Linie 16 – ein Eigenbauwagen des Baujahres 1906. Die Aufnahme entstand um 1935. Grünwald/Slg. VDVA

„Hansa"-Wagen 235 im November 1962 am Dom: Dieser Fahrzeugtyp prägte über ein halbes Jahrhundert lang das Gesicht des ÖPNV in Bremen. W. Esmann

„Nordwaggon" – wie die „Norddeutsche Waggonfabrik" kurz genannt wurde – fertigte 1930 mit der Wagenummer 265 einen Einzelgänger, der nur auf der Linie 11 zum Einsatz gelangte und bereits 1942 in einen Beiwagen umgebaut wurde. Das Besondere: es war Bremens einziger Mitteleinstiegswagen überhaupt! Das Fahrzeug ging als Beiwagen im Krieg verloren. Archiv FdBS/BSAG

Von den fünf Lenkdreiachsern, die von 1937 bis 1939 in Dienst gestellt wurden, überstanden nur zwei den Krieg: Triebwagen 500 – hier im September 1956 zwischen Dom und Rathaus auf der Linie 4 – trug ursprünglich die Nr. 266 (vgl. „Exoten vor dem Untergang") und wurde von „Westwaggon" hergestellt. Er befand sich bis 1965 im Bestand der BSAG. Dr. Ruempler

Die Waggonfabrik „Lindner“ in Ammendorf lieferte 1941 fünf Triebwagen und 25 Beiwagen des sog. „Lindner-Typs“, die nach dem Krieg zur „Vorlage“ für den Nachbau durch die „Bremer Maschinenbau und Dockbetriebe“ (BMD) wurden. Das Präsentationsfoto der „Bremer Straßenbahn AG“ entstand am Bürgerpark und zeigt Triebwagen 283 mit zwei dazugehörigen Beiwagen. Archiv FdBS/BSAG

Präsentation des ersten „Dockzuges“, der auf dem Gestell des Tw 283 aufgebaut wurde: Triebwagen 700 im Depot Gröpelingen, 1947. Die Beiwagen 1700 bis 1705 konnten aus beschädigten, jedoch nicht zerstörten „Lindner“-Wagen auf der Werft wieder zusammengebaut werden. Archiv FdBS/BSAG

Die Triebwagen 350–356 waren Vorkriegsfahrzeuge, die in eigenen Werkstätten der BSAG 1941 als 271–279 gebaut wurden. Lediglich zwei Wagen überstanden den Krieg nicht. Hier 350 im September 1958 in Rablinghausen beim Umsetzen auf der Linie 7. Dr. Ruempler

Ab 1954 wurde die zweite Serie von Großraumwagen ausgeliefert, die nun „Hansa-Waggonbau“ unter Beteiligung der „Maschinenfabrik Esslingen“ herstellte. Die Fahrzeuge befriedigten deutlich besser als die erste Serie, deren letzte Einheiten Anfang 1977 ausschieden. 807 mit Beiwagen, Werkfoto/Slg. Mausolf

Großraumwagen für Bremen (801–805 mit dazugehörigen Beiwagen), die 1954/55 durch eine zweite, umfangreichere Serie (806–827 mit 20 Beiwagen) ergänzt wurde. Diese Serie stellte weitestgehend „Hansa-Waggonbau“ her, zehn Beiwagen baute die „Maschinenfabrik Esslingen“, die auch sämtliche Gestelle fertigte. Bevor weitere den modernen Kriterien entsprechende Wagentypen in den Bestand kamen, baute die „Bremer Straßenbahn“ in ihren eigenen Werkstätten 1954 noch vier konventionelle Zweiachser nach Vorbild des „Lindner“-Typs von 1941 (651–654).

Wiederum in enger Zusammenarbeit zwischen „Hansa-Waggonbau“ und der BSAG entstanden ab 1955 zunächst die dreiachsigen Gelenkwagen (GT 3, 901–928 mit entsprechenden Beiwagen). Personaleinsparung sowie die Tatsache, dass auf der Linie 4 aufgrund der engen Abmessungen in Bremens Innenstadt zu diesem Zeitpunkt noch keine Großraumwagen eingesetzt werden konnten, waren die entscheidenden Gründe, welche die BSAG bewegten, den ursprünglich als weiteren Zweiachser vorgesehenen Triebwagen 655 der Eigenbauserie ab Nr. 651 nicht mehr als solchen zu fertigen. Aus ihm entstand das Vorderteil des Sattelgelenk-Prototyps 901, bereits im Rohbau vorhandene weitere – so nicht mehr zur Ausführung gelangte – Wagenkästen wurden für die nun im Frontbereich abgeänderten Gelenkwagen 902 und 903 verwendet. Die Nachläufer fertigte „Hansa-Waggonbau“. Die Fahrzeuge dieser Serie blieben von den Fahreigenschaften her dem Zweiachszeitalter verhaftet. Für die „Bremer Straßenbahn“ stellten sie dennoch ein bedeutendes Bindeglied zwischen konventioneller Technik und dem Beginn einer an anderer Kriterien orientierten Epoche dar. Erst 1977 schieden die letzten Exemplare aus dem regulären Dienst.

Nach der Inbetriebnahme der Großraumwagen wagte die BSAG in Kooperation mit „Hansa-Waggonbau“ noch eine aufsehenerregende Neuerung: Da es noch immer Bereiche gab, in denen zu diesem Zeitpunkt Großraumwagen nicht eingesetzt werden konnten, konstruierte sie den dreiachsigen Sattelgelenkwagen, der in den Folgejahren in einer Stückzahl von 28 gefertigt wurde. „Volles Haus“ in Gröpelingen: v.l.n.r.: Wagen 352 – wie 350 ein Vorkriegswagen –, Tw 721, ein „Lindner“-Nachbau der BMD, Dreiachs-Sattelgelenkwagen 912 und 724 – ebenfalls ein „Dockwagen“ – paradieren am 1. August 1957 vor den Depothallen.
Dr. Ruempler

Vor der Nachkriegs-Revolution des ÖPNV durch den Kurzgelenkwagen blicken wir zurück auf die Wagen der „ersten Stunde“, die mehrfach umgebaut und neu motorisiert Ende der 50er Jahre noch immer unverzichtbar sind: Im März 1958 ist Tw 43, dessen Betagtheit erkennbar ist, noch immer als E-Wagen im Einsatz. Wir sehen den Wagen am Domshof.
Dr. Ruempler

Ab 1959 folgte mit dem Kurzgelenkwagen ein Innovationsschub in der Waggonbautechnik. 74 Trieb- und 43 Beiwagen wurden für Bremen sowie fünf Züge für Bremerhaven gebaut. Letztere gelangten nach der Stilllegung der dortigen Tram im Jahre 1982 nach Bremen. Ähnlich wie sein historischer Vorgänger, der zweiachsige „Hansa"-Wagen der ersten Hälfte des 20. Jahrhunderts, prägte der vierachsige „Hansa"-Wagen der zweiten Hälfte des 20. Jahrhunderts das Gesicht des Nahverkehrs in der Hansestadt Bremen. Leichte Veränderungen in Technik und äußerem Erscheinungsbild änderten das Grundmuster nicht. Dieses war gekennzeichnet durch lediglich zwei Drehgestelle und dadurch ein geringes Gewicht, durch den Fortfall von Verjüngungen an Front- und Heckpartie, wodurch eine Anordnung aller Türen in einer Geraden möglich wurde. Die speziell entwickelte Deichsel-/Laschensteuerung der Wagenkastenhälften verringerte den Ausschlag der Wagenenden bei Kurvenfahrten. Gerade dies war für die teilweise äußerst beengten Streckenverhältnisse in Bremen von besonderer Bedeutung. Die Serienfahrzeuge besaßen jeweils vier Motoren mit einer Leistung von 60 kW. Eine deutlich erkennbare äußerliche Veränderung erfolgte bei den Gelenkbeiwagen der c-Serie: Sie waren für eine mögliche Umrüstung auf Triebwagen mit einer geneigten Stirnscheibe und vorne mit Doppeltüren ausgerüstet. Zu einem solchen Umbau kam es nicht, die vorderen Doppeltüren wurden nach und nach ausgebaut.

Um Erfahrungen mit alternativen Lenksystemen zu gewinnen, testete die BSAG in der zweiten Hälfte des Jahres 1970 im Triebwagen 442 ein hydraulisches Lenksystem. Die Ergebnisse dieses Testlaufes flossen in die weitere Planung eines neuen Fahrzeugtyps ein. Eigentlich war vorgesehen, wiederum die bewährte Partnerschaft mit „Hansa-Waggon-

Zwei „Hansa"-Wagen am Rathaus, zwischen denen Welten liegen: rechts im Bild „Hansa"-Zweiachser 240, links Kurzgelenkwagen 401, 15. Juli 1960. Dr. Ruempler

Im Oktober 1991 ist 559 – einer der zuletzt gelieferten Stadtbahnwagen – auf der Linie 1 Am Dobben im Einsatz. Mausolf

bau" fortzusetzen. Doch bereits 1971 deuteten sich erhebliche Liquiditätsprobleme bei dem Bremer Waggonbauer an. Die Auftragsvergabe für den Stadtbahnwagen Typ „Bremen" ging deshalb an die Firma „Wegmann" in Kassel, die 1973 die ersten Züge ablieferte. Zwar beabsichtigte man noch, „Hansa-Waggonbau" – seit Ende 1973 als AG firmierend –, bei weiteren Serienlieferungen zu beteiligen. Es kam jedoch nicht mehr dazu, die Firma ging 1975 in Konkurs. So baute die Firma „Wegmann" sämtliche Stadtbahnzüge für Bremen (Triebwagen 501 bis 561, Beiwagen 701–758).

Nachdem 1986 und 1989 durch Umbau von zwei Stadtbahnwagen durch Hinzufügen je einer Beiwagenhälfte in Sechsachser erste Erfahrungen mit dreiteiligen Straßenbahnfahrzeugen gesammelt worden waren, wurde der Auftrag für den weltweit ersten Trambahnwagen mit durchgehend niederflurigem Boden in dreiteiliger Ausführung vergeben. Im Januar 1990 lieferte MAN/GHH Nürnberg das innovative und weithin beachtete Fahrzeug aus. Die abweichende Serienlieferung konnte MAN nicht mehr ausführen, da das Unternehmen zwischenzeitlich von „AEG Schienenfahrzeuge" übernommen worden war. Die ebenfalls vollständig niederflurige Serie 3001–3078 wurde ab 1993 von AEG/„Kiepe" gebaut. Das vorläufig letzte Unternehmen, das Straßenbahnen für Bremen herstellt, ist „Bombardier". Die Auslieferung der ersten Fahrzeuge vom Typ GT8N-1 begann im September 2005. Mit einem 73-prozentigen Niederfluranteil und der für Bremen erstmalig gewählten Breite von 2,65 m weicht der neue Typ von den bisherigen Fahrzeugen mit einer Breite von lediglich 2,3 m deutlich ab. Die erste Lieferung umfasste 20 Einheiten (Tw 3101–3120), die zweite 14 (3121–3134). Neun weitere Wagen sind bestellt.

Nähere Informationen zu den in Bremen während des Zweiten Weltkrieges auf Grundlage des „Reichsleistungsgesetzes" eingesetzten Fahrzeuge finden sich im Kapitel 8.8.

Stadtbahnwagen 561 wurde 1986 unter Zuhilfenahme eines Beiwagenteiles zum Sechsachser umgebaut. Aus „Roland" wurde „Roland der Riese": Demonstrationsfahrt zwischen Dom und Rathaus. Mausolf

Gegenüberstellung im Oktober 1993: Museumswagen 134 und Niederflur-Prototyp in Sebaldsbrück. Zwischen beiden Fahrzeugen liegen 86 Jahre Tramentwicklungsgeschichte! Mausolf

Und weil Weltneuheiten Interesse wecken, ging der Neuling auf Reisen: Exemplarisch für seine zahlreichen „auswärtigen“ Einsätze blicken wir nach Amsterdam, wo der Wagen im Mai 1993 angetroffen werden konnte, sogar in den Farben der Amsterdamer Verkehrsbetriebe und mit Amsterdamer Fahrzeugnummer: Aus dem Bremer 801 wurde kurzfristig der Amsterdamer 601, hier an der Muiderpoort mit dem Amsterdamer Triebwagen 786 auf der Linie 3. Mausolf

Die serienmäßigen Niederflurwagen in Bremen erfuhren gegenüber dem Prototyp Änderungen: Sichtbarste hiervon ist die Viergliedrigkeit. Am 15. Oktober 1993 findet auf dem Gelände der BSAG am Flughafendamm das Roll-Out des ersten Wagens mit der Nummer 3001 statt. Mausolf

Und auch die erste Serie Niederflurwagen ist bereits von der Entwicklung der Technik eingeholt worden: Seit September 2005 hat der ÖPNV in der Hansestadt wiederum ein neues Gesicht: Die „3100er“ mit größerer Breite als die herkömmlichen Bremer Fahrzeuge, setzen neue Maßstäbe. Triebwagen 3101 am 23. September 2005 auf Probefahrt. Mausolf

Im Jahre 1938 tätigte die BSAG einen bemerkenswerten Kauf in Hamburg: Zur erforderlich gewordenen Verstärkung des Wagenparks wurden 20 in Hamburg nicht mehr benötigte Beiwagen erworben, die in Bremen die Nr. 357 II bis 376 II erhielten. Neun davon gingen im Krieg verloren, von den restlichen Exemplaren mit ihren 1946 erhaltenen neuen Nummern 1030 bis 1040 standen drei Wagen noch bis 1959 in Bremen im Einsatz.

Der Wagenpark der BSAG wurde insgesamt fünfmal grundlegend umnummeriert, zwischendurch kamen Teil-Umnummerierungen hinzu. Die erste Nummernänderung erfolgte 1900, 1906 wurden die Beiwagen noch einmal neu geordnet. 1946 und 1970 wurde der gesamte Wagenpark neu strukturiert und 1988 erhielten die verbliebenen Großraumwagen neue Nummern. Im August 1992 schließlich erfolgte die Einführung von vierstelligen Fahrzeugnummern.

Ein dieses Kapitel abschließender Rückblick auf das Jahr 1905 ist hervorragend geeignet uns zu verdeutlichen, welch gewaltige technische Verbesserungen auf dem Gebiet des Trambaus um die Jahrhundertwende erzielt wurden. Eine Pressemitteilung der „Bremer Straßenbahn", die im Oktober 1905 erschien, berichtet vom Problem des Unternehmens, dem steigenden Verkehr und den steigenden Ansprüchen der Fahrgäste gerecht zu werden. Die alten „Kaffeemühlen" der elektrischen Anfangsjahre (Tw 1–32) – so genannt, weil sie durch mehrere Umdrehungen der Kurbel gestartet wurden – stünden schließlich noch immer in Betrieb und auch die Nachfolgegeneration (33–115) seien Fahrzeuge mit „einfachem Motor". Nun endlich seien auch Doppelmotorwagen mit ganz anderen Fahreigenschaften (116–142 zu diesem Zeitpunkt) im Einsatz. Die Triebwagen 138–142 seien sogar mit einem Kontroller des Systems „Westinghouse" ausgestattet und hätten den Vorteil, *„daß beim Anstellen des Stromes der Wagen sich ganz allmählich in Bewegung setzt und jedes ruckweise Anziehen der übrigen Doppelmotorwagen ganz vermissen läßt."*[63]

39.1 Trieb- und Beiwagen von 1890 bis 2008

Im Jahre 1900 standen der „Bremer Straßenbahn" aus den Baujahren 1890 bis 1897 noch 32 Triebwagen zur Verfügung, welche die Nummern 1–32 erhielten. In ihrer Funktion als Triebwagen konnten sie zwischen 1902 und 1913 mit Indienststellung neuer Triebwagen kontinuierlich ausgesondert werden. Gestelle, Elektrik und Wagenkästen dieser Fahrzeuge fanden jedoch weitere Verwendung zu unterschiedlichen Zwecken. Überwiegend für den Bau von Beiwagen genutzt, entstanden hieraus auch zahlreiche Arbeitswagen. Eine eindeutig schlüssige Klärung dieser Weiterverwendung ist nicht möglich.

Und auch das ist möglich: Doppeltraktion im Mai 2008 mit 3104 an der Spitze in Riensberg. Diese Betriebsform wird in Bremen jedoch aus vielen Gründen in absehbarer Zeit kaum Einzug halten. Mausolf

Auffällige Ganzreklamen haben in Bremen Tradition. Eines der schönsten „Kunstwerke" stellte wohl Wagen 461 dar! Wir sehen ihn 1980 bei den Rathausarkaden. Mausolf

Beiwagen 294 ist hier auf dem Bild aus den 20er Jahren mit verglasten Enden zu sehen.
Slg. W. Esmann

Die Beiwagen des Typs „Hansa“ von „Nordwaggon“ gelangten ab 1921 zur Ablieferung. Bw 605 ist der vorletzte überhaupt und wurde 1929 gebaut.
Slg. W. Esmann

Etwa die Hälfte der Fahrzeuge erhielt ein sog. „Laternendach“, die andere Hälfte das „Torpedodach“. Ursprünglich trugen sie die Nummern 427–606. Die nach dem Krieg noch vorhandenen Wagen wurden als 1200 bis 1333 eingereiht. Das Bild zeigt Beiwagen 1213 mit Laternendach im September 1956.
Dr. Ruempler

Beiwagen 1308 steht für die Version des „Hansa“-Beiwagens mit Torpedodach (August 1956).
Dr. Ruempler

Bw 1522 – zum Betrieb als Bw für Kurzgelenk-Triebwagen umgebaut – im August 1969 auf der Linie 10 Am Dobben. In dieser Form waren insgesamt 30 Beiwagen unterschiedlicher Baujahre im Einsatz. Ihre entsprechende Herrichtung erfolgte 1965, die letzten Einheiten gingen 1977 aus dem Verkehr.
Reinhard Todt

Eine „neue Zeit“ brach 1953 an, als die ersten Großraumzüge auf Bremer Gleisen verkehrten.
Bw 1803 (später 903), August 1957 in Gröpelingen. Dr. Ruempler

Wagenpark
Pferdebahn- und Triebwagen bis 1900:

Hinweis: Umnummerierungen zogen sich oft über Jahre hin.
Das angegebene Datum bezeichnet den Beginn der jeweiligen Maßnahme.

Bremer Pferdebahn

Nr.	Baujahr	Erbauer	Bemerkungen
1–30	1876–1889	Eisenbahn-Wagenbau-Anstalt zu Rothenburgsort, Stephenson, Herbrand, Werkstatt Walle	unterschiedl. Typen, ab 1892 tlws. Tw tlws. Bw
31–36	1890	Werkstatt Walle auf amer. Fahrgestelle	Elektr. Ausstellungs-wagen
Große Bremer Pferdebahn			
1–64	1879–1898	Brill, Herbrand, Werkstatt Walle, aus Hamburg angek. Fahrzeuge	bis 1899 mehrere =a Zweitbel. durch Hamburger Wg., ab 1900: in Serie Bw 201–261
Bremer Straßenbahn (bis 1899)			
17–19 26–54	1880 1888–1897	Herbrand/ Werkstatt Walle	tlws. ab 1900 = 1–32

Anmerkung:
Die Wagen 17–19 fanden ab 1894 Verwendung als Beiwagen im elektrischen Betrieb und wurden durch neue Eigenbau-Triebwagen aus der Werkstatt Walle in Zweitbelegung der Nummern ersetzt. Die Wagen 26–33 wurden ab 1897 als Beiwagen eingesetzt. Neue Triebwagen übernahmen in Zweitbelegung deren Nummer. Ab 1900 neue Nummern von 1–32 in ungeordneter Reihenfolge.

Bremer Straßenbahn (1900 bis 1945)

Nr.	Baujahr/Erbauer		Bemerkungen
1–32	1890–1897	Werkstatt Walle	bis 1907=29 a bzw. Umbau zu Bw, Rest a bis 1913, tlws. dann Arb.-Tw
33–179	1900–1907	Eigenbau	1938–1940: 31 Tw umgebaut, 50 Tw Kv
180–189	1909	Nordwaggon	1939: 3 Tw umgebaut, 1941: 6 Tw zu Bw, 1 Tw Kv
190–219	1913	Nordwaggon	Typ „Hansa“
220–234	1920	Nordwaggon	Typ „Hansa“
235–244	1925	Nordwaggon	Typ „Hansa“
245–254	1926	Nordwaggon	Typ „Hansa“
255–264	1929	Nordwaggon	Typ „Hansa“ (19 Wg. = Kv)

265	1930	Nordwaggon	Mitteleinstiegswagen 1942 in Bw 386(III) umgebaut, Kv
266	1937	Westwaggon	Lenkdreiachser
267	1937	Uerdingen	Lenkdreiachser, Kv
268–270	1939	Westwaggon	Lenkdreiachser, 268 und 270 Kv
271–279	1940/41	Eigenbau	272 und 273 Kv
280–284	1941	Lindner	283 und 284 Kv

Ab 1946

34–179	1900–1907	Eigenbau	mL, ex 33–179; ab 1950: div. Atw; a=bis 1964; 49 =Museumswagen
180,181(II),182	1909	Nordwaggon	181(II)=ex 188, a=bis 1962
183(II)–199(II)	1900–1907	Eigenbau	aus Serie 33–179, tlws. Wiederaufbau, a=bis 1963; 192(II) ex 134=LW1=Museumswg. 134
200–259	1913–1929	Nordwaggon	mL, ex 190–264, ab 1955 div.=ATw, 1957: 7 Tw zu Bw umgebaut; Rest a=bis 1967
300–305	1900–07/1950	Eigenbau	Neuaufbau, Ersatz für Original-Tw 42,69,75,97,133,157 a=bis 1967
350–356	1940/41	Eigenbau	ex 271, 274–279; a=bis 1967
400	1948	Eigenbau	1960: 260(II), a=1965
500	1937	Westwaggon	3xTw, ex 266; a=1965
501	1939	Westwaggon	3xTw, ex 269; a=1963
600–602	1941	Lindner	ex 280–282; 600 und 601 ab 1968=At 2 und At 3, 1970: 602=881, a =1972
651–654	1954	Eigenbau	Typ Lindner, 1970: 882-885; a bis 1972, 882 ab 1974 Eingleisungswagen
700–724	1947–1949	BMD	Typ Lindner, 700: Aufbau auf Gestell des Tw 283; 702,703 und 714: a 1956; 707 und 719 1957 zu Bw 1726 und 1725; 700,704,716 und 717 a 1969, 712: 1968 SP1, dann At 1; 722: 1969 zu SS 1 (Schienenschleifwagen); Rest 1970: 886–899; a bis 1971; 886=Museumswagen 701

801–805	1952/53	LHB	Großraumwg., 1. Serie, a = 1977
806–827	1954/55	Hansa-Waggon	Großraumwg., 2. Serie, 1988 noch vorhd.: 811, 816, 819, 824 und 827= 481, 486, 489, 484 und 487; a bis 1990, 481 seit 1990, ab 1992 wieder als 811 Museumswg., 487 als 827 abgest.
901	1955	Hansa/Eigenbau	Dreiachs-Gelenkwg., Prototyp; Ab 1970: 831, a=1975
902–928	1956–58	Hansa/Eigenbau	entspr. Serie, ab 1970: 831–856 (ohne 911 und 918) a=bis 1977; 846 von 1977–1980 Parytwg., seit 2001 Museumswg. 917
401	1959	Hansa-Waggon	Prototyp Kurzgelenkwagen GT4 ab 8/1992: 3401, a=1994
402–419	1961/62	Hansa-Waggon/MAN	GT4a, ab 8/1992 = 3402–3419, a=1994–1995, ausser 3402=Fahrschulwagen (a= 6/09, vorhd.)
420–444	1963	Hansa-Waggon	GT4b, ab 8/1992=3420 – 3444; a=bis 1995, ** 428 nach Unfall 1970 a; 442 von 1980 bis 2004 Partywagen (a= 1/05, vorhd.);
445–474	1967	Hansa-Waggon	GT4c, ab 8/1992=3445–3474; a: bis 1997 ** 3446 kurzz. als „Kinderbahn", (ab 2010 neuer Museumswagen 446) 3445 von 1998 bis 2009 als 445 Museumswagen; 3460 seit 1997 Schleifwg. 3985; 3462 Ende 1996 nach Stade
475–479	1968	Hansa-Waggon	GT4c, ex Bremerhaven, 80–84, seit 1983 bei BSAG, ab 8/1992: 3475–3479, a bis 1997 **
501–511	1973	Wegmann	GT4d, Stadtbahnwagen, ab 8/1992: 3501–3511, a bis 2006 ***
512–522	1973/74	Wegmann	GT4e, ab 8/1992: 3512–3522, 3522 a 2001, Rest a bis 2006 ***
523–561	1975 bis 77	Wegmann	GT4f, 5 Züge noch 2010 im Einsatz 560 und 561 wurden 1989 bzw. 1986 zu sechsachsigen Doppelgelenkwagen umgebaut, 3560 kurzztg. Kulturtram, a=2006 3561 seit 2004 Partywagen; ***
801	1990	MAN/GHH	Erster durchgehend niederfluriger Trambahnwagen der Welt, ab 8/1992=3801, 1998 nach Norrköping verkauft

3001–3078	1993/96	Adtranz	vollständig niederflurige Serie, 3067: a=2001
3101–3134	2005 bis 09	Bombardier	73% niederflurig, erstmals für Bremen: Breite 2,65 m

Anmerkungen:
Die Wagen bis 189 wurden als Längsitzer, jene ab 190 – mit einigen Ausnahmen – als Quersitzer ausgeführt. Ab Tw 190 wurden die Wagen mit Torpedodach gefertigt. Die 500er, 600er und 700er Serien besaßen Tonnendach.

* = mL. bedeutet „mit Lücken“

** = überwiegend heute in Timişoara i.E.

*** = Anfang 2010 stehen in Bremen noch folgende fünf Triebwagen im Einsatz: 3524, 3530, 3537, 3557 und 3558. Als Fahrschulwagen werden 3538 und 3548 genutzt. Fünf Züge standen darüber hinaus für den Abtransport nach Timişoara bereit, fünf weitere waren noch abgestellt vorhanden. 30 Züge verkehren in Timişoara.

Tw 821 wurde 1986 als Ausstellungsobjekt an die „Hamburger Hochbahn“ abgegeben, Tw 462 ging im Rahmen eines regionalen Verkehrs-Projektes („StadeBahn“) als Ausstellungsobjekt Ende 1996 nach Stade. Das DSM in Sehnde bei Hannover erhielt zwischen 1977 und 1981 den Triebwagen 892 (ex 711), die Tramlok RL 1, den SP 1 (ex 712), den Turm-Beiwagen St 3 von 1930 und die Salzwagen S 1 und S 2 sowie den AT 3 (ex 601), den Salzwagen S 10 und die Triebwagen 893 (ex 713) und 894 (ex 715). Die Tw 892, 893 und 894 wurden zwischenzeitlich zur Ersatzteilgewinnung verschrottet.

Als bereits die Großraumwagen im Einsatz standen, wurde 1955 der legendäre dreiachsige Gelenkwagen-Prototyp 901 in Dienst gestellt. Zu ihm gehörte Beiwagen 1901, hier im Juli 1956 auf der Ost-West-Achse zur Domsheide fahrend. Dr. Ruempler

Die Kurzgelenk-Beiwagen der ersten Serie entstanden bei „Hansa-Waggonbau“ und bei MAN. Ursprünglich trugen sie die Nr. 1401–1419, ab 1970 dann 601–619. Beiwagen 610 im Jahre 1980 auf dem Gelände des Gröpelinger Depots. Mausolf

Der letzte für Bremen gebauten Beiwagen-Typ: Stadtbahnbeiwagen 721 im Herbst 1984 in Riensberg. Mit Ablieferung des Niederflur-Prototyps 801 wurde das erste Fahrzeug, das nicht mehr für Beiwagenbetrieb vorgesehen war, beschafft. Mausolf

Beiwagen

Nach dem Zusammenschluss beider Unternehmen 1899 wurden zwar Nummern von 201–261 für Wagen der Baujahre 1876–1898 vergeben, wobei es sich um ehemalige Pferdebahnwagen und ehemalige Triebwagen handelte. Nach wie vor blieben jedoch ein- und zweistellige Nummern im Bestand. Eine stringente Nummerierung erfolgte erst 1907.

Beiwagen Nr.	Baujahr	Erbauer	Bemerkungen
262–288		Werkstatt Walle	1903 bis 1907 aus ex Tw und dem Rest von 201-261; a=1925
289–310		Werkstatt Walle	1907 aus ex Tw und Rest von 201–261, 310 a 1927, 1937/39 Modernisierung, 13 Wg. Kv
311–320		Rothenburgsort/Walle	ex 1–10 („Sommerwagen") a: 1910–1911
321–420	1901–1911	Eigenbau	321–380 = ex 11–70 von 1901–1905; 371–420 der Baujahre ab 1907; Bis 1931:39 Bw=a, Rest mehrere Umbauten; Umnumm. bis 1937 in 377(II)–426(II), 24 Bw=Kv
421–426	1913	Nordwaggon	a=1927
427–606	1921–1929	Nordwaggon	427–521=Laternendach 522–606=Torpedodach, 48 Wg.=Kv
607–631	1940/42	Lindner	7 Wg.=Kv
345(II)–350(II)	1909	Nordwaggon	ex Tw 181,184-187,189; 3Wg.=Kv
351(II)–356(II)	1941	Eigenbau	2 Wg.=Kv
357(II)–376(II)	1903–1906	Falkenried	1939 aus Hamburg gekauft, tlws. umgebaut; 9 Wg.=Kv
386(III)	1930	Nordwaggon	1942 ex Tw 265, Kv
Beiwagen ab 1946			
1001	1905	Eigenbau	ex 388(II), a=1953
1002–1009	1893–1897	Eigenbau	aus 289–310, a=bis 1954
1030–1040	1903–1906	Falkenried	aus 357(II)–376(II), a=bis 1959
1050–1052	1909	Nordwaggon	aus 345(II)–350(II), a=bis 1958
1100–1129	1901–1911	Eigenbau	aus 377(II)–426(II), nicht alle Einheiten umnummeriert; a=bis 1954

1200–1257	1921–1925	Nordwaggon	aus 427–521, a=bis 1963
1260–1333	1926–1929	Nordwaggon	aus 522–606, a=bis 1963
1400+1401	1946	Eigenbau	ab 1960: 1334 u. 1335, a=1963
1350,1352–1354	1941	Eigenbau	aus 351(II)–356(II), a=bis 1963
1341–1347	1913	Nordwaggon	1957: ex Tw 210,217(II),203,201,219, 207(II),214; a=bis 1963
1600–1606,1608–1618	1940–1942	Lindner	aus 607–631,div.=a bis 1967, 1968: 1612=1501, 1969: 1501=951, a=1977; 1969: 1600–1606,1609,1611,1615 u. 1618: 981–991, a=bis 1970
1700–1724	1947–1949	BMD, Typ Lindner	div. a=bis 1968, 1968: 1714,1719,1720,1721,1724= 1525–1529, 1969: 975–979, a= 1977 und 1700,1704,1715=993–995; a=bis 1972
1725+1726	1948	BMD, Typ Lindner	1957=ex Tw 719 und 707, 1725 a=1967, ab 1968: 1726=1530, ab 1969: 1530=980, a=1977
1621–1651	1951–1953	Eigenbau, Typ Lindner	div. a=bis 1968; Rest: 1502–1524, ab 1970: 952–974; ab 1969: 1621=992; a=bis 1977
1801–1805	1952–1953	LHB	Großraum-Beiwg., ab 1970: 901–905, a 1977
1806–1825	1954/55	Hansa/Esslingen	Großraum-Beiwg., Esslingen: 1815–1824; ab 1970: 906–925; 1988 noch vorhanden: 906, 907, 910, 915, 922=696, 697, 690, 695, 692, a bis 1990, Museumsbeiwagen seit 1990: 1806 sowie abgestellt vorhd. 1815
1901	1955	Hansa/Eigenbau	Prototyp, dreiachsiger Gelenk-Bw, a=1970
1902–1928	1956–58	Hansa/Eigenbau	ab 1970: 931–948 mL, a bis 1976
1401	1960	Hansa-Waggon	GB4, Kurzgel.-Prototyp, ab 1970: 601, ab 8/92: 3601, a=1994, ***
1402–1419	1961/62	Hansa-Waggon/MAN	GB4a, ab 1970: 602–619, ab 8/92: 3602–3619, a=1994, ***
1445–1468	1966/67	Hansa-Waggon	GB4c, ab 1970: 620–643, ab 8/92: 3620–3643, a=1997, *** 1458(ex 633) seit ’98 Museumsbw.

644–648	1968	Hansa-Waggon	1982 ex Bremerhaven 218–222, ab 8/92: 3644–3648, a=1997,***
701–711	1973	Wegmann	Stadtbahnwagen, GB4d
712–722	1974	Wegmann	ab 8/92: 3701–3722, a bis 2006, ***
723–758	1976	Wegmann	GB4e, *** ab 8/92: 3723–3757, mL vorhd.,**** 758 zum Umbau der Tw 560 und 561 in Sechsachser verwendet

Anmerkungen Beiwagen:

1928: Verkauf des Bw 369 nach St. Pölten, wo er als Nr. 3 bis 1966 im Einsatz war.

1942: Ankauf eines Bw der Tram Bingen, der in Bremen umgebaut und als „T 5" in eine Reihe von insgesamt 15 Bw zum „Gefangenentransport" integriert wurde.

1945–1947: Die neue Nummernvergabe ab 1946 zog sich bis Anfang der 50er Jahre hin. Nicht umnummerierte Beiwagen blieben im Reserve-Bestand. Als letzte dieser Wagen nahmen 378 und 383 an der Präsentationsfahrt der ersten beiden Großraumzüge im Januar 1953 – gezogen von Tw 103 – teil.

Bis 1965: Um hinter „Hansa"-Kurzgelenkwagen eingesetzt werden zu können, wurden 30 zweiachsige Bw zu „Einrichtungswagen" umgebaut und mit automatischen Scharfenbergkupplungen versehen. Es handelte sich um den Bw 1612 (Bj. 1941, ab 1968=1501)) sowie um Einheiten aus der Serie 1621–1651 (Bj. 1951–1953, ab 1968=1502–1524, ab 1970=952-974) und aus der Serie 1700–1724 mit 1725 und 1726 (Bj. 1947–1949, ab 1968=1525–1530, ab 1970=975–980). Diese Fahrzeuge wurden sämtlich bis Mitte 1977 ausgemustert. Die 1970 noch vorhandenen Einheiten der letztgenannten Serie, die nicht umgerüstet wurden, erhielten die Nr. 993(ex 1700), 994(ex 1704) und 995(ex 1715) und gingen bis 1972 aus dem Bestand.

*** = Ab 1995 gelangten „Hansa"-Wagen, ab 2002 „Wegmann"-Wagen ins rumänische Timişoara

**** = Anfang 2010 stehen in Bremen noch folgende sechs Beiwagen im Einsatz: 3724, 3726, 3734, 3740, 3757 und als Fahrschule 3746.

Besonderheiten:
Als reiner „Hingucker" entstand bei der „Bremer Straßenbahn" 1954 ein „Themazug" zum Volksfest der Bremerinnen und Bremer, dem „Freimarkt". Triebwagen 182 wurde zum Schiff „Dat Meerwief" umgerüstet, die beiden Beiwagen 1030 (in ein Blockhaus verwandelt) und 1033 (umgestaltet zu einem orientalischen Palast) ergänzten das Unikum. Sie gehörten zu jenen 20 Fahrzeugen, die 1938 aus Hamburg angekauft worden waren. Zum Freimarkt 1954 und 1955 fuhr der Zug vormittags zwischen Gröpelingen und Sebaldsbrück sowie zwischen Horn und Arsterdamm. Nachmittags und abends war er als Pendelwagen zwischen dem Domshof und der Bürgerweide eingesetzt.

Als speziell hergerichtete „Kultourbahn" waren ab 1999 zwei Fahrzeuge unterwegs. Zunächst befand sich Triebwagen 445 als solcher mit einer auffälligen Lackierung versehen von September 1999 bis Anfang 2001 im Einsatz. Seine Nachfolge trat im Mai 2001 der sechsachsige Gelenk-Triebwagen 3560 an, der zwischenzeitlich verschrottet wurde. In Kooperation mit Bremer Kultur-Institutionen wurden in den Fahrzeugen Veranstaltungen durchgeführt. Triebwagen 3446 stand darüber hinaus zeitweise als sog. „Kinderbahn" zu speziellen, kindbezogenen Anlässen im Einsatz.

39.2 Trambahnen mit Namen

Als Ergebnis eines Wettbewerbs erhielten elf Bremer Stadtbahnzüge 1980 Namen, die an bedeutende Personen aus Bremens Geschichte erinnerten. Die Aufschriften an den Fahrzeugen wurden zwischenzeitlich gelöscht. Es erhielten folgende Triebwagen die nachstehend aufgeführten Namen:

503 „Georg Droste"
Bremer Heimatdichter (1866–1935)

507 „Admiral Brommy"
Seefahrer, später Admiral der ersten dt. Flotte (1804–1860)

510 „Arnd von Gröpelingen"
Ritter und Ratsmann, 1304 bei Attentat getötet

521 „Ansgar"
Erzbischof und päpstl. Legat, ab 845 Bischof von Bremen (801–865)

524 „Johann Smidt"
Bremer Bürgermeister, Gründer Bremerhavens (1773–1857)

542 erhielt den Namen „Alma Rogge" nach der beliebten niederdeutschen Autorin. Schüsselkorb/Sögestraße 1988. Mausolf

523 „Gräfin Emma“
Witwe des letzten Grafen von Lesum, schenkte gemäß einer Sage im Jahre 1032 der Bremer Bevölkerung die Bürgerweide
525 „Adam von Bremen“
Historiker und Chronist (um 1081 gestorben)
541 „Lüder von Bentheim“
Baumeister, u.a. verantwortlich für die neue Rathausfassade (ca. 1555–1612)
542 „Alma Rogge“
Schriftstellerin und Heimatdichterin (1894–1969)
543 „Heini Holtenbeen“
Dienstmann und Bremer Original (1835–1909)
561 „Roland“
Wahrzeichen und Wahrer der Freiheit Bremens, Statue am Markt

Kurzzeitig verkehrte mit Wagen 527 eine weitere Tram mit Namen. Mit diesem Stadtbahnwagen wurde der Bremer Bürgermeister Hans Koschnik am 17. September 1985, seinem letzten Amtstag, nach Hause gefahren. 527 erhielt den Namen „Hans“ – der Schriftzug blieb lange am Fahrzeug.

Schon in den 30er Jahren bewährte sich der Lkw-Turmwagen aufgrund der hohen Flexibilität bei Fahrleitungsschäden. Die alte Linie 1 ist noch im Hintergrund zu sehen. Das Bild dürfte von der Mitte der 30er Jahre stammen. Geschichtskontor Brodelpott

Aus „Roland“ wurde nach dessen Umbau zum Sechsachser 1986 „Roland der Riese“. Kurzfristig verkehrte der ex-Bremerhavener 3478 im Jahre 1997 zur Erinnerung an die Tram in der Seestadt – 1997 jährte sich ihre Einstellung zum 25. Male – mit dem Namen „Bremerhaven“. Stadtbahnwagen 3558 trug kurzzeitig den Namen „Timişoara“ als Hinweis auf die freundschaftlichen Kontakte Bremens zur Stadt an der Bega, nachdem der ursprünglich hiermit versehene Triebwagen 3522 nach einem schweren Unfall ausgemustert worden war.

40. Arbeits- und Sonderfahrzeuge

Der Hilfs- und Arbeitswagenpark des elektrischen Verkehrs bis 1945 bestand überwiegend aus Fahrzeugen – bzw. Teilen dieser Fahrzeuge – aus den Anfangsjahren der „Elektrischen“. Ab 1909 erfolgte der Umbau zahlreicher Fahrzeuge zu Arbeitszwecken (bezeichnet als RT bzw. RL), wobei hierzu überwiegend nur Elektrik und Gestelle herangezogen wurden. Die Wagenkästen fanden teilweise als Beiwagen weiter im Personenverkehr Verwendung. Des Weiteren gelangten später ein Schienenreinigungswagen (SR1), ein Schleifwagen (SS1) und eine Schneekehre (SK 1) zum Wagenpark. Die überwiegende Zahl dieser Arbeitswagen ging – sofern sie nicht schon vorher ausgemustert worden waren – im Krieg verloren. RL 1, SR 1 und SS 1 standen weiter im Einsatz und RL 1 ist im Hannoverschen Straßenbahn Museum in Sehnde erhalten.

Nach 1945 setzte die BSAG wiederum sog. RT-Triebwagen als Arbeitsfahrzeuge ein. Es existierten mit den Nummern 1–9 sowie 14 – teilweise, allerdings nicht zeitgleich, doppelbelegt – umnummerierte Triebwagen, mit dem Vorsatz „RT“ vor der alten Nummer aus dem Personenverkehr die Arbeitsfahrzeuge 111, 126, 160, 202, 204, 212, 216, 224, 230, 232 und 600, die bis auf 600 alle bis Ende der 60er Jahre ausgemustert wurden. Die noch heute aktuelle letzte Bezeichnung der Arbeitsfahrzeuge lautet „AT“. Es standen so im Einsatz: AT 1 (ex 712), AT 2 (ex 600), AT 3 (ex 601).

Aktuell umfasst die Liste der Arbeitsfahrzeuge folgende Einheiten:

RT 5 – ex 62 von 1900 – beim Umbau der Straße An der Weide, im August 1956. Dr. Ruempler

Die multifunktional einsetzbaren AT 4, 5 und 6 stellen zwischen 1977 und 1981 durchgeführte Rückbauten dreiachsiger Gelenkwagen zu Zweirichtungszweiachsern dar. AT 6 erhielt eine Sichtkanzel für die Fahrleitungskontrolle. Als Eingleisungsfahrzeug ist der 1974 entsprechend umgebaute Zweiachser EGW vorhanden. Nach Ausscheiden seines zweiachsigen Vorgängers SS 1 ist der entsprechend umgerüstete und verkürzte „Hansa"-Kurzgelenkwagen 3460 als Schleifwagen 3985 mit einem Nachläuferaggregat im Einsatz.

Von Arbeitsbeiwagen hat sich die BSAG inzwischen weitestgehend getrennt. Lediglich eine moderne Schleifeinheit der Firma „Windhoff" ist dem verkürzten „Hansa"-Kurzgelenkwagen 3985 beigefügt. Ferner sind ein Gleismesswagen sowie Loren und zwei auf Altgestellen aufgebaute Schneekehren vorhanden. Als Sonderfahrzeuge (ohne Museumswagen) befinden sich der sechsachsige Partywagen 3561 sowie der Fahrschulwagen 3402 (ex 402) von 1960 noch im aktiven Bestand.

Als kombinierte Fahrzeuge für den Straßen- und Schienenverkehr stehen die Turmwagen 1–4 zur Verfügung, das Abschleppen von Bussen besorgt der Unimog. Ein „Daimler"/„Schörling"- und ein MAN/„Müller"-Lkw sind für die Reinigung des Gleisnetzes zuständig.

Schienenreiniger SR 1 am neuen Rathaus, im Hintergrund die Börsenruine im Juli 1952. Diese Aufgaben hat inzwischen längst der gleisgängige Lkw übernommen. Slg. Boehm/Verkehrsbild Reuther

SS 1 In der Fleetrade auf der Strecke der Linie 3 im Jahre 1982. Das Fahrzeug stand werktäglich in ständigem Einsatz. Mausolf

Schützenhilfe, falls doch etwas passiert: EGW begleitet im September 1999 den ex-Münchner Niederflurwagen auf Sonderfahrt durch Bremen. Hier am Flughafen/Hünefeldstraße. Mausolf

Multifunktional einsetzbar sind die drei aus GT 3-Gelenkwagen umgebauten Arbeitswagen AT 4, 5 und 6. Als Schneeräumer sind sie in Bremen eher selten im Einsatz. AT 5 an der Domsheide 1985. Mausolf

Triebwagen 886 war nach Ende seines aktiven Einsatzes im Personenverkehr im Betriebshof Gröpelingen als Werkstattwagen zum Wenden von Drehgestellen eingesetzt. In dieser Funktion fristete er ein unscheinbares Dasein und wagte sich nur selten einmal – hier anlässlich einer Sonderfahrt 1983 – ans Tageslicht. Seit 2001 gehört er als 701 zur Museumsflotte. Mausolf

RL 1 befindet sich ebenfalls im Straßenbahnmuseum Sehnde. Hier sehen wir sie 1980 noch auf dem BSAG-Gelände. In ihren letzten Bremer Jahren hatte sie keine Einsätze mehr zu bewältigen. Mausolf

Moderner Schienenschleifwagen: Seit 1997 ist 3985 (ex 3460) mit einem Schleifanhänger auf dem Bremer Netz täglich unterwegs. Wachmannstraße/Hartwigstraße, 2007. Mausolf

Partytrams haben Tradition in Bremen: Den Anfang machte der Gelenkdreiachser 846 – hier bereits als offizieller Museumswagen mit seiner alten Nummer 917 –, es folgte „Hansa"-Kurzgelenkwagen 442, der fast 25 Jahre als rollender Partykeller unterwegs war und seit 2004 steht 3561 (ex 561) als dreiteiliger Partywagen im Einsatz. Sebaldsbrück, 10. Dezember 2004. Mausolf

IX. Depots, Hauptwerkstatt und Verwaltung

41. Gestern

„Keimzelle A“

Zunächst wickelte die „Bremer Pferdebahn“ ihren Betrieb aus angemieteten Stallungen und Werkstätten an der Schwachhauser Chaussee ab. Am 7. Juni 1878 wurde in Horn ein eigenes Depot mit Verwaltung bezogen. Nach der Erweiterung des Betriebes kam ein Depot an der Gasanstalt auf der Bürgerweide hinzu, in dem auch die elektrischen Wagen der Ausstellungsbahn untergebracht waren. Bereits 1908 schloss dieses Depot seine Tore.

„Keimzelle B“

Die „Große Bremer Pferdebahn“ begann 1879 mit einem Depot und einer Werkstatt in Walle, die Verwaltung zog noch im Jahr der Eröffnung des Betriebes von Fedelhören in die Nordstraße. Ab 1882 wurden in Walle auch Straßenbahnwagen – nicht nur für den Eigenbedarf – gebaut. Depots befanden sich in Hastedt vor der Staatsbahnquerung, am Buntentorsteinweg und am Haferkamp.

Die im Juni 1899 erfolgte Übernahme der „Großen Bremer Pferdebahn“ durch die „Bremer Straßenbahn“ bedeutete für diese die Übernahme sämtlicher Liegenschaften ihrer einstigen Konkurrentin. Die Depotanlagen wurden – wo dies möglich war – den Erfordernissen des elektrischen Betriebes angepasst und vergrößert. Das alte Depot Buntentor konnte nicht umgerüstet werden und wurde durch eine neue, in der Nähe befindliche Anlage in Huckelriede bereits 1900 ersetzt. Im Jahre 1901 erwarb die „Bremer Straßenbahn“ eine Liegenschaft Am Wall 109, um hier eine neue und stadtnahe Verwaltung einzurichten. Diese residierte hier bis 1914. Durch Abriss des Gebäudes und Hinzukauf des Nachbargrundstückes Am Wall 108 konnte eine neue und repräsentative Verwaltungszentrale errichtet werden, die am 1. Dezember 1915 eröffnet wurde. Im Februar 1945 wurde die Hauptverwaltung bei einem Bombenangriff vollständig zerstört. Nach dem Krieg wurde ganz in der Nähe Am Brill Ersatz gefunden.

Für das expandierende Netz mussten weitere Depots geschaffen werden. In Woltmershausen erwarb die Gesellschaft 1904 ein Gelände, auf dem 1908 ein Betriebshof eröffnet wurde. Auch Auf der Hohwisch kaufte man 1910 ein Grundstück an, auf dem zwei Jahre später ein neuer Betriebshof seine Tore öffnete. Damit war durch Neubau bzw. Umrüstung eine ausreichende Kapazität an Depot- und Werkstattanlagen für die „Elektrische“ vorhanden. 1905 wurde die neue Hauptwerkstatt an der Hansastraße (später als „Hansestraße“ bezeichnet) in Betrieb genommen, welche eine Entlastung der Waller Anlagen ermöglichte. Fortan erfolgten hier Wagenbau- und Wagenreparatur. Ende 1922 konnte der Neubau des Betriebshofes Haferkamp abgeschlossen werden, der die Behandlung der Fahrzeuge erheblich erleichterte. In den Jahren 1924 und 1925 wurden die Haupt- und Weichenwerkstatt umgebaut und erweitert, 1926 veräußerte das Unternehmen das Depot in Hastedt. Es war nach Eröffnung des Depotneubaus in Sebaldsbrück verzichtbar geworden.

Durch die Zerstörungen im Zweiten Weltkrieg erlitt auch die „Bremer Straßenbahn“ großen Schaden. Den höchsten Verlust stellten ohne jeden Zweifel die vielen Mitarbeiter und Mitarbeiterinnen dar, die im Krieg – entweder als Soldaten eingezogen oder im zivilen Dienst auf den Trambahnen –

Als der Hofhund noch dazugehörte: Die Wagenhalle Bürgerweide stand bis 1908 in Betrieb! Tw 24, einer weiterer baugleicher Wagen und Bw 232 um das Jahr 1904. Archiv FdBS/BSAG

Die Depots Gröpelingen und Sebaldsbrück brachten im Jahre 1926 eine neue Qualität ins Spiel: Nach modernsten Erkenntnissen gestaltet entsprachen sie sowohl allen betrieblichen wie auch sozialen Anforderungen jener Tage. Das Depot Gröpelingen stellt bis auf den heutigen Tag den bedeutendsten Umsteigepunkt im Bremer Westen dar. Archiv FdBS/BSAG

Das Depot Sebaldsbrück nimmt diese Funktion in Bremens Osten wahr. Archiv FdBS/BSAG

Depot Haferkamp: Wagen 113 ist für die Ringbahnlinie 1 beschildert! Nach 1922. Archiv FdbS/BSAG

Blick in die Einfahrt des Depots Haferkamp 1962 kurz vor der Aufgabe des Betriebes. K. Lübbers/Slg. W. Esmann

Auf der Hohwisch befand sich von 1910 bis 1967 ein Depot. Es hatte in erster Linie für die Linie 3 Bedeutung. Drei 700er Triebwagen, Tw 652 und Oldtimer 160 sind im Juni 1957 zu erkennen. Dr. Ruempler

ums Leben kamen. Der Wagenpark war dezimiert worden, viele Fahrzeuge darüber hinaus zunächst unbrauchbar. Auch die Betriebsgebäude, die Depots und die Verwaltung waren bis auf eine Ausnahme stark beschädigt oder vollständig zerstört: Der Betriebshof Horn hatte aufgrund seiner Lage kaum nennenswerte Zerstörungen erlitten. Auch die Hauptverwaltung Am Wall war in Schutt und Asche gelegt worden, so dass die BSAG Am Brill ein neues Domizil beziehen musste.

In den ersten Nachkriegsjahren konnten nur drei Anlagen mehr oder weniger notdürftig wieder instandgesetzt werden. Die Hauptwerkstatt Hansestraße und der Betriebshof Haferkamp waren von erheblicher Bedeutung und auch die Weichenwerkstatt Walle war unverzichtbar. Auf den übrigen Depotflächen musste bei Wind und Wetter im Freien gearbeitet werden.

Dieser im Grunde unhaltbare Zustand, der aufgrund der enormen Verluste der BSAG durch die Währungsreform noch verschärft wurde, dauerte lange an. Hinzu kam die Tatsache, dass ein Wiederaufbau der alten Depots in den meisten Fällen nicht zweckmäßig schien, da einerseits aus Effektivitätsgründen eine Konzentration von Aufgaben angestrebt wurde und andererseits die alten Grundstücke Erweiterungen nicht zuließen.

42. Heute

Nach eingehenden Vorarbeiten begannen 1957 in der Nähe des Flughafens auf einem bereits vorher erworbenen Grundstück am Flughafendamm/Neuenlander Straße die Arbeiten zur Errichtung einer neuen Hauptwerkstatt und eines neuen Betriebshofes für Bahnen und Busse der BSAG, denen im Juli 1963 auch die Verwaltung angegliedert werden sollte. Hier erfolgte ab Ende 1958 schrittweise eine Konzentration der bisher an unterschiedlichen Standorten durchgeführten

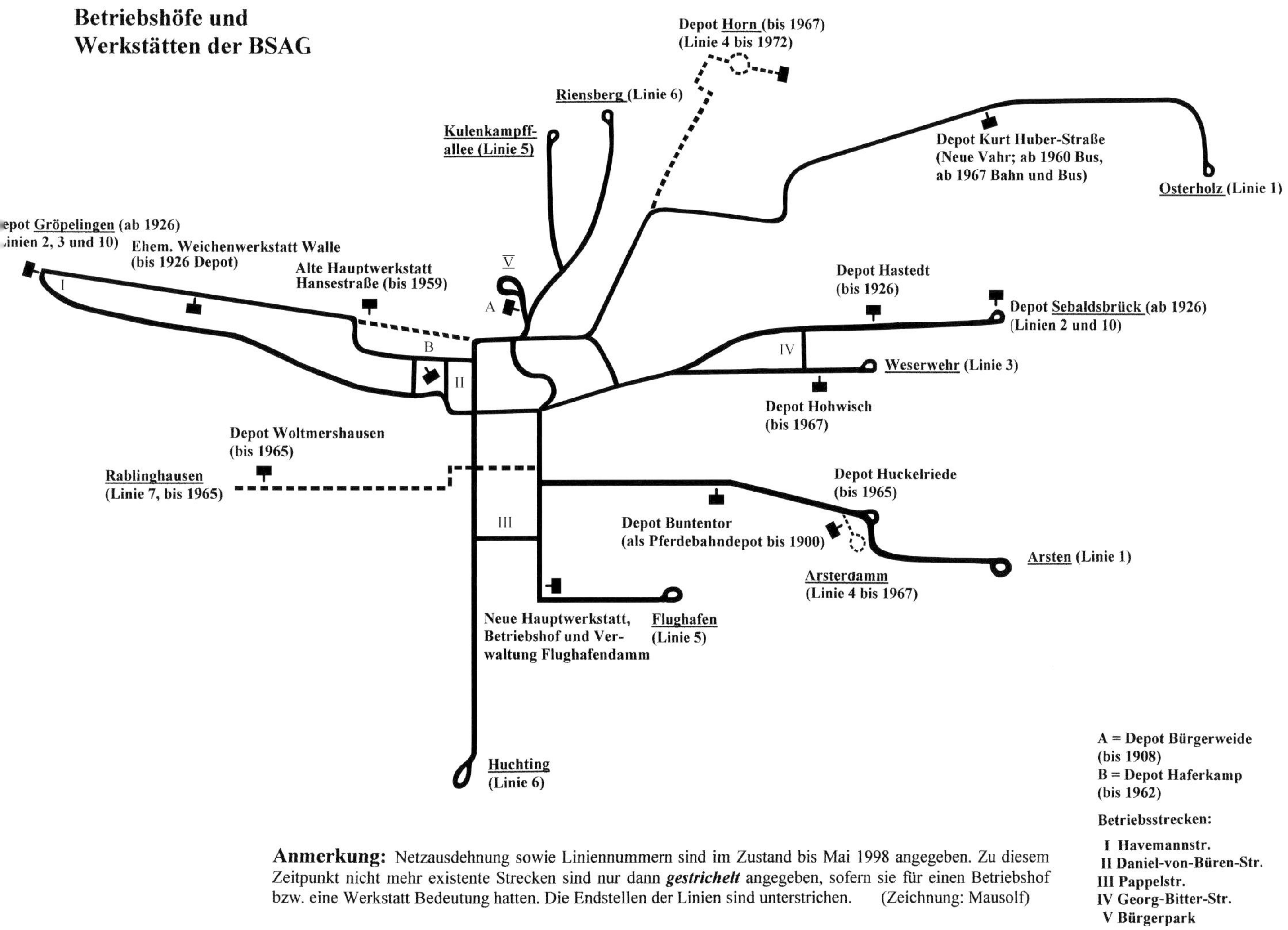

Anmerkung: Netzausdehnung sowie Liniennummern sind im Zustand bis Mai 1998 angegeben. Zu diesem Zeitpunkt nicht mehr existente Strecken sind nur dann ***gestrichelt*** angegeben, sofern sie für einen Betriebshof bzw. eine Werkstatt Bedeutung hatten. Die Endstellen der Linien sind unterstrichen. (Zeichnung: Mausolf)

Das Depot Horn im Zustand zum Ende seiner Nutzung. Archiv FdBS/BSAG

1905 wurden die neuen Reparatur- und Wagenbauwerkstätten an der Hansastraße in Betrieb genommen, die später als Hauptwerkstatt fungierten. Archiv FdBS/BSAG

Arbeitsabläufe. Aufgegeben wurden nach und nach die alte Hauptwerkstatt Hansestraße (1959), die Hauptwerkstadt für Omnibusse in Horn sowie die Werkstatt Hemelingen, Depot und Werkstatt Haferkamp (1962), die Weichenwerkstatt Waller Friedhof (bis zur Eröffnung des Gröpelinger Depots im Jahre 1926 auch als Depot genutzt) sowie die Depots Huckelriede (1965), Woltmershausen (1965), Hohwisch (1967) und Horn (1967).

Das Gebäude der neuen Hauptwerkstatt am Flughafendamm – entworfen vom Architekten Bernhard Wessel (BDA) und offiziell am 25. Juni 1959 eröffnet – war europaweit richtungsweisend. Die Baukosten in Höhe von 9 Millionen DM konnten zu einem Drittel durch den Verkauf jener Grundstücke aufgebracht werden, auf denen bisher die entsprechenden Anlagen betrieben wurden. Mit der Konzentration der Werkstätten am Flughafendamm gehörte endlich jener zeitraubende und energieaufwendige Zustand der Vergangenheit an, dass oftmals Fahrzeuge auf Hilfsgestelle gesetzt durch Bremen geschleppt werden mussten, damit an einem Ort begonnene Werkstattarbeiten an einem anderen Ort fortgeführt werden konnten. Auch die Sozial- und Sanitärräume waren nach modernsten Kriterien entworfen und gebaut worden. Am 1. Juli 1963 zog schließlich auch die Hauptverwaltung der BSAG in ein modernes Gebäude vor der Hauptwerkstatt am Flughafendamm, 1965 erfolgte die Einweihung des angegliederten Betriebshofes.

Die Depots Sebaldsbrück und Gröpelingen von 1926 blieben unverzichtbar und wurden mehrfach Veränderungen unterzogen und technisch angepasst. In den Gröpelinger Hallen war zwischen 1949 und 1961 auch die Trolleybus-Flotte der BSAG beheimatet. Ein Neubauprojekt unter skurrilen Umständen wurde ab 1959 im Neubaustadtteil Neue Vahr realisiert. Hier entstand bis zum Jahresende 1960 ein neuer Betriebshof der BSAG, der als „Optionshof" in die Geschichte des Unternehmens einging. Niemand konnte zu dieser Zeit mit Sicherheit voraussagen, welches Verkehrsmittel die Neue Vahr und das ihr vorgelagerte weitere Demonstrativ-Bauvorhaben Osterholz im endgültigen Zustand erschließen würde. Also wurde ein Omnibus-Hof mit der Anpassungsoption Straßenbahn realisiert, der seit Juni 1967 mit der Inbetriebnahme des ersten Bauabschnittes der Linie 1 auch Trambahnen beheimatet.

Als reiner Busbetriebshof bestand in Bremen-Nord das Depot Rönnebeck, das im Oktober 1975 durch den neu errichteten Betriebshof Kreinsloger abgelöst wurde.

Derzeit betreibt die BSAG die Hauptwerkstatt Flughafendamm, der ein Betriebshof für Bus und Tram und die Hauptverwaltung angegliedert sind sowie ferner die Tramdepots Gröpelingen (1992 umgestaltet) und Sebaldsbrück (1993 umgestaltet), den kombinierten Bus- und Tram-Hof Kurt-Huber-Straße am Rande der Neuen Vahr sowie in Bremen-Nord den reinen Bus-Betriebshof Kreinsloger bei Blumenthal.

RT 160 – ex 160 von 1906 – steht vor den neuen Hallen der Hauptwerkstatt Flughafendamm, die Ende Juni 1959 eingeweiht wurde (Aufnahme vom April 1960). Dr. Ruempler

X. Trolleybus und Omnibus

43. Trolleybus

43.1 Trolleybus-Gehversuche scheitern in Arsten und am Bürgerpark

Die Idee, ebenfalls dort öffentlichen Verkehr anzubieten, wo sich die aufwendige Herstellung einer Straßenbahnstrecke nicht lohnen würde, führte auch in Bremen dazu, dass über gleislose elektrische Verkehrsmittel nachgedacht wurde. Eng verbunden mit dem Namen **Willy Köhler**, der seine umfangreichen Patente 1909 in der Hansestadt ins Gespräch brachte und Firmen zu ihrer Anwendung gründete, kamen trotz weiterer Planungen letztendlich nur zwei Strecken zur Ausführung, die beide nicht das Stadium dauerhaften Betriebes erlangten.

Die „Bremen Arster Bahngesellschaft m.b.H." eröffnete am 7. August 1910 in Verlängerung der hier endenden Tramlinie mit zwei Trolleybussen eine Verbindung vom Arsterdamm nach Arsten, konnte den Verkehr jedoch nur bis in das Frühjahr 1912 aufrechterhalten. Im August desselben Jahres veräußerte das Unternehmen die Einrichtungen an die Firma „Gleislose Lloydbahnen Köhlers Bahnpatente GmbH". Diese betrieb den Oberleitungsbus von Ende Oktober 1913 bis Ende Mai 1914 auf der Strecke Arsterdamm–Arsten. Am 1. Juni 1914 übernahm die BVG – noch unter ihrer Bezeichnung „Studiengesellschaft für Vorortbahnen GmbH" – den Verkehr, stellte ihn jedoch am 19. Juni 1916 endgültig ein. Wagenmaterial und Fahrleitung wurden verkauft.

Zunächst fuhr der Obus über eine Behelfsbrücke, die die Lesum überspannte. Erst im April 1951 konnte der Neubau in Betrieb gehen. Wir erleben offizielle Eröffnungsfeierlichkeiten, noch wird die alte Brücke befahren. Im Vordergrund Obus 310 mit Beiwagen. Archiv ASV

Bei Straßenbauarbeiten wurde schon mal erheblich improvisiert, um den Betrieb aufrechtzuerhalten: Bus 311 an der Überführung der „Hafenbahn" in Grambke, Juli 1954. Archiv ASV

Obus 315 auf dem Weg nach Gröpelingen, Grambke, August 1955. Archiv ASV

Nach dem Umbau des Gröpelinger Depots hat der Obus seine eigene Schleifenfahrt: 307/407 und 311/411 im Juli 1959. Dr. Ruempler

Obus 310 („Drauz“/ „Henschel“) und Bw 410 im März 1958 in Gröpelingen vor den für den Obus hergerichteten Hallen. Dr. Ruempler

Eine zweite Trolleybuslinie wurde von der „Parkbahn GmbH" betrieben. Sie begann am Bischofstor am Rande der Innenstadt und führte über die Rembertistraße zur Parkallee, die sie bis zur Höhe des Waldschlösschens befuhr. Eröffnet am 26. September 1910, wurde der Betrieb bereits zum Jahresende 1911 endgültig eingestellt. Unstimmigkeiten mit Anliegern, die über starke Erschütterungen durch das Verkehrsmittel klagten und mangelnde Bereitschaft seitens des Senats, das Unternehmen durch Übernahme von Nebenkosten zu unterstützen, dürften die Ursache für die Einstellung des Betriebes gewesen sein.[64]

43.2 1949–1961: Auch der moderne Trolleybus bleibt nur ein Intermezzo

Erst deutlich später, als die Technik bereits erheblich verfeinert worden war, gelangte erneut ein gleisloses elektrisch betriebenes Verkehrsmittel in Bremen zum Einsatz, als die Linie 8 von Gröpelingen nach Burg auf Betreiben der amerikanischen Militärführung ihren Tramverkehr verlor.

Auf der stark befahrenen Ausfallstraße in nördlicher Richtung verlief die Tramlinie 8 – bis auf ein kurzes Stück in Gröpelingen – eingleisig in Mittellage mit drei Ausweichstellen. Die hieraus resultierende Unfallgefahr veranlasste die Militärregierung, die Wiederinbetriebnahme der Linie zunächst abzulehnen. Nur unter der Maßgabe, die Tram so schnell wie möglich durch einen Oberleitungsbus abzulösen, erfolgte schließlich doch eine Genehmigung, die Tram bis zu diesem Zeitpunkt wieder in Betrieb zu nehmen. Da die Beschaffungslage von erheblichen Problemen gekennzeichnet war, verkehrte die Linie 8 als Trambahn nach ihrer Wiedereröffnung im Juli 1946 noch drei Jahre und drei Monate.

Für das neue Verkehrsmittel mussten betriebliche Voraussetzungen geschaffen werden. Im Gröpelinger Depot erfolgte die Einrichtung entsprechender Werkstätten sowie Abstellmöglichkeiten in den Depotständen 17 und 19. In Burgdamm errichtete man eine Wendeschleife, eine weitere wurde – aus beiden Richtungen befahrbar – an der Ritterhuder Straße in Oslebshausen hergestellt. Elf Busse und neun Beiwagen standen 1949 zur Verfügung. Die mit Servo-Luftdrucksteuerung ausgerüsteten Motorwagen wiesen eine Kapazität von 80 Personen auf, die Beiwagen konnten 48 Personen befördern. 1951 bzw. 1953 kamen vier Busse und fünf Beiwagen hinzu. Die Mittel für den Bau der Oberleitungsbus-Anlagen wurden aus einem Staatskredit in Höhe von 1,25 Millionen DM aufgebracht.

Nachdem im Oktober Probe- und Schulungsfahrten auf der Strecke von Burgdamm bis zur Zwischenschleife Oslebshausen – die Reststrecke bis Gröpelingen war zu diesem Zeitpunkt noch nicht fertiggestellt – erfolgreich absolviert worden waren, konnte am 31. Oktober 1949 die Abnahmefahrt stattfinden.

Zusätzlich zu den regulären Kursen, welche die gesamte Strecke bedienten, standen den Fahrgästen zur Hauptverkehrszeit aufgrund der hohen Nachfrage auf diesem Streckenstück Einsatzwagen zwischen Gröpelingen und der Zwischenschleife in Oslebshausen zur Verfügung.

Vom 1. November 1949 bis 5. November 1961 verkehrte – im Gegensatz zur Tramlinie 8, deren Endstelle sich vor der Lesumbrücke befunden hatte – nun über die zunächst noch behelfsmäßig hergerichtete Lesumbrücke bis zum sog. „Gummibahnhof" verlängert der Trolleybus auf einer 7,1 km langen Strecke. In Burgdamm befand sich an der Endstelle gleichzeitig die Verknüpfung mit der Busverbindung weiter nach Bremen-Nord. Im Zuge einer grundlegenden Umgestaltung des Gröpelinger Depots im Jahre 1957 erhielt auch der Oberleitungsbus eine moderne und fahrgastfreundliche Schleifenanlage, die einen bequemen Übergang zwischen den Verkehrsmitteln gestattete. Der Einsatz des Trolleybusses sollte jedoch nicht von Dauer sein. Bei Eröffnung der Strecke noch als modernes Verkehrsmittel gefeiert, erfolgte exakt zwölf Jahre später die Schließung dieses Kapitels der Bremer Verkehrsgeschichte. Am 6. November 1961 war die Ära des Trolleybusses in Bremen beendet und die Linie 8 wurde auf Dieselbusse umgestellt. Zwar existierten Pläne, die Oberleitungsbusstrecke weiter bis nach Bremen-Nord auszubauen. Sie scheiterten jedoch an den Kosten für eine solche Maßnahme.

43.3 Wagenpark Trolleybus:

Triebfahrzeuge Nr.	Erbauer	Baujahr	Bemerkungen/Verbleib
301–311	Drauz/Hen./BBC*	1949	
312 + 313	LHB/BBC	1951	
314 + 315	Uerdingen/BBC	1953	nach Einstellung des Betriebes in Bremen nach Esslingen verkauft; dort 29/30, in Essl. 1971 ausgem.; 29 (ex Bremen 314) an Privat verkauft.

Mit den Nr. 401 bis 414 standen Obus-Beiwagen im Einsatz.

* = Die Firma „Drauz", Heilbronn, fertigte die Karosserie, „Henschel und Sohn", Kassel, die Fahrgestelle und BBC, Mannheim, die Technik.

44. Omnibus

44.1 Busverkehr bei der „Bremer Vorortbahn GmbH" (bis 1953)

Aus der im März 1909 als Tochtergesellschaft der „Bremer Straßenbahn" gegründeten „Studiengesellschaft für Vorortbahnen GmbH" entwickelte sich im Juni 1914 die „Bremer Vorortbahnen GmbH" (BVG) zur Durchführung von Linien- und Ausflugsverkehren, wobei die wesentliche Aufgabe des Linienbetriebes in der Anbindung von Außenbezirken und Vororten Bremens an das Tramnetz definiert wurde. Nicht zuletzt kriegsbedingt kam es jedoch zunächst nicht zu konkreten Aktivitäten. Erst im September 1924 erfolgte die Zulassung mehrerer Buslinien. Noch Ende Oktober nahm die BVG, die zu diesem Zeitpunkt lediglich über zwei Mitarbeiter und einen Bus verfügte, den Betrieb auf ihrer ersten Linie auf. Die Streckenführung verlief von Horn nach Oberneuland.

Doch das Engagement wurde bald ausgeweitet. Bereits Anfang Februar des Folgejahres wurde die Oberneulander Linie bis Osterholz verlängert. In Bremens Norden eröffnete die BVG im Juni 1925 eine Längsachse von Burg über Vegesack bis Blumenthal. Darüber hinaus gründete das Unternehmen im Mai 1925 Omnibusbetriebe in Delmenhorst und im November desselben Jahres in Oldenburg. Die beiden „auswärtigen" Projekte waren jedoch nicht von Dauer. In Delmenhorst stieg die BVG bereits Ende März 1927 wieder aus und in Oldenburg war im Januar 1933 Schluss. In beiden Fällen wurde das Engagement aufgrund von Unwirtschaftlichkeit beendet.

In Bremen dagegen blieb die BVG – teilweise allerdings mit erheblichem Zuschussbedarf – aktiv: Noch Anfang Juli 1926 ging die Linie von Hemelingen nach Arbergen in Betrieb und ab August verkehrten Busse von Horn nach Borgfeld. 1926 besaß das Unternehmen bereits drei „Hansa-Lloyd"-Busse sowie ein „Daimler-Benz"-Fahrzeug, vier Wagen des Typs DAAG sowie neben vier zweiachsigen Bussen des Fabrikats „Büssing" auch zwei dreiachsige Wagen desselben Herstellers zuzüglich zwei Beiwagen. In der Jubiläumsbroschüre zum 50-jährigen Bestehen der „Bremer Straßenbahn AG" findet sich der denkwürdige und bezeichnende Satz, der Autobus sei „wegen seiner mannigfachen Unterlegenheit im Vergleich zur Straßenbahn ... nicht reif" dieses Verkehrsmittel zu ersetzen. Entsprechende Überlegungen in diese Richtung wurden also offenkundig bereits seinerzeit angestellt!

Der erste Bus der „Bremer Vorortbahnen" wurde 1924 beschafft und war ein „Hansa-Lloyd" mit gerade einmal 18 Sitzplätzen! Archiv FdBS/BSAG

Von einem Privatunternehmen übernahm die BVG im Mai 1929 die Linie nach Lilienthal. Als unwirtschaftlich stellten sich zwei Stadtbuslinien heraus, die 1931 eröffnet und nach kurzer Betriebsdauer im selben Jahr wieder eingestellt wurden. Im Jahre 1933 erfolgten Einstellungen und Neueröffnungen: Die offenbar unprofitable Linie Hemelingen–Arbergen wurde ebenso aufgegeben, wie die Strecke zwischen Oberneuland und Osterholz. Die Bremen-Norder Linie konnte dagegen bis Rönnebeck ausgedehnt werden.

Zehn Jahre nach Eröffnung der ersten Linie hatte sich die BVG von einer Belegschaft, die lediglich aus zwei Personen bestand, zu einem Betrieb mit 38 Angestellten entwickelt, wobei je nach Bedarf Mitarbeiter zwischen BSAG und BVG ausgetauscht wurden. Der Wagenpark umfasste nun 29 Busse sowie fünf Personen- und drei Gepäckanhänger. Bereits in diesen Jahren bot die BVG an Sonnabenden und Sonntagen einen Nachtlinienverkehr ab Am Markt an.

Links der Weser – also auf der Neustadtsseite – ging im Januar 1939 die Linie Woltmershausen–Hasenbüren in Betrieb und in Bremen-Nord erfolgte die Eröffnung einer Linie nach Bockhorn. Damit endete die Netzausdehnung vor dem Zweiten Weltkrieg.

Schon Ende Juni 1945 nahm die BVG den Betrieb auf zwei Linien wieder auf. Zwischen Horn und Oberneuland sowie zwischen Horn und Lilienthal (ab 1948 bis Falkenberg) konnten wieder Busse verkehren und auch der Hauptbahnhof wurde angesteuert. Noch 1945 folgten Strecken im Bremer Norden und Süden, wo im Mai 1946 auch der Betrieb auf einer Buslinie zwischen Arsten und Habenhausen begann. Mahndorf, Arbergen und auch der Huchtinger Raum erhielten 1947 Anbindungen. Anfänglich befanden sich nach Augenzeugenberichten überwiegend umgerüstete Lastwagen als Busersatz im Einsatz. Die 17 Busse und elf Beiwagen, welche den Krieg überstanden hatten, reichten für die Versorgung nicht aus, so dass das Unternehmen Fremdbusse anmieten musste.

Bremens Norden verfügte ab 1947 über drei Magistralen: Burg–Vegesack, Vegesack–Neuenkirchen sowie Vegesack–Schwanewede. Den Anschluss dieses Netzes an das Stadtnetz stellte die Straßenbahnlinie 8 in Burg her, das sie mit Grö-

„Daimler-Benz" Nr. 87 – am Bürgerpark 9/58 mit Beschilderung für die damalige Linie 24 zur Hemmstraße aufgenommen – war bis in die 60er Jahre im Einsatz! Dr. Ruempler

Mit der Nummer 196 gelangte 1955 der erste Gelenkbus zur BSAG, die Anfang 1953 den gesamten Linienbusverkehr von der BVG übernommen hatte. Die Länge von 18 m setzte sich nicht durch! Wir sehen den vierachsigen Wagen für die Linie A nach Falkenberg beschildert am Handelsmuseum im Juni 1956. Dr. Ruempler

pelingen verband. Nach ihrer Einstellung trat im November 1949 der Trolleybus an ihre Stelle. Doch diese Verbindung wurde für den „überregionalen" Verkehr zwischen der Bremer Innenstadt und Bremen-Nord bald ihrer Bedeutung beraubt.

Im März 1949 führte die BVG eine neue Qualität im Busverkehr zwischen der Bremer Innenstadt und Bremen-Nord ein. Fortan verkehrten Schnellbusse von der Innenstadt über Vegesack nach Rönnebeck. Diese Linie erhielt die Kennung „S". Auch Falkenberg und Oberneuland bekamen im Mai desselben Jahres Schnellverbindungen mit der Innenstadt. Ab 1. Juni 1949 verkehrte sogar eine Schnellbuslinie vom Bremer Hauptbahnhof über Lilienthal nach Worpswede, die aber schon im August des folgenden Jahres aufgegeben wurde.

In Bremen-Stadt und Bremen-Nord kamen 1949 und 1950 weitere neue Linien hinzu, die sowohl dem Stadtverkehr als Querverbindungen als auch dem Vorortverkehr dienten. Eine neue Linie 21 verband ab März 1949 den wachsenden Stadtteil Horn als Querverbindung mit Sebaldsbrück. Eine neue Linie 22 erschloss ab Juli 1949 den stadtwaldnahen Bereich Munte und verband ihn – ebenfalls als Querverbindung – mit dem Ortsteil Auf der Hohwisch. Auf letztgenannter Linie erfolgte ab Oktober 1951 eine Neuerung, welche die weitere Entwicklung des ÖPNV entscheidend bestimmen sollte: Hier wurde probeweise der Einmannbetrieb eingeführt! In Bremen-Nord ging Ende 1950 noch die Buslinie Vegesack–Hammersbeck in Betrieb, und am neuen Zentralomnibusbahnhof vor dem Überseemuseum am Hauptbahnhof erhielt die BVG im Oktober 1952 für ihre Linien einen eigenen Bahnsteig, bevor die Stadtdienste des Unternehmens mit Beginn des Jahres 1953 von der BSAG übernommen wurden. Die BVG konzentrierte sich fortan auf das Reisegeschäft.

44.2 Busverkehr bei der „Bremer Straßenbahn" (ab 1953)

Bereits vor der offiziellen Übernahme der BVG durch die BSAG am 1. Januar 1953 hatte diese wesentliche Investitionen für die BVG getätigt und eine verstärkte Zusammenarbeit mit der Tochtergesellschaft betrieben. Das zunehmend erweiterte Busnetz hatte hohe Investitionen bei relativ geringen Erträgen erfordert und damit die BVG an den Rand ihrer Möglichkeiten gerückt. Die 1949 eröffneten Querverbindungslinien 21 und 22 waren bereits verwaltungsmäßig bei der BSAG angesiedelt. Nach der Übernahme des Busverkehres durch die BSAG wurde das Netz kontinuierlich den sich erheblich ändernden Stadtstrukturen angepasst. Zu den bedeutendsten Maßnahmen dieser Zeit zählen die Ende April 1953 zwischen „Radio Bremen" und dem St. Joseph-Stift eröffnete Buslinie 23, die drei Jahre später zunächst eine Verlängerung bis in die Neubauviertel der Gartenstadt Vahr erhielt, bevor ab November 1957 die Gartenstadt von der Buslinie 25 ab Domshof bedeutend effektiver angebunden werden konnte. Anfang März 1958 begann die Linie 23 jene Strecke zu bedienen, die sie bis zur Eröffnung der Tramlinie 1 im Juni 1967 oft am Rande ihrer Leistungsfähigkeit versorgte: Zunächst vom Hauptbahnhof, ab Mai 1959 vom Domshof band sie das europaweit beachtete Demonstrativbauvorhaben Neue Vahr an.

Eine Linie 24 hatte bereits im August 1953 begonnen, den Findorff vorgelagerten Bereich um den Hohweg mit der Hemmstraße zu verbinden. Diese Linie erhielt Ende 1959 die Nummer 29 und für die Liniennummer 24 wurde ein neuer, bedeutender Weg gefunden: Sie bediente nun die Strecke von der Schwachhauser Heerstraße zur Neuen Vahr Nord und wurde ein Jahr später bis in die Innenstadt zum Domshof verlängert.

Ende 1961 hatte eine Buslinie den Trolleybus nach Burgdamm ersetzt. 1963 erfolgte ihre Verlängerung ins Neubaugebiet Marßeler Feld an der Landesgrenze. Zunächst noch als Linie 8 weitergeführt, erhielt sie 1967 die Linienkennung 28. Mit der S 3 ging 1961 eine weitere Schnellbuslinie mit der Linienführung Oberneuland über die Innenstadt nach Moordeich in Betrieb, die ab 1967 nur noch zwischen der Innenstadt und Moordeich verkehrte.

Die Jahre 1965 und 1967 waren von einschneidenden Veränderungen geprägt, die den Anteil der Tram am Verkehrsgefüge reduzierten. Anfang Juni 1965 übernahm die Buslinie 24 von der gerade eingestellten Straßenbahnlinie 7 die Bedienung von Woltmershausen und Rablinghausen auf dem linken Weserufer und erhielt damit den Linienweg Rablinghausen–Innenstadt–Neue Vahr Nord. Den Findorffer Ast der Linie 7 übernahm die entsprechend verlängerte Buslinie 25. Die neue Buslinie 26 übernahm im Juni 1967 die Strecke der eingestellten alten Tramlinie 6 und bediente nun in ausge-

Bevor ab 1967 – beginnend mit den Linien A, B und C – nach und nach die Buchstabenkennungen der Omnibuslinien verschwanden, waren sie wie folgt belegt (Stand Oktober 1964):

A:	Horn–Borgfeld–Lilienthal–Falkenberg
B:	Horn–Oberneuland–Osterholz–Sebaldsbrück
C:	Horn–Rockwinkel–Osterholz–Sebaldsbrück
D1:	Sebaldsbrück–Osterholz-Tenever
D2:	Sebaldsbrück–Kuhkamp
E:	Bhf. Sebaldsbrück–Mahndorf
F:	Arsterdamm–Kattenesch
G:	Arsterdamm–Habenhausen
H:	Grolland–Moordeich
J:	Grolland–Varreler Bäke
K:	Woltmershausen–Sandhausen
L:	Woltmershausen–Rablinghausen–Hasenbüren
N:	Gröpelingen–Vegesack–Blumenthal–Neuenkirchen (eine Linie N 1 verkehrte durch Burgdamm)
O:	St. Magnus–Bockhorn
P:	Vegesack–Neuenkirchener Weg
R:	Vegesack–Dobbheide/Hammersbeck (Aumund)
S:	Blumenthal–Altenwall (1949–1969, kurzfristig 1956/57 bis Mahndorf verlängert)
S3:	Oberneuland–Moordeich (1961–1967)

Die beiden Schnellbuslinien behielten bis zur Aufgabe des Betriebes ihre Kennung, kurzfristig verkehrte analog zur N 1 auch eine Linie S 1, die Burgdamm versorgte.

In Oberneuland, einer bevorzugten Wohngegend an Bremens Rande: Bus 327 auf der Linie 33 nach Sebaldsbrück, 1982. Mausolf

weiteter Form die Verbindung von der Neustadt zur Emder Straße im Bremer Westen.

Mit der ab 1967 vorgenommenen Einführung von Liniennummern für jene Buslinien, die bisher mit Buchstabenkennung im Einsatz standen, waren auch Umstrukturierungen von Linienwegen zur Optimierung der Erschließung neu entstandener Siedlungsbereiche verbunden. So wurden beispielsweise die Buslinien H und J, die im Huchtinger Raum verkehrten, 1968 zur Ringlinie 57/58 zusammengelegt. In Bremens Osten erfolgte im selben Jahr die Umbennung der Linien D 1 und D 3 – letztere war nach 1964 hinzugekommen –, die fortan als Linie 36 von Sebaldsbrück nach Tenever verkehrte. Auch Mahndorf und Arbergen mussten sich umgewöhnen: Statt der Kennung E galt fortan die 40.

Bei den Veränderungen im Busliniennetz entstanden auch Interessenkonflikte zwischen den Verkehrsträgern – manche waren gewollt, manche wohl ungewollt. Als 1967 die Buslinien A, B und C – gerade umbenannt in 30, 33 und 34 und durch die neue Linie 31 vom Leher Feld zur Domsheide ergänzt – über ihren bisherigen Endpunkt Horn hinaus in die Innenstadt verlängert wurden, entzogen sie der Tramlinie 4 die Fahrgäste. Fünf Jahre später bedeutete dies für die Linie 4 das Ende, auf deren altem Streckenteil vom Arsterdamm bis zur Kirchbachstraße allerdings seit 1967 die neue Linie 1 verkehrte.

Im Mai 1969 erfolgte nach 20 Jahren die Abschaffung des Schnellbusverkehres zwischen Bremen-Stadt und Bremen-Nord. Der Gemeinschaftsverkehr zwischen BSAG und DB hatte sich für die überwiegende Zahl der Fahrgäste als attraktiver herausgestellt.

Anfang Mai 1970 wurde eine weitere Straßenbahnlinie auf Busbetrieb umgestellt: Auf der Linie 11 vom Gröpelinger Depot in die Industriehäfen und zur „Hütte“ gehörte die Tram der Vergangenheit an. Fortan verkehrte hier der Omnibus.

Als zum Wintersemester 1971/72 im Oktober 1971 die Universität Bremen ihre Pforten öffnete, musste eine Anbindung an das Verkehrsnetz geschaffen werden. Die neue Buslinie 23 erfüllte diese Aufgabe, in dem sie die Verbindung von der Endstelle der damaligen Linie 5 an der Kulenkampffallee zur Universität herstellte. Auch die Linie 22 wurde zum Campus verlängert. In der Folgezeit bewiesen beide Linien immer wieder durch Überfüllung – obwohl zahlreiche Studenten per „Autostopp“ von und zur Universität unterwegs waren –, dass eine Busanbindung im Grunde für eine derartige Einrichtung nicht zweckmäßig sein konnte. Doch erst 27 Jahre später ging mit der Verlängerung der Linie 6 über Riensberg hinaus eine Stadtbahnanbindung in Betrieb.

In den Jahren 1973 und 1974 erfolgten im Bremer Süden Umgestaltungen bei den Linien 51 bis 55 und das Neubaugebiet Nedderland erhielt 1973 seine Busline 20. In Bremens Norden wurde im Herbst 1975 der neue Busbetriebshof Kreinsloger als Ersatz für den zu klein gewordenen alten Betriebshof Rönnebeck eröffnet und der Reihe der 70er Buslinien mit der Linie 72 als Querverbindung vom Marßeler Feld nach Vegesack eine Linie hinzugefügt. Zur Erschließung neuer Siedlungsstrukturen und Gewerbegebiete wurde das Busliniennetz in den folgenden Jahren immer wieder Erweiterungen und Veränderungen unterzogen. Die Anbindung des umfangreichen Güterverkehrszentrums bei den Neustädter Containerhäfen ist dabei ebenso geregelt (Linien der 60er Gruppe) wie die Versorgung kleinerer hafenbezogener Verkehre im Bremer Osten (Linie 42).

Aktuell werden – ausschließlich mit niederflurigen Fahrzeugen – 43 Buslinien betrieben.

Die spezielle Lagesituation des langgestreckten Bremer Stadtgebietes führt dabei zu einer Zweiteilung des Netzes. Den Raum Bremen-Nord versorgen zwölf BSAG-Buslinien, zwei davon im Schnellverkehr. Die von Neuenkirchen – bereits auf niedersächsischem Gebiet – bis Gröpelingen durchlaufende Linie 71 mit einer Fahrzeit von 66 Minuten stellt hier die Verbindung zum Innenstadtnetz her. Mit den Tramlinien 2, 3 und 10 erfolgt die Weiterfahrt in die Innenstadt und darüber hinaus. Im innerstädtischen Netz verkehren 31 BSAG-Buslinien, davon zwei als Schnellverkehr.

Seit 1925 führt die BVG – mit Unterbrechungen – Stadtrundfahrten durch. Bevor die BSAG diese Dienste übernahm, war die BVG-Nachfolgerin „Weserbahn" kurzzeitig damit befasst.

44.3 Bustechnik

Der erste Bus der BVG – ein „Hansa-Lloyd" – gelangte am 21. Oktober 1924 in Dienst. Er verkehrte auf der Linie Horn–Oberneuland. Drei weitere Busse dieses Typs folgten bis 1925. Im Anschluss beschaffte die BVG Fahrzeuge unterschiedlicher Hersteller und Typen: „Büssing", DAAG, NAG, „Daimler-Benz", „Dixi", „Henschel", „Chevrolet", „Saurer" und VOMAG waren die Markantesten. Nach der Aufgabe des Busverkehrs in Oldenburg verblieben die bisher hier eingesetzten Einheiten in der Stadt an der Hunte.

1936 kam der erste Dieselbus – Fabrikat „Henschel" – zum Einsatz. Aufgrund zunehmender Treibstoffverknappung erfolgten zunächst Experimente mit einem Dampfbus, der die Nummer 44 trug. Weitere Exemplare mit dieser Antriebsart gingen in Bremen nicht in Dienst. Auch die Holzgasantriebstechnik setzte sich nicht durch. Erfolgreicher wurde der Gasantrieb getestet und eingesetzt.

Die älteren Fahrzeuge waren bis 1939 weitestgehend ausgemustert bzw. verkauft. Sieben Busse wurden Ende 1939 zu militärischen Zwecken veräußert. Im Rahmen der letzten Neubeschaffung vor Kriegsende wurde 1944 die Fahrzeugnummer 75 erreicht.

In der unmittelbaren Nachkriegszeit erfolgte der Einsatz notdürftig hergerichteter Fahrzeuge. Es handelte sich hierbei sowohl um Busse als auch um Lastkraftwagen. Erst 1948/49 konnten neue Fahrzeuge der Fabrikate „Krauss-Maffei", „Daimler-Benz", „Büssing" und „Henschel" beschafft werden.

Gleich zwei Neuerungen brachten die 50er Jahre mit sich: 1951 kamen die ersten Busse mit Unterflurantrieb von „Büssing", von denen einige als Reisebusse Verwendung fanden. 1955 gelangte der erste Gelenkbus in die Flotte der BSAG. Das unter der Nummer 196 (später 251) eingereihte vierachsige Fahrzeug des Fabrikats „Büssing" hatte jedoch einen entscheidenden Nachteil: Mit 18 Metern Länge war es zu lang für die neuen Bestimmungen, so dass dieses Modell nicht in Serie ging. Ein entsprechend auf 16,5 Meter verkürztes Fahrzeug wurde mit der Nr. 252 im Jahre 1957 beschafft und zum Vorbild für die weitere Fertigung. Beide Probebusse waren vierachsig, die anschließend beschafften Gelenkbus-Serien ausschließlich dreiachsig.

Ein für den Einmannbetrieb mit speziellen Vorkehrungen wie z.B. einer breiteren Einstiegstür ausgestatteter, von MAN in enger Zusammenarbeit mit der BSAG konzipierter Zweiachsbus wurde 1963 als bedeutender Schritt in Richtung auf eine Typenstandardisierung vorgestellt. Mit der Ablieferung der ersten Standardlinienbusse von MAN 1969 hatte eine entscheidende Entwicklungsphase ihre Zielgerade erreicht. In intensivem Dialog inzwischen Verkehrsbetrieben und Herstellerfirmen war der erste Schritt zu einer Vereinheitlichung der teilweise nur schwer überschaubaren und wartungsaufwendigen Typenvielfalt vollzogen. In ihrer Bedeutung ist diese Veränderung nur gleichzusetzen mit der Entwicklung niederfluriger und schadstoffarmer Fahrzeuge, die den Bussektor noch einmal grundlegend revolutionierte. Innerhalb eines Jahrzehnts ersetzte die BSAG nach und nach von 1988 bis 1998 ihren gesamten Wagenpark, der seither ausschließlich aus niederflurigen Fahrzeugen besteht.

XI. Historische Fahrzeuge / Museumsaktivitäten

45. Bremens Oldtimer

Zu Zeiten, als sich allgemein herauszukristallisieren begann, welchen Wert historische Trambahnwagen darstellen – nehmen wir für Bremen einmal das Jahr 1976 an, als am 30. Mai mit einem „Tag der offenen Tür" das 100-jährige Bestehen der BSAG unter großer Beteiligung der Bevölkerung gefeiert wurde – war bei der BSAG bereits ein prägender Wagentyp nicht mehr vorhanden: Vom legendären, von 1913 bis 1929 in einer Stückzahl von 75 Trieb- und 180 Beiwagen für Bremen gebauten „Hansa"-Wagen stand an der Weser kein Vertreter mehr zur Verfügung.

Der Zweiachser 49 stellte zweifellos das interessanteste Fahrzeug der Veranstaltung zum 100-jährigen Bestehen der BSAG dar. Mit dem Baujahr 1900 ist dieser Wagen bis heute das älteste Fahrzeug der inzwischen beachtlichen Sammlung historischer Trambahnen Bremens. Lange Zeit stand er nach seinem Ausscheiden aus dem Personenverkehr als Reklamewagen im Einsatz und erhielt 1962 eine Aufarbeitung, um an einem Tag der offenen Tür Ende September 1962 in altem Glanz als Blickfang die Besucher zu begeistern. Als zweitältester Wagen folgt mit der Fahrzeugnummer 134 eine Tram des Baujahres 1904. Sie verdankt das Überleben dem 1954 erfolgten Umbau zum Fahrschulwagen. Im April 1991 wurde das Fahrzeug zu den Verkehrsbetrieben nach Rostock gebracht, dort in seinen ursprünglichen Zustand zurückversetzt und 1992 als Museumswagen in Bremens historische Flotte aufgenommen.

Bis 1980 trennte sich die BSAG von einigen historisch wertvollen Fahrzeugen. So gingen u.a. ein Vorkriegs-Arbeitswagen („Lindner" 1941, zuletzt als AT 3 bezeichnet), drei von der „Bremer Maschinenbau und Dockbetrieb GmbH" (BMD) gebaute Nachkriegszweiachser (892, 893 und 894), eine historische Salzlore (S 10) und eine elektrische Tram-Rangierlok ins Straßenbahnmuseum nach Sehnde/Wehmingen, von dem man sich seinerzeit wohl eine rasche Restaurierung und Präsentation der Fahrzeuge erhoffte. Inzwischen sind die Wagen 892, 893 und 894 zur Ersatzteilgewinnung verschrottet.

Die 1947–1949 nach Vorbild der „Lindner"-Züge von 1941 bei der BMD gefertigten Zweiachser 700–724 mit den dazugehörigen Beiwagen hatten jahrzehntelang das Nachkriegserscheinungsbild der BSAG geprägt. Nach 1980 stand nur noch einer von ihnen mit der letzten Nummer 886 (ex 701) als aktiver Rangierwagen in den Listen des Arbeitswagenparkes. Auch er ist inzwischen restauriert und mit seiner alten Nummer 701 seit 2001 Bestandteil der Museumsflotte. Der typengleiche von 1969 bis 1997 als Schleifwagen eingesetzte Zweiachser SS 1 (ex 722) wird aufbewahrt und soll als Beiwagen für Triebwagen 701 hergerichtet werden.

Es ist immer etwas Besonderes, wenn „der" historische Wagen der BSAG das Tageslicht erblickt. Hier noch mit Lyrabügel Anfang der 80er Jahre in Sebaldsbrück. Mausolf

Die bis 1977 aus dem Verkehr gezogenen Dreiachs-Gelenkwagen wurden z.T. zu Arbeitswagen umgebaut (AT 4, 5 und 6). Der mit der letzten Nummer als „846" bezeichnete Wagen begann nach seinem Rückzug aus dem regulären Verkehr eine neue Karriere als Partywagen, wurde in dieser Funktion jedoch nicht alt und 1980 abgestellt. Heute ist auch er unter seiner alten Nummer 917 Bestandteil der Bremer Museumsflotte. Ein typengleicher Beiwagen ist leider nicht erhalten.

1980 war das Ende des planmäßigen Einsatzes von Großraumwagen noch keineswegs absehbar. Blieb von den Großraumwagen der ersten Serie (801–805 mit entsprechenden Beiwagen) kein Exemplar erhalten, obwohl sie in Technik und Äußerem von den Fahrzeugen der Serie 806–827 abwichen, so wurde mit dem Ausscheiden der letzten Exemplare der zweiten Serie aus dem planmäßigen Verkehr am 30. März 1990 ein solcher Fehler nicht wiederholt. Großraumwagen 811 mit Beiwagen 1806 (von Januar 1988 bis zum Schluss als 481/696 im Einsatz) steht seither restauriert im Museumsverkehr, Großraumzug 827 mit Beiwagen 1815 (ab Januar 1988 als 487/695 im Einsatz) soll bei einer späteren Gelegenheit ebenfalls aufgearbeitet werden.

Nahezu undenkbar war 1980 das Ende des regulären Einsatzes der „Hansa"-Kurzgelenkzüge. Als im November 1997 diese Generation verabschiedet wurde, gab es noch genügend Auswahl für einen historischen Zug. Aus der umfangreichen Serie wurde ein kompletter Zug für den Museumseinsatz umgerüstet. Er besteht aus dem Triebwagen 445 und dem Beiwagen 1458 von 1966/1967. Des Weiteren sind noch vier Kurzgelenk-Triebwagen für Sondereinsätze in Bremen vorhanden. Es handelt sich um den Fahrschulwagen 3402, den Schleifwagen 3985 (ex 3460) sowie den ehemaligen Partywagen 3442 und die ehemalige „Kinderbahn" (ex 3446).

Historische Trambahnen in Bremen in der Übersicht

Nr.	Erbauer	Baujahr	Bemerkungen	Museumseinsatz seit
49	Eigenbau BSAG	1900		1962 (zeitweise „149“)
134	Eigenbau BSAG	1904		1992
701	BMD	1947		2001
811	Hansa-Waggon	1954	mit Beiwagen 1806	1990
917	Hansa/BSAG	1956		2001
445*	Hansa-Waggon	1966	mit Beiwagen 1458	1998

Zusätzlich ist der Großraumzug 827/915 erhalten, derzeit jedoch abgestellt.
* 445 wurde 2009 durch den baugleichen 446 ersetzt.

46. Museumsaktivitäten

Die 1989 gegründeten „Freunde der Bremer Straßenbahn e.V.“ (FdBS) erforschen mit einem Kreis von aktiven Mitgliedern einerseits die Geschichte der Straßenbahn in Bremen durch Dokumentationen und Veröffentlichungen, führen andererseits aber auch in Zusammenarbeit mit der BSAG einen Fahrdienst mit historischen Fahrzeugen durch. So bieten sie u.a. auf Grundlage eines Kooperationsvertrages mit der BSAG Stadtrundfahrten – seit 2003 als besondere Attraktion auch in niederdeutscher Sprache – mit historischen Triebwagen zwischen Altstadt und Neustadt an.

Im Juni 1990 fand die erste Veranstaltung unter Beteiligung des Vereins statt und der Tw 811 mit seinem Bw 1806 (damals noch unter ihren Nummern 481 bzw. 696) präsentierten sich das erste Mal in der Öffentlichkeit.

1993 nahm die historische Ringbahnlinie 16 den Betrieb auf und ergänzt seitdem die bereits ab 1990 verkehrende Stadtrundfahrtlinie 15. Die folgenden Jahre waren geprägt durch eine Ausweitung des Fahrtenprogramms.

Als nächstes großes Projekt des Vereins begann der Aufbau einer Dauerausstellung zur Straßenbahngeschichte Bremens in den im Oktober 2003 eröffneten Räumlichkeiten des Sebaldsbrücker Betriebshofs unter dem Begriff „Das Depot“. Für die Zukunft ist geplant, die Ausstellungsfläche der Ausstellung zu erweitern. Neben diesen großen Vorhaben erstellt der Verein auch immer wieder Veröffentlichungen zu unterschiedlichen Themen rund um die Straßenbahn. Als weiteres Projekt steht die Aufarbeitung des ehemaligen Schleifwagens SS 1 an, der zum Beiwagen 1727 umgebaut und anschließend mit dem typgleichen Tw 701 eingesetzt werden wird. Der Verein beging 2009 sein 20-jähriges Jubiläum.

Dass in Rostock „ganze Arbeit“ geleistet wurde, zeigt unsere Aufnahme vom wieder in seinen Zustand um 1938 zurückversetzten, ehemaligen LW 1 Anfang November 1992. Mausolf

Es dauerte noch ein Jahrzehnt, bis der GT 3 als „917“ unter seiner alten Nummer wieder auf die Gleise kam: Am 27. November 2002 wurde er an der Bürgerparksschleife, wo 25 Jahre zuvor seine letzten „Kollegen“ verabschiedet worden waren, offiziell vorgestellt. V.l.n.r.: Bernd Kindereit, damaliger Vorsitzender FdBS, Andreas Hesse, BSAG-Fachbereichsleiter Schienenfahrzeuge, Georg Drechsler, BSAG-Vorstandsvorsitzender und Stephan Wurst, späterer Vorsitzender FdBS. Mausolf

XII. Sonstiges

47. Netz und Technik

47.1 Stromversorgung

Das zum Betrieb der Ausstellungsbahn von 1890 beim Schlachthof errichtete Kraftwerk mit zwei Wasserrohrkesseln, drei schnelllaufenden Dampfmaschinen und drei durch die Schwungräder der Dampfmaschinen angetriebenen Dynamos des Systems „Thomson-Houston" mit einer Leistung von je 80 000 Watt (mit einer gesonderten Anlage wurde hier auch die für die Beleuchtung des Bürgerparks erforderliche Energie erzeugt), musste 1899 an die Stadt verkauft werden. Fortan war der Strom durch die städtischen Werke zu beziehen.

Insgesamt 25 Gleichrichter sorgen heute – verteilt über das gesamte Netz – für die Umwandlung des von den Stadtwerken gelieferten Wechselstroms mit einer Spannung von 10 000 Volt. Zur Sicherheit und leichterer Behebung eventueller Störungen ist das Fahrleitungsnetz in 42 Abschnitte unterteilt.

Turmwagen 4 – er ist längst durch einen Neubau abgelöst – Am Markt/Obernstraße: Fahrleitungskontrolle im März 1990. Der Hahn der „kleinen Stadtmusikanten" am Deutschen Haus schaut zu. Mausolf

47.2 Gleisbau

Seit den 90er Jahren wird bei anfallenden Gleisersatzbaumaßnahmen wo immer dies möglich ist, eine bauliche Trennung der Fahrwege des motorisierten Individualverkehres (MIV) und des ÖPNV durchgeführt. In der Regel geschieht dies durch Höherlegung der ÖPNV-Trasse. Im Netz der BSAG existieren auch Kombinationsstrecken, die aus eigenem, höhergelegten Gleiskörper – teilweise vom Bus mitbenutzt –, gemeinsam von MIV und Tram genutzten Abschnitten, die durch Pförtneranlagen gesichert werden und abschraffierten Teilbereichen bestehen.

Vor allem zwei spezielle Gleisbaumodelle, die in Bremen entwickelt wurden, erweckten überregionales Interesse.

Im Jahre 1970 wurde auf einem kurzen Streckenstück der Linie 1 in der damaligen Hindenburgallee (der späteren Konrad-Adenauer-Allee) mit der „Oberbauart Bremen 1403" ein schotterloser Oberbau erfolgreich getestet, der kurz darauf beim Weiterbau der Linie 1 in Bremens Süden nach Kattenturm und Arsten zur Anwendung gelangte. Auf der den Autobahnzubringer überquerenden Spannbetonbrücke wurde diese gewichts- und unterhaltungsarme Oberbauweise erstmals angewendet. Eine Gewichtsreduzierung um eine Tonne pro Meter Brücke belegt auf anschauliche Weise den beachtlichen Effekt dieser Technik. Natürlich war die Entwicklung des speziellen schotterlosen Oberbaus auch mit Blick auf die Tunnelstrecken der Bremer U-Bahn, die zum Zeitpunkt des Abschlusses der Erprobung durchaus noch auf der Tagesordnung stand, erfolgt. Diese Pläne blieben jedoch schon bald darauf endgültig in der Schublade.

Das „Rasengleis Bauart Bremen" gelangte erstmals 1994 bei der Gleissanierung in der Falkenstraße auf etwa 300 Metern zum Einsatz. In enger Zusammenarbeit mit einem Industriebetrieb entwickelten wiederum Fachleute der BSAG ein spezielles den einschlägigen Empfehlungen entsprechendes Modell, das kostengünstig, jedoch äußerst effektiv die Vorteile dieser Gleisgestaltung zur Geltung kommen lässt. Inzwischen ist an vielen anderen Stellen im Netz eine Rasengleisgestaltung vorgenommen worden, die nicht nur das Kleinklima verbessert, sondern auch Vorteile in Bezug auf Lärmentwicklung und Straßenraumgestaltung aufweist. Die am 2. Dezember 2006 in Betrieb genommene neue Strecke durch die „Überseestadt" ist auf 800 m mit einer Weiterentwicklung des Bremer Rasengleises ausgestattet: In jenem Bereich, der auch von der „Hafenbahn" mitbenutzt wird, ist die Betonschwellenkonstruktion in stadteinwärtiger Richtung auf eine parallele Viergleisigkeit erweitert.

Mai 1991: 534 befährt die Gleisbaustelle Hermann-Böse-Straße: Im Zuge der Sanierungen werden – wo immer möglich – auf Grundlage teilweise in langwierigen Verhandlungen herbeigeführter Beschlüsse Hochlegungen des Gleisbereiches durchgeführt. Mausolf

47.3 Laufende Unterhaltung des Gleis- und Fahrleitungsnetzes

Hierfür stehen der BSAG vier reine Schienen- und weitere gleisgängige Straßenfahrzeuge zur Verfügung. Nachdem 1997 der Einsatz des SS 1 („Schienenschleifwagen"), der aus einem „Dockwagen", also einem in den Jahren 1947–49 bei der AG „Weser" gebauten Zweiachsers, zu Ende gegangen war, wurde der „Hansa"-Kurzgelenkwagen 460 für die Nachfolge hergerichtet. Das B-Teil des Gelenkwagens wurde verkürzt, ein von „Windhoff" hergestellter Schleifbeiwagen angehängt. Mit der Nummer 3895 steht der gelblackierte eigenwillige Wagen im täglichen Einsatz. „Staubsauger-Aufgaben" werden bereits seit längerem durch gleisgängige Straßenfahrzeuge ausgeführt. Ein Schienenreinigungs- sowie ein Hochdruckspül-Lkw versorgen das Netz. Die Fahrleitungskontrolle wird im Wesentlichen von vier gleisgängigen Lkw-Turmwagen durchgeführt. Darüber hinaus besitzt der aus einem dreiachsigen Gelenktriebwagen zurückgebaute zweiachsige AT 6 eine Kanzel zur Fahrleitungsbeobachtung. Zu diesem Zweck ist das Fahrzeug jedoch seltener eingesetzt. Zwei weitere, ebenfalls aus dreiachsigen Gelenktriebwagen zurückgebaute zweiachsige Arbeitswagen ergänzen als Allzweckfahrzeuge den Triebwagenpark.

47.4 Noteinsätze

Als Bergungs-Triebwagen setzt die BSAG nach wie vor auf die Kraft eines bewährten Zweiachsers: Der Eingleisungsgerätewagen EGW entstand im Jahre 1974 aus einem der letzten Neubau-Zweiachser, die die BSAG im Eigenbau 1954/55 herstellte. Über Notkupplungen schleppen oder schieben al-

Die Großraumwagen der ersten Serie waren anfällig. Nicht selten mussten sie von der Strecke geholt werden. Hier erledigt BMD-Tw 704 bei 801 diese Aufgabe, Am Markt, 4. Juli 1960. Dr. Ruempler

Wagen 400 – von „Hansa"-Waggon 1948 gebaut und ab Ende 1960 als 260 noch bis 1965 im Einsatz – hat hier in Sebaldsbrück 807 und Bw 1816 „am Haken": Ausgleichende Gerechtigkeit, dieses Mal traf es einen Großraumwagen der zweiten Serie! Dr. Ruempler

Seine Einsätze sind glücklicherweise selten: EGW am 12. Juli 1984, als der in Utbremen verunglückte „Wegmann“-Triebwagen 514 spät abends zur Hauptwerkstatt geschleppt wird. Mausolf

lerdings auch schon einmal „ganz normale“ Trambahnen ihre – was selten vorkommt – liegengebliebenen Kollegen. Bei fahruntüchtig gewordenen Bussen gelangt der Unimog zum Einsatz.

47.5 Betriebsstrecken

Im Netz der BSAG existieren einige nicht von Linien befahrene Betriebsstrecken. Es sind dies i. E.

- Havemannstraße (Verbindung zwischen Linien 2/10 und 3)
- Daniel-von-Büren-Straße (Verbindung zwischen Linie 2 und 10)
- „Bürgerparkstrecke“ Gustav-Deetjen-Allee
- Georg-Bitter-Straße (Verbindung zwischen Linie 2/10 und 3)
- Richard-Dunkel-Straße (Verbindung zwischen Linien 1 und 6)

48. „Verkehrsverbund Bremen/Niedersachsen“ und seine Vorläufer

Über eine aus heutiger Sicht zu lange Zeit existierte keine tarifliche Koordination zwischen „Bremer Straßenbahn AG“, der damaligen „Deutschen Bundesbahn“ (DB) sowie den im Bremer Umland tätigen Verkehrsunternehmen. Lediglich im Verkehr zwischen Bremen-Stadt und Bremen-Nord gab es ab November 1965 eine Regelung, bei der mit sog. „Übergangsfahrscheinen“ die Nahverkehrszüge der „Deutschen Bahn“ und die Verkehrsmittel der BSAG benutzt werden konnten. So konnte beispielsweise eine Fahrt in Farge mit dem Bus angetreten werden, in Vegesack erfolgte der Umstieg vom BSAG-Bus auf den DB-Zug zum Hauptbahnhof, von wo aus die Fahrt mit Tram oder Bus fortgesetzt werden konnte.

Ein erster entscheidender Schritt in der Vereinfachung der Tarife durch ein gemeinschaftliches System erfolgte am 25. Juli 1980. An diesem Tage wurden die Verträge zur Schaffung eines Gemeinschaftstarifs für den ÖPNV in Bremen und Umgebung vom zuständigen Senator der Hansestadt Bremen sowie von Vertretern der BSAG und der „Deutschen Bundesbahn“ unterzeichnet. Spezielle Übergangsfahrscheine berechtigten zur Benutzung von BSAG-Linien und Zügen

Betriebsstrecken der BSAG: Die meistbekannte und wohl auch schönste, nicht regelmäßig befahrene Strecke stellt die Strecke durch die Gustav-Deetjen-Allee mit der Endstelle am Bürgerpark dar. Das Parkhotel im Hintergrund : 405 und Gelenkbus 275 auf der Ol 26, 1985. Mausolf

„Hansa“-Wagen 454 auf Fußballeinsatz 1985 mit korrekter Beschilderung in der Georg-Bitter-Straße, die inzwischen zur Durchgangsstraße mit zweigleisiger Tramstrecke für Umleitungen ausgebaut wurde. Mausolf

der „Bundesbahn“ im Bremer Umland. Der Gemeinschaftstarif der „Verkehrsgemeinschaft DB/BSAG“ begann am 1. Oktober 1980.

Doch nicht nur BSAG und DB bieten Leistungen im Raum Bremen an. Zahlreiche private Busbbetreiber sind in der Region aktiv. In einem zweiten Schritt zur Vereinfachung des Tarifwesens wurde am 1. Januar 1989 die „Verkehrsgemeinschaft Bremen/Niedersachsen“ (VBN) gegründet, die ab 1997 den Status eines Verkehrsverbundes erhielt. Heute sind die Linien der BSAG sowohl mit dem Niedersachsen-Ticket als auch mit dem Wochenendticket der „Deutschen Bahn“ zu befahren.

49. Die Unternehmens-Beteiligungen der BSAG

Die BSAG ist heute – nachdem bereits in den 60er Jahren des vorigen Jahrhunderts der Anteil privater Aktionäre nur noch etwa ein Drittel betrug – zu 99% im Besitz der Stadt Bremen. Es existieren folgende Beteiligungen:

Die am 1. April 1978 gegründete Tochterfirma „delbus“ übernahm zum 1. Juni 1978 den Stadtverkehr in Delmenhorst von der bisher dort tätigen Firma „Sager“. Die BSAG ist aktuell mit 51% am Unternehmen „delbus“ beteiligt. Mit 30 Bussen und 100 MitarbeiterInnen wird ein nach Werktags- und Wochenendlinien unterteiltes Netz betrieben. Der Verknüpfungspunkt zum Bremer Netz befindet sich in Kirchhuchting an der Endstelle der Huchtinger Ringbuslinien bzw. der Stadtbahnlinie 1.

Als 100-prozentige Tochter der BSAG wurde 1996 die „Consult-Team Bremen – Gesellschaft für Verkehrsplanung und Bau mbH“ (CTB) gegründet. Als erstes großes Projekt wickelte sie den Bau der neuen Linie 4 ab, wobei erstmals neue Formen der Öffentlichkeitsarbeit und Bürgerbeteiligung durchgeführt wurden.

Die „Bremer Vorortbahn“ (BVG) – im Jahre 1909 als „Studiengesellschaft für Vorortbahnen mbH“ gegründet und 1914 in BVG umbenannt – erwarb zum 1. März 2000 eine 10-prozentige Beteiligung an der „Bremen Thedinghauser-Eisenbahn GmbH“ und übernahm deren Betriebsführung. Im Jahre 2001 änderte die BVG ihre Bezeichnung in „WeserBahn GmbH“. 2003 übernahm das Unternehmen ferner eine 25%-Beteiligung an den „Verkehrsbetrieben Grafschaft Hoya“ und deren Betriebsführung. Des Weiteren wird ein ausgedehnter Reisedienst unterhalten.

Am VBN sowie an der „ZOB GmbH“ ist die BSAG ebenfalls beteiligt.

Mit 5% ist die BSAG an der „metronom GmbH“ beteiligt, die seit Dezember 2003 Eisenbahnverkehr u.a. im Raum Bremen und Hamburg betreibt.[65] An der Anfang 2009 gegründeten „Jade-Weser-Bahn“ hält die BSAG einen Anteil von 10%.

50. Postverkehr

Die Beförderung von Briefbeuteln mit der Tram hat in Bremen eine lange Geschichte. Schon die Pferdebahn bewerkstelligte umfangreiche Transporte zwischen der Innenstadt und den Außenbezirken. Aus der Zeit um 1892 sind teilweise sogar mehrmals täglich Fahrten nach Horn, Hastedt und Walle belegt. Mit Elektrifizierung und Netzausbau weitete sich auch das „Post-Netz“ aus. Nach dem Ende des Zweiten Weltkriegs begann am 1. Februar 1946 erneut die Briefbeutelbeförderung. Ab dem zentralen Postamt 1 gingen die Sendungen zunächst zu den Ämtern Hemelingen, Hastedt und Horn, ab 1947 auch zu den Ämtern Utbremen und Gröpelingen und schließlich kurz darauf auch nach Woltmershausen. Die Einladung der Beutel erfolgte frühmorgens an der Haltestelle „Am Markt“. Zum Ende des Jahres 1959 bestanden noch Verbindungen nach Horn, Woltmershausen, Peterswerder und Hastedt sowie nach Schwachhausen und Utbremen. Das Jahr 1960 brachte den Rückschnitt. Die Post versorgte ihre Ämter nun über ein eigenes Transportnetz. Einzig die Linie 7 beförderte als letzte Tramlinie noch Briefbeutel nach Woltmershausen. Am 13. Januar 1964 geschah auch dies zum letzten Mal.[66]

35 Jahre später erhielt das Thema Post und Tram – wenn auch in anderer Form als in den alten Zeiten – erneut Aktualität: Ende September 1999 begann mit der „Linienpost“ ein besonderer Service auf der Linie 6. Mehrere Triebwagen erhielten Briefkästen der „Deutschen Post“, welche die hier eingeworfenen Sendungen ohne Einschränkungen weiterbeförderte. Waren die mit Briefkästen ausgerüsteten Fahrzeuge auf anderen Linien im Einsatz, wurde der Postkasten mit einem Stoffüberzug „deaktiviert“. Nach Rückgang des Interesses der „Deutschen Post“ an diesem Angebot hat unter Ausweitung des Dienstes auf alle Bremer Tramlinien ein privates Zustellunternehmen den Service übernommen. Allerdings ist die Reichweite der Auslieferung auf Bremen und sein Umland beschränkt.

51. Güterverkehr

Anders als in der Nachbarstadt Hannover, die über einen umfangreichen Güterverkehr auch im Stadtgebiet verfügte, spielte die Tram in Bremen kaum eine Rolle für solche Einsätze.

Seit 1939 erörtert und in diversen Versuchen – 1940 wurde der Transport von Kohle mit relativ geringem Erfolg probeweise durchgeführt – getestet, erfolgte über eine längere Zeit um 1944 offenbar nur der Transport von Zeitungen (vgl. Kapitel 8.7).

Im Dezember 1998 wurde eine Machbarkeitsstudie vorgelegt, die Möglichkeiten zur Anbindung eines im Bereich der Weltraumforschung tätigen Unternehmens im Gewerbegebiet am Flughafen über die Gleisanlagen der BSAG erforschte. Trotz der grundsätzlich festgestellten Möglichkeit eines solchen Betriebes ist es aus unterschiedlichen Gründen noch nicht zu einer Umsetzung gekommen. Seit September 2006 wird jedoch auf den Gleisen der Linie 3 durch das Gelände um den Europahafen Güterverkehr abgewickelt: Auf einem speziellen Vierschienengleis verkehren die Linie 3 und die „Bremische Hafenbahn" mit „Railion"-Lokomotiven auf einem Teilstück stadteinwärts gemeinsam.

52. Bremer Trambahnen in neuer Heimat

Als 1994 die Bremer Kurzgelenkwagen nach und nach durch Niederflurfahrzeuge ersetzt wurden, lag es nahe, darüber nachzudenken, wo dieser robuste und keineswegs abgewirtschaftete Wagentyp andernorts noch weiter eingesetzt werden könnte. Im Rahmen der von **Günter H. Köhler** ins Leben gerufenen Tramhilfe für notleidende Verkehrsbetriebe in Rumänien kam ein Schenkungsvertrag zustande, in dessen Rahmen ab August 1995 nahezu die gesamte noch verbliebene Flotte dieses Typs – incl. der ex-Bremerhavener Einheiten – in die über 300 000 Einwohner zählende westrumänische Universitätsstadt Timişoara gebracht wurde. Ihr umfassendes Tramnetz wurde 1869 eröffnet, als die Region noch zu Ungarn gehörte. Heute verkehren elf Tramlinien auf einem in den letzten Jahren nach neuesten Erkenntnissen mit einem Kredit der Europäischen Investitionsbank renovierten Netz. Inzwischen hat die Stadt – allerdings nun auf anderer Abgabegrundlage als noch zu Beginn der Aktion – auch insgesamt 30 Bremer Stadtbahnzüge erhalten. Zusammen mit Münchner, Karlsruher, Frankfurter und Düsseldorfer Trambahnen stellen die Bremer Fahrzeuge eine ÖPNV-Versorgung sicher, bis es die allgemeine Finanzlage des Landes gestattet, neue Fahrzeuge zu bestellen. Die ursprünglich als kurzfristige Übergangslösung geplante Maßnahme beweist einmal mehr, dass Trambahnen auch nach vier Einsatzjahrzehnten noch lange nicht „am Ende" sind.

53. „Nordwaggon" und „Hansa-Waggon" – Fahrzeuge für die Schienen der Welt

Mit dem Jahr 1907 ist für Bremen der Beginn einer Tradition verbunden, die inzwischen leider der Vergangenheit angehört: Die „Norddeutsche Waggonfabrik" begann in diesem Jahr mit dem Bau von Straßenbahnen und versorgte in den folgenden zwei Jahrzehnten eine Vielzahl von Städten im In- und Ausland mit Trambahnen. Bremerhaven, Wilhelmshaven und Kiel bestellten ebenso in Bremen wie Århus, Helsingborg und Helsinki. Für die „Bremer Straßenbahn" ist vor allem der sog. „Hansa"-Wagen, der zwischen 1913 und 1929 die Hallen im Bremer Osten verließ, prägend gewesen. In vielerlei Hinsicht innovativ waren die letzten der insgesamt 75 Trieb- und 180 Beiwagen in der Hansestadt noch bis 1967 im Einsatz. Das Unternehmen baute jedoch nicht nur Trambahnen, sondern auch Eisenbahnfahrzeuge. Mit der inzwischen zum Museumsbestand gehörenden Elektrolok 22 der Extertalbahn aus 1927 ist eines der von „Nordwaggon" gefertigten Vollbahnfahrzeuge erhalten geblieben. Die „Norddeutsche Waggonfabrik" ging an verschiedenen Faktoren zugrunde. Wirtschaftskrise und ein unerbittlicher

Die Linie 7 der Verkehrsbetriebe Timişoara führt durch den Stadtrand und damit durch ländlich anmutendes Gebiet. Sommer 2008, Tw 3426. Mausolf

Längst sind auch viele „Wegmann"-Züge zur RATT gelangt. Am ehemaligen Piaristen-Gymnasium kommt uns im Sommer 2008 Triebwagen 3513 entgegen. Mausolf

Eine enge Verbundenheit zeichnete von Anfang an die Beziehungen zwischen „Bremer Straßenbahn AG“ und der „Norddeutschen Waggonfabrik“ („Nordwaggon“) aus. Die zwischen 1913 und 1929 gebauten Zweiachs-Fahrzeuge des Typs „Hansa“ – hier Wagen 207 in der Eickedorffer Straße auf der Linie 7 – waren in Technik und Form richtungsweisend.
Dr. Ruempler

Blick in eine Fertigungshalle der Firma, als sich dort die Großraumwagen für Bremen im Bau befanden.
Werkfoto/Slg. W. Esmann

Konzentrationskampf auf dem Sektor Waggonbau führten zur Löschung der Firma im Dezember 1935.

Am selben Ort kam es nach Kriegsende zu einem Neuanfang. Im März 1946 lebte die Waggonbauindustrie wieder auf. „Hansa-Waggonbau“ wurde gegründet und begann im Rahmen der seinerzeitigen Möglichkeiten mit Reparaturmaßnahmen an Eisenbahn- und Straßenbahnfahrzeugen. Schon 1952 wurde der erste Großraumwagen gefertigt. Die Straßenbahn Osnabrück war Auftraggeber und bald füllten sich die Auftragsbücher von „Hansa-Waggonbau“. Für Dortmund wurde ein Umbau-Gelenkwagen mit schwebendem Mittelteil gefertigt, der eine Serienfertigung entsprechender Neubauten nach sich zog. In enger Zusammenarbeit mit der „Bremer Straßenbahn“ wurden gleich drei Fahrzeugtypen entwickelt und gebaut, die für Jahrzehnte das Bild des ÖPNV in Bremen prägen sollten. Im Jahre 1954 wurde die zweite Serie Großraumwagen hergestellt, ein Jahr später folgte der Prototyp des dreiachsigen Sattelgelenkwagens, von dem bis 1958 weitere 27 Zug-Einheiten die Werkshallen verließen.

Mit der Entwicklung und Herstellung des Kurzgelenk-Wagens im Jahre 1959 gelang dem Unternehmen dann ein innovatives Fahrzeug, das nach Auslieferung von 74 Trieb- und 45 Beiwagen auch für Bremerhaven gebaut wurde. Die Firma „Rathgeber“ fertigte in Lizenz Fahrzeuge in leicht veränderter Form für München. Und wie der Vorgänger war auch „Hansa-Waggonbau“ nicht nur auf dem Sektor Trambahnen aktiv. Unzählige Reisezug-, Schlaf-, Post-, Güter- und Spezialwagen für „die Schienen der Welt“ – wie es in Betriebsprospekten immer wieder hieß – verließen die Bremer Hallen. Nebenbei wurden Reparaturen und Umbauten an Eisenbahnfahrzeugen wie z.B. Triebwagen durchgeführt. Und auch der zweite Anlauf, in Bremen ein Waggonbauunternehmen auf Dauer anzusiedeln, glückte nicht: Eine wirtschaftliche Flaute war gewiss ein wesentlicher Grund dafür, dass das Unternehmen schon 1971 erhebliche finanzielle Schwierigkeiten bekam. Welche Rolle dabei auch andere Faktoren wie z.B. nur schwer durchschaubare Beteiligungsgeschäfte spielten, ist nicht mehr belastbar zu ermitteln. 1975 musste „Hansa-Waggonbau“ seinen Betrieb einstellen.

Für zwei Jahrzehnte gelang es der neugegründeten „Bremer Waggonbau GmbH“ immerhin, mit 150 Beschäftigten im kleinen Rahmen – wiederum am alten Orte – weiter zu existieren. Nun wurden im wesentlichen Waggonreparaturen und Umbauten durchgeführt. Auch die „Bremer Straßenbahn“ nutzte das Unternehmen noch einmal, als es darum ging, die Kurzgelenkflotte von Asbest zu befreien. Zum Schluss auf 50 Mitarbeiter geschrumpft, wurde absehbar, dass starker Konkurrenzdruck – v.a. nach 1989 – die Lage des Unternehmens zunehmend erschweren würde. Als das Unternehmen am 1. März 1995 schließlich Insolvenz anmelden musste, war der letzte Großauftrag gerade ausgeliefert. Die Mitarbeiter hatten noch einmal ihre Kompetenz mit einem Neubauauftrag unter Beweis stellen können: Personenwagen für die Inselbahn Langeoog verließen als letztes die Hastedter Hallen. Im neunten Jahrzehnt ging damit die Geschichte des Waggonbaus in Bremen endgültig zu Ende.

54. Spektakuläre Unfälle

Kein Verkehrsbetrieb bleibt davon verschont, in schwere Unfälle verwickelt zu werden. Tragische Zusammenstöße zwischen Passanten und Tramfahrzeugen sind dabei ebenso zu beklagen wie spektakuläre Ereignisse, die jedoch oft einen besseren Ausgang finden als die erstgenannten. Es seien hier nur die beiden gravierendsten Unfälle aus der Geschichte der BSAG herausgegriffen.

Am 29. September 1964 entgleiste ein Straßenbahnzug in Bremens Innenstadt. Statt am Rathaus vorbei fuhr der Triebwagen der Linie 2 aufgrund einer falschen Weichenstellung für den Gegenzug, der ihn aus dem Gleis holte, in das Rathaus hinein! Unvorstellbares Glück: Niemand wurde ernsthaft verletzt. Der Anblick war erschreckend und die Tageszeitung formulierte entsprechend: „Was die Bomben des letzten Krieges nicht vermochten, hätte gestern früh um 5.18 Uhr beinahe die Bremer Straßenbahn geschafft!“[67] „Hansa“-Kurzgelenkwagen 408 mit seinem Beiwagen 1412 war nach dem Zusammenprall mit der Linie 3 aus Gröpelingen unter die Rathausarkaden geschossen, hatte eine der Sandsteinsäulen zerstört und war dann zum Stehen gekommen. Nur mit größter Vorsicht gelang es, das Fahrzeug zu befreien, ohne das Rathaus weiter zu beschädigen. Sowohl das Rathaus als auch der Triebwagen konnten wieder instandgesetzt werden!

Nicht wieder instandzusetzen war nach einem schweren und ebenso spektakulären Unfall der „Hansa“-Kurzgelenkwagen 428: Am 10. September 1970 stieß er an der Georg-Wulf-Straße mit einem Lkw zusammen, wurde dabei in die Neustädter Wasserlöse geschleudert und konnte hier nur noch schrottwertig geborgen werden.

Eine regelrechte „Unfallstrecke“ im Bremer Westen zwischen Emder und Grasberger Straße wurde mit der Verlegung der Linie 3 in den 70er Jahren auf einen separaten Gleiskörper im Zuge des Ausbaus der Bremerhavener Straße zur Hafenrandstraße beseitigt. Die ursprünglich vor Lagerhäusern verlaufende Strecke war äußerst unfallträchtig: Immer wieder verließen Lkw-Fahrer ohne die notwendige Vorsicht walten zu lassen die Hofeinfahrten und kollidierten mit Trambahnen.

Am 29. September 1964 passierte das Unfassbare! „Was der Krieg nicht vermocht hat, die Straßenbahn schafft's“ titelte sinngemäß die Presse. Ein Zug der Linie 2 in Richtung Sebaldsbrück fuhr aufgrund einer fehlerhaften Weiche nicht geradeaus am Rathaus vorbei, sondern bog in Richtung Domshof links ab. Pech für den Gegenzug, der exakt in diesem Moment passierte: Er wurde aus dem Gleis gedrückt und schoss die abschüssige Strecke auf dem Pflaster direkt in die Rathausarkaden! Rathaus und Triebwagen 408 wurden gerettet! Alle kamen mit dem Schrecken davon ... Archiv ASV

XIII. Zeitleiste zur Entwicklung der Straßenbahn in Bremen (1874–2010) und Anhang

Zeitleiste zur Entwicklung der Straßenbahn in Bremen

28. 03. 1876	**Gründung der „Bremer Pferdebahn A.G." (BPf)**
31. 05. 1876	Eröffnung der Strecke Herdentor–Vahrster Brücke
01. 12. 1877	Verlängerung bis Horn eröffnet
03. 11. 1879	„Große Bremer Pferdebahn" (GBPf) eröffnet Strecke Walle–Hastedt
10. 01. 1880	Verlängerung über Hastedt nach Sebaldsbrück eröffnet
09. 08. 1880	GBPf eröffnet Strecke Am Markt–Buntentor–Kirchweg
28. 04. 1881	GBPf eröffnet Ringbahn
04. 06. 1883	BPf eröffnet Verlängerung Herdentor–Börse
21. 09. 1884	GBPf eröffnet Verlängerung über Kirchweg zum Arsterdamm
24. 09. 1885	BPf nimmt Zweiglinie zum „Interimsbahnhof" in Betrieb
21. 10. 1888	BPf nimmt Teilstück der Freihafenlinie in Betrieb
04. 01. 1889	Verlängerung bis zur Börse in Betrieb
21. 06. 1889	BPf nimmt Hohentorslinie in Betrieb
22. 06. 1890	**BPf nimmt elektrischen Betrieb Börse–Bürgerweide zur „Nordwestdeutschen Gewerbe- und Industrieausstellung" in Betrieb (bis 16. 10. 1890)**
27. 09. 1890	**BPf beschließt, auf allen Linien elektrischen Betrieb einzuführen**
19. 05. 1891	Genehmigung hierzu erteilt
25. 06. 1891	BPf nennt sich in „Bremer Straßenbahn A.G." um
01. 05. 1892	BSAG eröffnet elektrischen Betrieb Börse–Horn
17. 02. 1893	BSAG eröffnet elektrischen Betrieb Börse–Hohentor
18. 04. 1893	BSAG eröffnet elektrischen Betrieb Freihafen–Börse–Hbf.–Bürgerpark
06. 06. 1899	BSAG erhält Konzession zur Elektrifizierung der Strecken der GBPf und übernimmt diese hiermit auf Grundlage eines Vertrages vom 23. November 1898
24. 05. 1900	BSAG befährt elektrisch Walle–„Weserlust"
18. 09. 1900	Elektrischer Betrieb Holzhafen–Hastedt
02. 10. 1900	Elektrischer Betrieb Hauptbahnhof–Am Brill–Pappelstraße
28. 11. 1900	Elektrischer Betrieb Bürgerpark–Arsterdamm
22. 12. 1900	Elektrischer Betrieb auf der Ringbahn (vollständig ab 9/1901)
26. 05. 1901	Linie nach Woltmershausen eröffnet
06. 10. 1901	Verlängerung von Walle nach Gröpelingen (Lindenhofstraße) in Betrieb
22. 07. 1903	Eröffnung der Linie Gröpelingen (Lindenhofstraße)–Burg
1908	**Einführung der Liniennummern**
31. 03. 1909	Der Pferdebahnbetrieb im Freihafen wird aufgegeben
15. 09. 1911	Eröffnung der Hafentramlinie „H"
01. 11. 1911	Asttausch auf der Ost-West-Achse: Künftig verkehrt Linie 2: Gröpelingen (Lindenhof)–Sebaldsbrück *) Linie 3: Holzhafen–„Weserlust" *) Zunächst nur bis Hastedt, wo bis 1913 eine Bahnunterführung errichtet wurde. Der Pferdebahnbetrieb von jenseits der Bahn bis Sebaldsbrück endete bereits am 31.10.1911.
1913	**„Nordwaggon" liefert die ersten „Hansa"-Triebwagen**
06. 08. 1913	Linie 9 zwischen Findorff und St. Jürgen-Straße eröffnet
03. 08. 1914	Linie 4 über Börse hinaus zum Arsterdamm verlängert
18. 09. 1916	Ringbahn verlegt von der Langenstraße zur Obernstraße
02. 10. 1916	Linie H kriegsbedingt eingestellt
02. 11. 1919	Linie 10 zwischen Walle und Hauptbahnhof eröffnet
01. 05. 1920	Linie 12 zwischen Sebaldsbrück–Osterholzer Friedhof eröffnet

14. 10. 1923	Neue Gleisstrecke durch Pappelstraße ermöglicht Neustadtring
21. 10. 1924	„Bremer Vorortbahn Gesellschaft" (BVG) stellt ersten Bus in Dienst (Horn–Oberneuland)
22. 05. 1925	BVG eröffnet Busbetrieb in Delmenhorst (bis 3/1927)
08. 06. 1925	BVG eröffnet Buslinie Burg–Vegesack–Blumenthal
01. 11. 1925	BVG eröffnet Busbetrieb in Oldenburg (bis 1/1933)
15. 02. 1926	Linie 11 zwischen A.G. „Weser" und „Norddeutsche Hütte" eröffnet
28. 03. 1926	Neue Depots in Gröpelingen und Sebaldsbrück und damit neue Endstellen für Linien 2, 8 und 12
01. 07. 1926	BVG nimmt ab diesem Datum weitere Buslinien in Betrieb
17. 07. 1927	Neue Gleisstrecke Bürgerpark–Hemmstraße ermöglicht Nord-Süd-Ring mit Linien 5 und 6, neue Linien 15 und 16 als Ergänzung in Betrieb Linie 9 entfällt, Linie 10 übernimmt deren östlichen Ast und verkehrt nun bis Hastedter Ring
13. 01. 1934	Neue Strecke zum Flughafen in Betrieb (Linie 5)
04. 01. 1936	Neue Strecke durch St. Jürgen-Straße und Schlageterstraße in Betrieb (Linie 10)
07. 1937	Je ein „Westwaggon"- und ein „Uerdinger" Dreiachser gehen in Betrieb (Tw 266 und Tw 267, drei weitere „Westwaggon"-Dreiachser bis 1939)
11. 1937	Umstellung von Rolle- auf Bügelbetrieb beendet
14. 06. 1939	Strecke durch die Georg-Bitter-Straße eröffnet
01. 07. 1939	Neue „Westbrücke" ermöglicht Führung der Linie 15 zur Nordstraße
02. 11. 1939	Neue Strecke Auf der Hohwisch–Weserwehr (Linie 3)
1941	„Lindner"-Wagen geliefert
27. 03. 1942	Einstellung der Ringbahn wegen Personalmangels
ab 09. 1942	Luftangriffe zerstören zunehmend Betriebsanlagen, teilweise erhebliche Betriebseinschränkungen, bis auf Depot Horn sind Ende April 1945 alle Betriebshöfe und die Verwaltung stark beschädigt bzw. zerstört; alle Brücken über die Weser zerstört
26. 05. 1945	Genehmigung zur Wiederaufnahme des Verkehrs durch Militärregierung
13. 06. 1945	Erste Trambahnen fahren auf der Neustadtsseite
22. 06. 1945	Erste Trambahnen fahren auf der Altstadtseite
29. 11. 1947	**Große Weserbrücke wieder hergestellt und damit Neustadt- und Altstadtnetz wieder verbunden**
Ab 1947	„Bremer Dock" baut Trambahnen nach „Lindner"-Vorbild
16. 03. 1949	BVG eröffnet Schnellbuslinie Bremen–Vegesack–Rönnebeck
02. 05. 1949	BVG eröffnet Schnellbuslinie Hbf.–Oberneuland und Hbf.–Falkenberg
08. 10. 1949	Linie 8 Gröpelingen–Burg eingestellt (ab 1.11.1949 Obusbetrieb)
19. 06. 1952	Linie 12 Sebaldsbrück–Osterholzer Friedhof eingestellt
28. 06. 1952	Einweihung der Bürgermeister-Smidt-Brücke als Ersatz für die zerstörte Kaiserbrücke
Ab 1952	Diskussionen über eine U-Bahn bzw. eine Teiluntertunnelung von Tramstrecken für Bremen
01. 01. 1953	Stadtbusverkehr der BVG geht auf BSAG über, BVG nur noch Reisedienste
24. 01. 1953	Die ersten beiden Großraumzüge (1. Serie) werden feierlich durch Bürgermeister Kaisen dem Verkehr übergeben
10/1954	Die ersten Exemplare der zweiten Großraum-Serie in Betrieb
10/1955	Erster Dreichachs-Gelenkzug in Betrieb
12/1955	Linie 16 bis Grolland verlängert
03/1958	Buslinie 23 bindet die Neue Vahr an
25. 06. 1959	Hauptwerkstatt Flughafendamm eröffnet, Konzentration der bisher an unterschiedlichen Orten untergebrachten Werkstätten
16. 11. 1959	Linie 16 über eigentrassierte Neubaustrecke nach Riensberg
11/1959	Anbindung der Neuen Vahr durch neue Buslinie 24
12/1959	**„Hansa-Waggonbau" liefert den ersten Kurzgelenkwagen**
11/1960	Betriebshof Neue Vahr – zunächst nur für Busse – in Betrieb
01. 12. 1960	Erste Straßenbahnen über die neue Große Weserbrücke
07. 11. 1960	Linie 15 bis zur Kulenkampffallee verlängert
05. 11. 1961	Obusverkehr auf der Linie 8 eingestellt, weiter Busbetrieb

21. 12. 1962	Linien 2 und 3 nicht mehr über Europahafen (Korffsdeich/Neptunstraße) sondern über neue Strecke Doventorscontrescarpe und Hans-Böckler-Straße
11. 11. 1963	Linie 10 mit neuen Endstellen: Waller Friedhof–Georg-Bitter-Straße
01. 05. 1964	Alte Linie 5 eingestellt
Ab 11/1964	Einführung des Betriebsfunksystems
03. 05. 1965	Fertigstellung der Doventor-Unterführung und damit neue Strecke für die Linie 10
31. 05. 1965	Tramlinie 7 eingestellt und Verkehr von Buslinien 24 und 25 übernommen
23. 08. 1965	Neugestaltung der Haltestellenbeziehungen am Hauptbahnhof
03. 10. 1965	Umsteigestelle Am Markt zugunsten der neuen Domsheide aufgegeben
18. 06. 1967	Erster Bauabschnitt der neuen Linie 1 nach Blockdiek eröffnet und in der Neustadt mit Strecke zum Arsterdamm verknüpft; Linie 4 fortan nur noch HVZ-Linie Horn–Domshof; alte Linie 6 eingestellt, ebenso die Linie 16, die nun als neue Linie 6 zwischen Grolland und Riensberg verkehrt, Linie 15 fortan als neue Linie 5 zwischen Flughafen und Kulenkampffallee
ab 1967	Buslinien von Buchstabenkennung schrittweise auf Liniennummern umgestellt
06. 10. 1968	Zweiter Bauabschnitt der Linie 1 von Blockdiek bis Osterholz in Betrieb
05. 05. 1969	Schnellbusverkehr nach Bremen-Nord aufgegeben
04. 05. 1970	Tramlinie 11 Gröpelingen–„Norddeutsche Hütte“ auf Busverkehr umgestellt
09/1970	Erster Standard-Linienbus in Betrieb (750 HO SL)
10/1971	Anbindung der Universität durch die Buslinien 22 und 23
	Linien 2 und 10 statt über Hansestraße/Utbremer Straße fortan über Wartburgstraße/St. Magnus-Straße
01. 05. 1972	Linie 4 eingestellt
01. 01. 1973	Investitionsvertrag zwischen Stadt Bremen und BSAG in Kraft
14. 02. 1973	Erster Stadtbahnwagen angeliefert
07. 10. 1973	Dritter Bauabschnitt der Linie 1 zwischen Huckelriede und Arsten/West in Betrieb
24. 11. 1975	Linie 10 nun Gröpelingen–Hauptbahnhof–Sebaldsbrück
30. 05. 1976	Jubiläumsfeierlichkeiten „100 Jahre Bremer Straßenbahn“
26. 09. 1976	Linie 6 über Grolland bis Huchting verlängert
06. 03. 1977	Die erste Serie Großraumwagen scheidet aus, ebenso die letzten dreiachsigen Gelenkwagen nachdem die letzte Stadtbahnlieferung abgeschlossen ist.
30. 07. 1982	Letzte Straßenbahnlinie in Bremens Schwesterstadt Bremerhaven eingestellt; die fünf Bremerhavener Kurzgelenkzüge werden in Bremen weiter eingesetzt
1984	**Erste Diskussionen um eine „Umweltkarte“**
01. 10. 1986	**Die „Bremer Karte“ wird eingeführt**
03. bis 11. 1987	Nach umfassendem Umbau ist der Domshof gleisfrei und eine Neubaustrecke über die Violenstraße ersetzt die bisherige Trambahnführung
1989	Konkretisierung der Diskussionen um einem Ausbau des Tramnetzes in Bremen, die nach Vorlage von Konzepten der Umweltverbände und Gewerkschaften im **„ÖPNV-Konzept 1989“** des Senats Berücksichtigung finden, in der Folge werden konkrete Beschlüsse zum Ausbau des Tramnetzes gefasst
10. 01. 1990	Der weltweit erste durchgehend niederflurige Trambahnwagen wird angeliefert und am 09.02.1990 der Fachwelt präsentiert
30.03. 1990	Die letzten beiden verbliebenen Großraumzüge verkehren letztmalig im Linienverkehr; ein Zug wird den „Freunden der Bremer Straßenbahn e.V.“ als Museumszug übergeben
23. 06. 1990	Bremens „Elektrische“ wird 100 Jahre alt – Rostocker und Kasseler Museumswagen zu Gast auf den Gleisen der BSAG
06. 10. 1990	Einführung eines Nachtliniennetzes
01. 08. 1992	Einführung eines vierstelligen Systems für Fahrzeugnummern
09. 10. 1993	Der erste Serien-Niederflurwagen wird abgeliefert und am 15.10. der Öffentlichkeit präsentiert
1994	Die ersten Kurzgelenk-Triebwagen der A-Serie werden verschrottet
1995	Die Kurzgelenkwagen der zweiten und dritten Serie werden bis Ende 1997 nach und nach aus dem Verkehr gezogen und ab
04. 08. 1995	in das rumänische Timişoara gebracht

1996	Probeweise rechnergesteuertes Betriebsleitsystem (RBL), nach erfolgreichem Probelauf reguläre Einführung
23. 05. 1998	Der erste Bauabschnitt der neuen Linie 4 bis Horn geht in Betrieb; der Flughafen ist nun über eine Neubaustrecke direkt angebunden und gleichzeitig erfolgt eine Neuordnung des Liniennetzes
16. 06. 1998	Der Niederflur-Prototyp verlässt Bremen endgültig
10. 10. 1998	27 Jahre nach ihrer Eröffnung erhält Bremens Universität eine Anbindung an das Tramnetz; fortan verbindet die „Technologie-Linie 6" die Universität und den Flughafen über die Domsheide
07. 12. 1998	Verlängerung in Arsten bis Arsten Süd; Linie 4 verkehrt nun zwischen Horn und Arsten/Süd
05. 1999	Umgestaltung der Umsteigeanlage am Hauptbahnhof beendet
24. 03. 2001	Tramverbindung durch die Westerstraße in Betrieb genommen und am Folgetag Feierlichkeiten „125 Jahre BSAG"
05. 2002	Die ersten Stadtbahnwagen gehen aus dem Verkehr und werden an die „RAT Timişoara" verkauft
06. 12. 2002	Verlängerung der Linie 4 bis Borgfeld eröffnet
08. 04. 2005	Baudeputation der Bremischen Bürgerschaft beschließt „Zielnetz 2010" für den Ausbau der Tram
21. 09. 2005	Erster Wagen der neuen, dreiteiligen und 2,65 m breiten Niederflurserie abgeliefert und am 06.12. der Öffentlichkeit vorgestellt
02. 12. 2006	Neubaustrecke der Linie 3 durch das Europahafenquartier und die „Überseestadt" mit kombinierter Strecke „Hafeneisenbahn"/ Tram (Vierschienengleis, stadteinwärts rechts) eröffnet

XIV. Literatur, Endnoten und Dank

Literaturliste

1876–1926: 50 Jahre Bremer Straßenbahn, Hg. BSAG

Kleine Bremer Verkehrschronik, Hg. BSAG anl. des 75 Jubiläums 1951

100 Jahre Bremer Straßenbahn, Jubiläumsschrift der BSAG, Bremen 1976

Straßenbahn-Magazin Nr. 21, Nr. 44, Nr. 75, Nr. 79 und weitere Ausgaben

Der Stadtverkehr, div. Ausgaben

Bilder von der Bremer Straßenbahn, Mausolf, Schweers und Wall Aachen 1985

Bremer Straßenbahnen 1892 bis 1992, Mausolf/Esmann, Zaltbommel 1992

Die Geschichte der Bremerhavener Straßenbahn, Mausolf/Esmann, Freiburg 1990

Div. Ausgaben der BSAG-Betriebszeitschrift „Die Haltestelle"

Jan Reiners – Auf den Spuren einer liebenswerten Kleinbahn, Fittschen/Frese, Atelier im Bauernhaus Fischerhude 1985

Bremen nach dem Kriege 1945–1949, Hg. Dr. Regina Bruss und Eckhardt Goldenbogen, Bremen 1988

Die Neugestaltung Bremens, Hg. Stadtplanungsamt Bremen, ab 1948

Bremen im Wiederaufbau 1945–1957, Hg. Brm. Ausschuß f. Wirtschaftsforschung, Bremen, 1958

Stadt- und Landesplanung 1926–1930, Hauschild Verlag, Bremen 1931

Bremen im Wandel der Zeiten: Die Altstadt/Die Neustadt, Herbert Schwarzwälder, Vlg. C. Schünemann, Bremen 1970

Geschichte der Freien Hansestadt Bremen, Herbert Schwarzwälder, Edition Temmen, Bremen 1995

Harry Schwarzwälder, Die Weserbrücken in Bremen, Schünemann Verlag, Bremen 1968

Dreißig Jahre Bremen 1876–1905, Hub. Wania, Schünemann Verlag, Bremen 1906

Zwölf Jahre Bremen 1933–1945, Fritz Peters, Hg. Hist. Gesellsch. in Bremen, 1951

Zwölf Jahre Bremen 1945–1956, Fritz Peters, Hauschild Verlag, Bremen 1976

Bremen einst und jetzt, Gläbe, Vlg. Eilers & Schünemann, Bremen 1956

Bremer Chronik, Hg. Staatsarchiv Bremen div. Jahrgänge

Regionale Presseberichte ab 1875

Bremisches Jahrbuch, div. Ausgaben

Linie 4 : Die neue Straßenbahn für Bremens Bürger, Hauschild Verlag, Bremen 1998

Zusammenstellungen von Hermann Wagenbrett, ehem. Verkehrsoberinspektor der BSAG

125 Jahre Eisenbahn in Bremen, Rolf Martens, Hg. Eisenbahnfreunde Bremen 1972

Der Wiederaufbau/Der Aufbau, div. Jahrgänge, Vereinsblatt der Aufbaugemeinschaft Bremen

Endnoten:

1 Bremisches Jahrbuch Nr. 65, Bremens ÖPNV im 19. Jh., Rolf Martens
2 Mittlg. des Senats vom 15.11.1878
3 STAB 3-P.4 Nr. 3
4 Mittlg. des Senats vom 31.3.1876
5 Beschl. der Bürgerschaft (BG) vom 5.4.1876
6 Bremer Nachrichten (BN) 1.6.1876
7 Kleine Bremer Verkehrschronik, Hg. BSAG
8 Weser-Zeitung (WZ) 27.6.1876
9 WZ vom 14.7.1876
10 Courier vom 5.8.1876
11 Courier vom 24.8.1876
12 Mittlg. des Senats vom 15.11.1878
13 Ebd.
14 STAB 3-P.4 Nr. 12–14
15 Mittlg. des Senats vom 29.11.1878
16 Geschäftsberichte Bremer Pfdb., 1880 und 1881
17 Mittlg. des Senats vom 9.3.1883
18 Geschäftsbericht Bremer Pfdb. 1884
19 „Kleine Bremer Verkehrschronik“ zum 75-jährigen Jubiläum der BSAG 1951 sowie „Deutsche Bauzeitung“ Berlin, 1/1889
20 Beilage zur WZ vom 14.10.1888
21 Courier 13.1.1880
22 Courier vom 29.9 und 3.10.1879
23 Mittlg. des Senats vom 13.4.1880 und Beschluss der BG vom 5.5.1880
24 Mittlg. des Senats vom 13.4.1880
25 Diese Angaben wurden anhand der Geschäftsberichte der „Bremer Pferdebahn“ ermittelt. Es existieren in der einschlägigen Literatur z.T. abweichende Angaben bzgl. der Herkunft des Wagenmaterials. So soll die Firma „Stephenson“ Lieferschwierigkeiten gehabt haben, weshalb die Fa. „Auburn Manufacturing“, New York, die ersten Pferdebahnwagen geliefert haben könnte. Bzgl. Angaben zu den Fahrzeugen der „Großen Bremer Pferdebahn“ ergeben neuere Recherchen von alten Angaben abweichende Daten. So dürfte die Anzahl der Wagen der Firma „Herbrand“ lediglich neun Exemplare betragen haben. Lt. der Zeitung Courier sollen in den Werkstätten der „Großen Bremer Pferdebahn“ auch Fahrzeuge für Bukarest gebaut worden sein.
26 Mittlg. des Senats vom 29.11.1889 und Beschluss der BG vom 4.12.1889
27 WZ vom 22.6.1890
28 Ebd.
29 Manuskript von Harry Schwarzwälder zur Petroleumbahn, Mittlg. des Senats vom 14.2.1891
30 Beschluss der BG vom 30.11.1898
31 Mittlg. des Senats vom 30.10.1900
32 Ebd.
33 Angaben des Statistischen Landesamtes Bremen
34 Mittlg. des Senats vom 21.2.1902
35 Ebd.
36 Akten der Handelskammer Bremen zum Schnellbahnprojekt Bremen-Bremerhaven
37 Mittlg. des Senats und BG-Protokolle 10/1910 sowie STAB 3-P.4 Nr. 73
38 STAB, Polizeiakten 1912
39 BN 13.4.1911
40 Mittlg. des Senats vom 30.5.1913
41 „Jan Reiners – Auf den Spuren einer liebenswerten Kleinbahn“, Fittschen/Freese, Atelier im Bauernhaus, Fischerhude 1985
42 Mittlg. des Senats vom 30.5.1913
43 Chronik zum 50-jährigen Bestehen der BSAG 1926
44 BG-Protokoll vom 22.5.1918
45 „Stadt- und Landesplanung 1926–1930“, Bremen 1931
46 STAB 3-P.4 271
47 Nahverkehrsgeschichtliche Blätter Nr. 2, Das RLG, Hg. Günter Stetza
48 Daten aus der BSAG-Betriebszeitschrift „Funke und Rad“
49 Bremen Einst und Jetzt, Eilers & Schünemann, Bremen 1956
50 Bremen im Wandel der Zeiten – Die Altstadt, Herbert Schwarzwälder, Schünemann Bremen 1970, S. 40
51 Geschäftsbericht der BSAG 1945
52 Weserbote vom 30.6.1945
53 Weserbote vom 14.7.1945
54 Die Neugestaltung Bremens, Hg. Stadtplanungsamt Bremen 1948
55 Gutachten Prof. Lambert, S. 52
56 WK vom 10.10.1958
57 WK vom 3.5.1960
58 „Die Haltestelle“ – Mitteilungsblatt der BSAG, 4/1988
59 „Straßenbahn statt Autowahn“, Verkehrskonzept der Umweltverb. für Bremen 2/1989
60 Nach Recherchen von Brückenhistorikern wurde die Brautbrücke bereits deutlich vor 1912 für den Kraftverkehr gesperrt. Bezüglich des Datums, ab dem die Linie 7 über die St. Pauli-Brücke verkehrt, existieren daher voneinander abweichende Angaben.
61 Vgl. FN 25
62 Jubiläumsbuch 100 Jahre Bremer Straßenbahn 1876–1976, BSAG 1976, S. 15
63 BN vom 4.10.1905
64 Manuskript von Harry Schwarzwälder zum Obusverkehr der Jahre 1910–1916
65 Angaben der BSAG
66 „Post und Tram – Postbeförderung mit Straßenbahnen in Deutschland und im Ausland“, Günter H. Köhler, Konkordia Verlag Brühl, 1998
67 BN vom 30.9.1964

Dank

Nachfolgend aufgeführten Personen und Institutionen gebührt besonderer Dank für ihre Unterstützung bei den Recherchen zum vorliegenden Buch.

Herr Wilhelm Esmann lieferte die Grundlage für das Trolleybus- und Buskapitel sowie für die Wagenparkstatistiken. Darüber hinaus stellte er großzügig Aufzeichnungen und Fotomaterial aus seinem Archiv zur Verfügung;

Herr Harry Schwarzwälder gestattete freundlicherweise die Nutzung seiner Arbeiten über den Trolleybus in Bremen von 1910 bis 1916 sowie über die Petroleumbahn und trug zur Klärung vieler Sachverhalte – v.a. zum Thema Weserbrücken – bei. Er stellte darüber hinaus Fotos aus seinem reichhaltigen Archiv zur Verfügung;

Das Amt für Straßen und Verkehr (ASV) gestattete die Verwendung von Fotos aus dem eigenen Archiv. Besonderer Dank für Unterstützung geht in diesem Zusammenhang an Herrn Friedrich Kifmeier, ferner an Frau Dörte Kailweit sowie an Herrn Klaus Roczen und Herrn Amtsleiter Mitz;

Herr Dr. Götz Ruempler sowie Herr Hans Zimehl – beide Bremen – gestatteten großzügig die Verwendung ihrer Aufnahmen und Aufzeichnungen;

Das Bremer Focke-Museum (ehemals „Museum für Landeskunde") unterstütze die Bildrecherche in Person seines ehemaligen Leiters, Herrn Dr. Jörn Christiansen sowie Frau Hannelore Bade erheblich;

Das Archiv der Handelskammer Bremen sowie das Staatsarchiv Bremen trugen ebenfalls zur Recherche bei, ferner die Kulturwerkstätten Stadtteil-Archiv Bremen Neustadt e.V., das Geschichtskontor Brodelpott e.V. Bremen, hier besonders Frau Cecilie Eckler-von Gleich und Herr Achim Saur; die Geschichtswerkstatt Gröpelingen e.V., hier besonders Herr Günter Reichert, sowie Herr Ingo Teschke, Bremen;

Herrn Klaus Piesenecker gebührt Dank für die Zurverfügungstellung von Fotos aus dem VDVA-Archiv, Herrn Wolfgang Reimann aus Remscheid, Herrn Dieter Waltking aus Düsseldorf, Herrn Reiner Bimmermann aus Aachen, Herrn Sigurd Hilkenbach aus Berlin, Herrn Reinhardt Todt aus Hannover sowie den Herren Hans Oerlemans aus Zeist und Bas Schenk aus Rotterdam gebührt ebensolcher Dank für die Öffnung ihrer Archive. Ferner unterstützten die Bildrecherche Herr Dieter und Frau Helga Höltge aus Schwülper sowie Herr Axel Reuther aus Köln, die Herren Horst und Jens Winnig, Braunschweig sowie die Freunde der Bremer Straßenbahn (FdBS), hier besonders die Herren Stephan Wurst und Werner Kaufmann;

Für weiteres Material geht ein herzlicher Dank an Herrn Rolf Meyerdierks und Frau Ingetraud Möller, die das Archiv ihres verstorbenen Mannes Karl Möller öffnete, sowie Herrn Heinrich Esmann, Delmenhorst, und posthum an den inzwischen verstorbenen Herrn Günter H. Köhler aus Hofheim/Taunus. Vorbereitende Bildbearbeitungen erledigten das Fotostudio Penz in Bremen-Gröpelingen und Herr Maretzek sowie Frau Köhnemann vom Labor bei Karstadt Bremen zur großten Zufriedenheit;

Der „Bremer Straßenbahn AG" schließlich gebührt Dank für großzügige Unterstützung bei den Vorarbeiten sowie die Zurverfügungstellung von Material, wobei der Autor insbesondere dem Vorstandsvorsitzenden, Herrn Georg Drechsler, zu Dank verpflichtet ist.

Für außergewöhnlich gute Zusammenarbeit geht herzlicher Dank an den Hauschild Verlag und Herrn Friedrich Steinmeyer sowie sein Team.

Der Autor war intensiv bemüht, in allen Fällen die Urheber bzw. Rechtsnachfolger von Fotodokumenten zu ermitteln. Naturgemäß ist die gerade bei historischen Aufnahmen besonders schwierig. Sollte jemand nicht genannt worden sein, der sich im Besitz von Rechten an verwendetem Bildmaterial befindet, möge er sich bitte an den Autor oder den Verlag wenden.

Das Straßenbahn-Liniennetz des Jahres 2010

Bestehende Linien sind in grau, die Ausbaustrecken farbig dargestellt. Grafik: BSAG

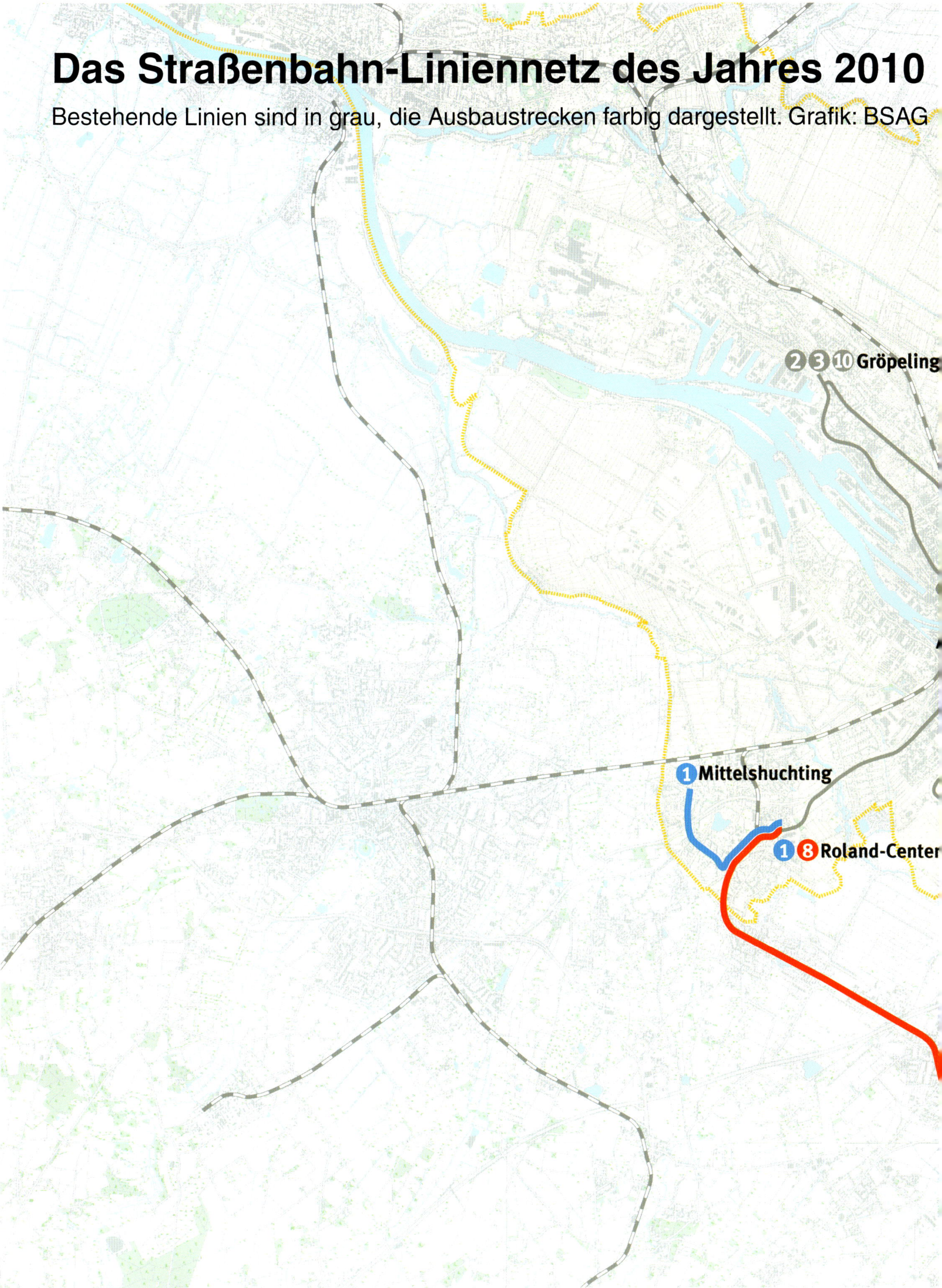